国学新读本

XIN LUN

新论

臧知非 注说

河南大学出版社
·郑州·

目　　录

序 …………………………………………………… 李振宏(1)

《新论》通说 …………………………………………… (1)

一　动乱的时代 ………………………………………… (3)

(一) 外戚专权　政治黑暗 ………………………… (4)

(二) 民不聊生　阶级矛盾激化 …………………… (10)

(三) 汉运将终与"更受命" ………………………… (17)

(四) 王莽代汉 …………………………………… (29)

二　桓谭的仕宦及交游 ………………………………… (35)

(一) 向扬雄学赋、讨论天文 ……………………… (36)

(二) 和刘歆讨论古文经 …………………………… (45)

(三) 对王莽的追随与批评 ………………………… (53)

(四) 刘秀的议郎 …………………………………… (71)

(五) 桓谭悲剧命运的原因分析 …………………… (91)

三　《新论》的思想主张 ……………………………… (97)

(一) 对天命、神仙思想的批判 …………………… (98)

(二) 形神论与生命观 ……………………………… (106)

(三) 政治思想 ……………………………………… (113)

（四）音乐思想 …………………………………… (120)
四 《新论》的成书与流传 ………………………… (127)
五 《新论》的历史影响 …………………………… (130)
六 如何阅读《新论》 ……………………………… (140)
七 点校说明 ……………………………………… (143)
《新论》注释 ……………………………………… (144)
本造第一…………………………………………… (144)
王霸第二…………………………………………… (148)
求辅第三…………………………………………… (154)
言体第四…………………………………………… (167)
见征第五…………………………………………… (174)
谴非第六…………………………………………… (178)
启寤第七…………………………………………… (192)
祛蔽第八…………………………………………… (194)
正经第九…………………………………………… (201)
识通第十…………………………………………… (207)
离事第十一………………………………………… (212)
道赋第十二………………………………………… (220)
辨惑第十三………………………………………… (222)
述策第十四………………………………………… (230)
闵友第十五………………………………………… (233)
琴道第十六………………………………………… (234)
附录 ……………………………………………… (243)
一 《新论》遗文 ………………………………… (243)
二 《后汉书·桓谭传》…………………………… (244)
参考书目 ………………………………………… (247)

序

最近一些年来，一股“国学热”的思潮强劲涌动，在文化学界以至于整个社会上，引起了强烈反响。为什么在这样一个社会的大变革时代，在从传统社会向现代社会的转型期，最为传统的国学，却能引起国人的极大兴趣，这的确是一个值得思考和研究的问题。

“国学”作为一个学术文化概念，产生于近代。从渊源上讲，“国学”概念的产生，与“国粹”有些关联，并且是从对抗西学侵入的角度提出来的。今天，中华民族早已是一个独立于世界民族之林的自立自强的民族，全球经济一体化所带来的世界文化的汇合与交融，也早已是历史发展的必然趋势，而在这样的历史大势中，却会有“国学热”的产生，乍一看来，确有不可思议之处。但实际上，国学的当代走红，则与我们今天所处的历史时代有着一定的关系。

随着改革开放的迅速推进，随着市场经济的强劲发展，传统道德受到了强烈冲击，传统文化与现代文化观念的碰撞也日益强烈。于是，如何看待传统文化的问题，就严峻地摆到了国人的面前。传统文化的出路何在，它从何而来，要走向何方，如何对之进行价值重估，一切关心文化问题、有强烈历史责任感的人们，无不把关注的目光投向中国的传统学术。当然，也不排除一些对改革开放和市场经济所带来的冲击无法理解和接受，对现代经济发展对传统道德的亵渎强烈抗议的人们，自然而然地发出向传统文化复归而倡导国学的呼声。总之，不论是出于积极的思考，还是抱着一种向后看的心态，对国学的重视则成了最近十多年来一种普遍的文化选择。

于是，对待“国学热”就需要有一个分析的态度。对于任何一个民族的发展来说，传统文化都是其牢固的根基，是其一切历史的出发点，摒弃传统、甚至全盘否定传统文化，都是幼稚可笑的，不可取的。但一遇到问题就求助于传统，甚至一味狂热地提倡向传统复归，也是走不通的，过去那句常说的“倒退是没有出路的”话，虽说不是什么至理名言，却也还是有些道理的。这些年来，一些地方出现的中小学生、甚至幼儿园小朋友的读经热，就是一种值得注意的倾向。国学，毕竟是一种学术，需要有一定的文化基础，有一定的分析批判能力，才能对之进行识读、鉴别而决定其取舍。所以，严格地说，对于国学，尤其是经学，在当代中国，需要的是研究以及在此基础上的批判继承，而不是再像传统社会中那样采取唱诗班的方式，对青少年一代进行无分析地灌输。因此，如何弘扬传统文化，就是一个需要思考的问题。

正是基于以上考虑，为了满足弘扬优秀传统文化的需要，也为了对社会上盲目崇尚读经的风气有所引导，我们组织了这套“国学新读本”丛书，选择一些在中国传统文化中影响较大的国学典籍，对之简明扼要地进行注释，然后在读本前边，用较大篇幅解读该典籍的基本思想文化内涵，评述其在中国文化史上的地位和影响，并对如何阅读该典籍做出读书方法上的引导。通过这样一个较为翔实的导读内容，以批判分析的态度，给青年人的国学典籍阅读提供一个健康的思想导向。根据这样的宗旨，这套丛书，在大的结构上，每本都分为“通说”和“简注”两个部分，“通说”是导读的性质，“简注”在于疏通文字，希望这样的安排，能够为青年朋友和一般社会读者提供一个国学入门的向导。果能如此，也就实现了撰著者和出版者的愿望。

国学所以是国学，就在于它是我们祖国优秀民族文化和民族精神的载体。这些国学典籍包含着民族文化的基因，蕴藏着民族精神的范型。衷心期待这套丛书能够成为广大读者学习国学精华、体认民族精神、继承祖国优秀文化遗产的良师益友。

李振宏

《新论》通说

《新论》是两汉之际思想家桓谭的著作，要了解《新论》的思想价值和历史地位，就要了解两汉之际的历史变局，了解桓谭与时代变迁的关系。

桓谭字君山，沛国相(今安徽淮北市)人，约生于西汉成帝阳朔二年(前 23 年)，约卒于东汉光武帝建武二十七年(51 年)，①经历

① 桓谭生卒年，史籍无明确记载，学界分歧甚多，主要有：1. 成帝阳朔二年(前 23 年)—光武帝中元元年(56 年)。2. 成帝阳朔元年(前 24 年)—光武帝中元元年(56 年)。3. 成帝阳朔二年(前 23 年)—光武帝建武二十六年(50 年)。4. 元帝永光四年(前 40 年)—光武帝建武八年(32 年)。5. 元帝建昭三年(前 36 年)—光武帝建武十二年(36 年)。共同根据是以下资料：一是桓谭自述"余年十七，为奉车郎中"。二是桓谭自述"余少时为奉车郎，孝成帝出祠甘泉、河东，见部先置华阴集灵宫，武帝所造，门曰望仙，殿曰存仙，欲书壁为之赋，以颂美二仙之行"。三是《后汉书·光武帝纪》《桓谭传》记述桓谭因批评光武帝以图谶决定明堂、灵台、辟雍选址被贬为"六安郡丞"、死于赴任途中时桓谭年"七十余"，而建明堂、灵台、辟雍在中元元年即公元 56 年。笔者以为，桓谭生年以阳朔二年为是，因为在成帝四次出游祭祀甘泉宫殿时间段内，只有阳朔二年这一次符合"余年十七为奉车郎中""孝成帝出祠甘泉河东郡……以颂美二仙之行"的条件。或将成帝鸿嘉二年(前 19 年)"上始为微行出"解为微行出祠甘泉，把桓谭生年上推至元帝建昭三年(前 36 年)，系望文生义，不足为训，其余诸说均不符合桓谭自述和成帝出祠的时间。判定桓谭卒年的首要依据是议明堂、灵台、辟雍选址时间和桓谭"卒于道"时的"年七十余"这两点。学者以光武帝中元元年初起明堂、灵台、辟雍作为桓谭被贬的时间，恐有未妥，因为桓谭是在和光武帝讨论明堂、灵台、辟雍选址问题时忤旨被贬出朝廷的，讨论和"初兴"是两件事，二者不一定同时，不能把"初兴"时间定为桓谭卒年，讨论在前，兴建在后，桓谭被贬出朝应在中元元年之前，桓谭卒时"年七十余"，应是 70 岁出头，应该不超过 75 岁，否则将超过 75 岁或者近 80 的人称为"年七十余"不符合古人表达习惯，所以，从历史和逻辑两个层面推断，桓谭卒年最迟在建武二十七年。桓谭生于公元前 23 年，卒于公元 51 年，享年不超过 74 岁。

了西汉、新莽、绿林军的更始、赤眉军的建世和东汉光武帝刘秀的建武计三个朝代、五个政权。若就仕宦经历来说，桓谭从成帝时踏入仕途，在王莽时任职最高，任谏议大夫，爵为附城（相当于关内侯），在光武朝任职最长，当了近27年的郎官。一辈子生活在长安、洛阳这两个经济文化最为发达的地区，沉浮于中央官场之中，游走于达官显贵之间，随侍皇帝左右，虽然一直位低职闲，但是，朝廷上下、庙堂内外，皇亲国戚、硕儒名宿、学界新锐，对桓谭却都有着普遍的敬佩，为其渊博的知识、出众的才华、深刻的思想、特立的行为所吸引！所著《新论》既为当时书生广泛传阅，也是帝王将相案头常备之书，广泛影响着当时及以后的思想和学术。其官位虽低，却是当时名副其实的思想家，也是中国思想史上杰出的思想家！

思想是时代的反映，一个时代有一个时代的思想，一个时代的思想又是众多思想家思考过程和结果的集合，一个思想家的思想起码是间接地表达了某一阶层或者某一群体的思想追求，而又有着鲜明的个性特征。因其不同的阶级地位、知识结构，不同的角度观察社会，思想家们思考历史和现实之后，形成各自的思想特色。因而，无论是研究个体还是群体，都要将时代变迁与个人命运相统一，从社会实践的角度考察其究竟所以。两汉之际是各种矛盾交错杂糅、社会动荡最为复杂的时代，又是儒生群体纷纷发声亮相的时代，可谓实实在在的波谲云诡！王莽、刘秀在中国历史上都以重视儒生、重视儒学闻名，桓谭的命运和这两位都紧紧地联系在一起。

思想的功能在于批判现实，发现问题，分析问题，探寻解决方法，用作实践指导。从理论上说，要做到知行合一。当然，对于社会治理而言，知行合一是掌权者的事。对于思想家而言，知行合一则体现在有坚定的信念，明确的批评意识，坚持自己的见解，不为功名利禄所动，不唯权是上。这在理论上说说可以，但在实践上实在是艰难得很。通观一部中国思想史，真正能做到这一点的实在是凤毛麟角，除了先秦时期坚持道高于势的思想家之外，进入大一统君主专制时代以后，实在是少而又少——桓谭就是这少而又少的思想家中的一个！

桓谭一生仕途沉滞，就是因为桓谭坚持自己的思想主张，与现实政治需求存在着距离。但是，从思想史层面看，其命运揭示了政治控制学术的本质，其思想开启了东汉学术批评的先河，为学术注入了一股清新之风，使学术不再沉闷，不再局限于经学，为后来现实批评树立了标杆。尽管其《新论》一书因为多离经叛道之论而不被官方推重，许多内容已经遗失，但是仅就现在传世的篇什来说，其思想的深度和广度，无不熠熠生辉，揭示了当时思想与政治的关系，揭示了当时统治阶级精神世界的真相，是中国文化遗产的重要组成部分。所以有整理分析的必要。现在即从两汉之际历史变迁入手，通过对这一历史时代及其人事的考察，了解桓谭生平，揭示其思想形成的历史基础。

一　动乱的时代

成帝继位伊始，西汉统治转衰，集中体现是皇帝昏庸、外戚专权、吏治败坏，广大民众生活在水深火热之中，历经哀帝、平帝，迅速衰亡。最后外戚王莽取代汉家天下建立“新”朝，历史上称为新莽。而新莽号称为“新”，所推行的“新政”则把社会推向了新的苦难深渊，真正地导致了统治者不能照旧统治下去、被统治者也不能照旧被统治下去的历史局面，最后被农民起义的烈火埋葬。农民起义、军阀混战，使社会各个阶级、各个阶层都陷入了朝不保夕的苦难之中。直到刘秀建立东汉，统一全国，社会才恢复稳定。桓谭的前半生就是在西汉末年黑暗的政治和剧烈的动乱中度过，进入东汉，才有思考人生、历史、政治，总结一生学术的环境，完成《新论》的著述。本书即按照历史顺序对此作一简要叙述和分析。

（一）外戚专权　政治黑暗

公元前 33 年 6 月，刘骜即位，是为汉成帝，时年 19 岁，开启了西汉历史上外戚专权的时代。

成帝是王政君之子。王政君是汉元帝刘奭的皇后，是西汉后期政治变迁的关键人物。要了解汉成帝时期政治，首先要对王政君其人作一个介绍。

据说王政君天生就是皇后的命，出生时就不同常人。她母亲李氏怀孕时曾梦见明月入怀。当时迷信，太阳代表皇帝，月亮代表皇后，只是当时王政君的父亲王禁并未把这个梦当回事。王政君到了谈婚论嫁的时候，无论是富甲一方的土豪劣绅，还是权倾一时的达官显宦，只要准备娶王政君，都莫名其妙地暴病而亡。开始时，王禁以为是巧合，连续发生以后，王禁才想起了李氏曾经说过的梦，就请人给这个女儿算了一命，结果是“当大贵，不可言”①。贵不可言，自然不是一般官宦人家能够承担的，谁娶谁先死就好解释了，除了皇帝，大约是没人能娶了！王禁就聘请专门人员做家庭教师，教王政君读书识字、音乐歌舞、礼仪文书，直到 18 岁的时候，才找到关系送入后宫。当时汉宣帝在位，大汉帝国政清人和，一派欣欣向荣景象，王禁的目的是想让女儿攀上宣帝这个高枝。

王政君相貌一般，在后宫之中谈不上什么影响，也没引起什么人注意。巧的是入宫不久，太子刘奭宠姬司马良娣病死。刘奭终日闷闷不乐，茶不思饭不想，意志消沉，不接近任何姬妾美人。汉宣帝担心太子闷出病来，以为是太子厌烦了身边的人，就让皇后在自己后宫中挑选貌美出众、知书达理、温婉可人的宫女伺候太子，

① 《汉书》卷 98《元后传》，中华书局，1962 年（下同），第 4015 页。

让太子尽早走出失去美人的阴影。

皇后左挑右选，选了五个人，王政君就在其中。当太子入朝时，皇后命五个宫女侍坐一侧，问太子喜欢哪一个。刘奭根本没有心思想什么美女，对身边的美女根本没看，但碍于父母之命，只是勉强地应付，随口说“此中一人可”。刘奭的本意是说随便哪一位，你们满意就行，我没心思想这个。正好王政君的座位距离太子最近，又是唯一一位身穿绛色大掖衣服的人，皇后以为太子看上了王政君，就命人将王政君梳洗打扮一番，送往太子宫中，幸运的是王政君很快怀孕了，并生下一子，名为刘骜，当时人称刘骜为嫡皇孙。

生不生子、有没有后代，对于普通百姓来说不过是家庭生活小事，但是对于皇家来说，可是关系到皇室兴衰的政治问题。宣帝在位二十多年一直没有孙子，现在有了孙子，意味着皇位有了接班人，自然喜不自禁。刘奭继位，就是汉元帝，王政君为皇后，刘骜为太子。刘骜继位之后，是为成帝，王政君为皇太后。

成帝是中国历史上最为荒唐的皇帝之一，天生顽劣，从小到大，心中根本没有家国天下，追求的就是个人享乐快意。做太子时，就因为“幸酒，乐燕乐”，也就是沉溺于酒色和郑卫之音，弄得元帝很不高兴，“上不以为能”①，一度想废了他的太子之位，后来因为没有其他皇子，加上王政君的几个兄弟们帮衬，才保住了太子位置。当了皇帝，自然是纵情声色。谷永曾经劝诫和批评，颇能说明其一二：

> 陛下弃万乘之至贵，乐家人之贱事，厌高美之尊号，好匹夫之卑字，崇聚僄轻无义小人以为私客，数离深宫之固，挺身晨夜，与群小相随，乌集杂会，饮醉吏民之家，乱服共坐，流湎媟嫚，溷淆无别，闵免遁乐，昼夜在路。典门户奉宿卫之臣执

---

① 《汉书》卷10《成帝纪》，第301页。

干戈而守空宫，公卿百僚不知陛下所在，积数年矣。①

谷永是从遵守君道这个层面劝谏成帝的，但是从中可见堂堂一个皇帝，不理政务，成年累月地和一帮小混混游走民间，极尽游乐之能事，昏乱情况可以想见。鸿嘉三年（前18年）成帝微服出游过程中，经过阳阿公主家欣赏歌舞时，迷上了舞女赵飞燕，立即带回后宫，赵飞燕又把妹妹推荐给成帝。从此以后，成帝沉醉于赵氏姐妹的温柔乡里，日日笙歌，夜夜艳舞，朝中大小事务完全交给王政君的兄弟们，也就是自己的几位舅舅。

王政君有姐妹四人、兄弟八人。姐妹依次是君侠、政君、君力、君弟；兄弟依次是王凤、王曼、王谭、王崇、王商、王立、王根、王逢时。其中王凤、王崇和王政君是王禁正妻李氏所生，其余都是王禁偏妻所生。按照亲亲尊尊的原则，成帝对几位舅舅的信任和倚重也是亲疏有别的。成帝继位伊始，王凤以长子身份继承王禁的阳平侯爵称，食邑八千户；封王崇安成侯，食邑一万户；其余兄弟除了王曼早死，王谭、王商、王立、王根、王逢时均赐爵关内侯。王凤为大司马大将军领尚书事，军民政务均由王凤说了算，群臣百官，顺者昌、逆者亡，即使成帝自己想任命一两个亲近的人做自己随从也必须得到王凤的同意。宗室刘向（本名更生，成帝即位，改名向）之子刘歆博通古今、精通儒学、见解深刻，成帝想把刘歆留在身边，任命刘歆为中常侍。近侍提醒成帝说，这个事情需要征得大将军同意才行。成帝以为，不就是个小小的中常侍，又不是什么军国要员，就直接命人取来官服，给刘歆换上。不料想左右近侍长跪不起，叩头连连，就是不给刘歆换上官服，说一定要征得王凤同意。成帝无奈，只好征求王凤意见，以为也就是说一下而已，走走程序，不存在同意不同意问题，不料王凤一口给回绝了，成帝只好作罢。

---

① 《汉书》卷85《谷永传》，第3461页。

中常侍级别并不高，相当于一个大县的县令，也不掌握什么实际权力，成帝的目的也就是让刘歆随时出入皇宫，方便谈古论今。王凤否定成帝意见，无论是出于对这位外甥擅自做主不满意还是对刘歆出入皇宫不放心，都显示了权力的绝对性。群臣见皇帝尚且如此，只能是唯王凤马首是瞻了，心有不满也是敢怒不敢言："公卿见凤，侧目而视，郡国守相刺史皆出其门。"①靠着太后王政君的关系，王家成为汉家的真正主人。

绥和二年（前7年），成帝酒色过度暴亡，因为无子，皇位由定陶恭王刘康之子刘欣继位，是为哀帝。

成帝和刘康是叔兄弟关系，二人感情亲密。成帝见自己久无子嗣，曾有过传位给刘康的想法，在刘康入宫朝觐时想把刘康留在长安，一来兄弟之间解解寂寞，二来也让刘康熟悉朝中政务。王凤知道以后曾经声色俱厉地以不合礼制为由迫使成帝遣刘康回国，成帝心里不同意，又不得不照办，兄弟二人于是洒泪而别。刘康回到了封国，内心自然对王氏专权十分不满。所以，刘欣继承了皇位，当务之急就是报当年之仇，把王氏家族成员从朝廷各个重要岗位上撤下来。然而，权力是不能出现真空的，王家人退出权力核心，就要有新的人填补，而哀帝以外藩入继大统，对朝臣了解不多，更谈不上信任，只好效法王政君的做法，依靠自己祖母太皇太后傅太后和生母丁太后，任命傅家和丁家各位舅舅主政。王政君知道权力争斗的残酷，为了避免正面冲突，就以太皇太后的身份让接替王根主政的王莽主动辞去一切职务，回到南阳老家闭门静养，自己深居后宫，静观时变。

一朝天子一朝臣，哀帝以新的外戚代替旧的外戚，这是理所当然的人事更替，人们并不感到意外。问题在于，哀帝所依靠的傅、

---

① 《汉书》卷98《元后传》，第4023页。

丁两家实在是人才有限,不要说什么军国重任了,处理日常政务都力不从心;哀帝个人更缺乏基本的政治头脑,没有任何家国意识,不具备一国之君的气质和魄力。建平二年(前5年)也就是哀帝继位第二年的一个偶然机会,哀帝看到了在值更守夜的董贤,“说其仪貌”而任命为黄门郎,“宠爱日甚,为驸马都尉侍中,出则参乘,入御左右,旬月间赏赐累巨万,贵震朝廷。常与上卧起。尝昼寝,偏藉上袖,上欲起,贤未觉,不欲动贤,乃断袖而起”。① 这就是著名的抽刀断袖的故事,成为同性恋的代名词。

为了使董贤更方便地陪伴自己,哀帝下诏让董贤的妻子住在宫内,把董贤的妹妹纳为昭仪,把她住的宫殿命名为椒风,和皇后住的椒房相对,赏赐财物不可胜计。给董贤修建富丽堂皇的府邸,“诏将作大匠为贤起大第北阙下,重殿洞门,木土之功穷极技巧,柱槛衣以绨锦。下至贤家僮仆皆受上赐,及武库禁兵,上方珍宝。其选物上弟尽在董氏,而乘舆所服乃其副也。及至东园祕器,珠襦玉柙,豫以赐贤,无不备具。又令将作为贤起冢茔义陵旁,内为便房,刚柏题凑,外为徼道,周垣数里,门阙罘罳甚盛”。② 物库中的兵器、皇宫中的珍宝、只有天子才能使用的禁物也都堂而皇之地摆在董贤家里,以致于连董贤的坟墓都给修好,并且采用黄肠题凑的葬制。可见哀帝荒唐的一斑。

董贤除了一张漂亮的脸蛋、优美的身段,会胁肩谄笑、奉承巴结之外,没有任何的才干,可是在专制社会里,只要皇帝喜欢就能平步青云。元寿元年(前2年),哀帝任命董贤为大司马大将军、领尚书事,掌管全部的军国政务。这时的董贤只有22岁,连基本的

---

① 《汉书》卷93《佞幸传》,第3733页。引者按:“偏藉上袖”《汉书》原文作“偏藉上褎”,褎同袖,袖的古体字,为便于阅读,现改为通用字,以下引文同,不再出注。

② 《汉书》卷93《佞幸传》,第3733-3734页。

朝廷礼仪、政务程序都还不清楚。匈奴单于来长安朝拜，哀帝盛宴款待，董贤作为汉朝第一重臣自然要代表百官接待。单于看着这位稚气未脱、一身脂粉气的大司马大将军，惊异得合不拢嘴，稍稍回过神来以后，单于向翻译提出疑问说这个大司马大将军怎么这样年轻！翻译不知如何作答，哀帝通过翻译回答单于说“大司马年少，以大贤居位”。单于急忙倒身下拜，拍马说祝贺大汉获得贤臣。这实在是一起令人作呕的闹剧。

更为荒唐的是，哀帝竟然要将皇位让给董贤。在一次宴会上，哀帝酒酣耳热之际，对董贤说“吾欲法尧禅舜，何如?”董贤就是一个弄臣，根本不知道什么尧舜禅让的传说，不知道如何回答。当时在一旁侍宴的王闳也是王氏家族唯一在位的人，实在听不下去了，声色俱厉地说:“‘天下乃高皇帝天下，非陛下之有也。陛下承宗庙，当传子孙于亡穷。统业至重，天子亡戏言。’上默然不说，左右皆恐。于是遣闳出，后不得复侍宴。”①哀帝要让位给董贤，也许是酒后的玩笑，但是，从这个玩笑中，可见其政治的低能，朝政的昏暗。

哀帝本来身体就不好，“即位痿痹，末年浸剧”②。所谓“痿痹”即两只脚不能并拢也就是小腿畸形，可能是风湿性关节炎，加上同性恋导致的心理变异和生活怪癖，一直没有子嗣，25 岁即暴病而亡。王政君抓住时机，以太皇太后的身份，下诏立年仅 9 岁的中山王之子刘衎为帝，是为平帝，命蛰居南阳三年的王莽出任大司马。中国历史进入了王莽时代。

王莽上任的第一件事就是罢免董贤。董贤知道自己骄奢无度、僭越纲常，罪在不赦，只好自杀。王莽又授意大司徒孔光上奏董贤的种种罪状:“贤质性巧佞，翼奸以获封侯，父子专朝，兄弟并

① 《汉书》卷 93《佞幸传》，第 3738 页。

② 《汉书》卷 11《哀帝纪》，第 345 页。

宠，多受赏赐，治第宅，造冢圹，放效无极，不异王制，费以万万计，国家为空虚。父子骄蹇。至不为使者礼，受赐不拜，罪恶暴著。贤自杀伏辜，死后父恭等不悔过，乃复以沙画棺四时之色，左苍龙，右白虎，上著金银日月，玉衣珠璧以棺，至尊无以加。恭等幸得免于诛，不宜在中土。臣请收没入财物县官。诸以贤为官者皆免。”大约是因为董氏父子的擅政不完全是董贤父子的原因，而是哀帝使然，不便把董家赶尽杀绝，王莽就把董贤的父亲兄弟“家属徙合浦，母别归故郡巨鹿”，财产全部拍卖充公，“县官斥卖董氏财凡四十三万万”。①

班固曾经说“汉世衰于元、成，坏于哀、平。哀、平之际，国多衅矣。主疾无嗣，弄臣为辅，鼎足不强，栋干微挠。一朝帝崩，奸臣擅命，董贤缢死，丁、傅流放，辜及母后，夺位幽废，咎在亲便嬖，所任非仁贤”②。班固的分析虽是表象，但也说出了西汉衰亡的历史过程，确实是“衰于元、成，坏于哀、平”。不过原因并非因为几个昏君、佞臣，而是君主专制政体使然，是统治阶级贪婪本性导致社会矛盾发展的必然结果。但在人治社会里，帝王品质能力直接决定着政治质量的好坏，起码可以在一定程度上减轻腐败、缓解社会矛盾。而在当时的历史条件下，整个刘氏宗室也挑选不出一个具有普通资质的成员来担任皇帝，更不要说出现什么明君了，整个官僚队伍以及统治阶级都腐朽不堪。因此之故，王莽才能掌握汉家政权，最后变刘家天下为王家天下。

（二）民不聊生　阶级矛盾激化

统治阶级的声色犬马、纸醉金迷，是需要经济支撑的，要有相

---

① 《汉书》卷93《佞幸传》，第3739-3740页。
② 《汉书》卷93《佞幸传》，第3741页。

应的财富做基础。为了满足不断膨胀的享受欲望，无论是普通地主还是达官显贵、皇亲国戚，无不凭借一切可能的权力疯狂地聚敛财富，满足个人享受。谷永曾批评成帝修建陵墓浪费大量钱财给农民所带来的苦难：

> 今陛下轻夺民财，不爱民力，听邪臣之计，去高敞初陵，捐十年功绪，改作昌陵，反天地之性，因下为高，积土为山，发徒起邑，并治宫馆，大兴繇役，重增赋敛，征发如雨，役百乾溪，费疑骊山，靡敝天下，五年不成而后反故。又广旰营表，发人冢墓，断截骸骨，暴扬尸柩。百姓财竭力尽，愁恨感天，灾异娄降，饥馑仍臻。流散冗食，馁死于道，以百万数。公家无一年之畜，百姓无旬日之储，上下俱匮，无以相救。①

为了满足一己之私，耗尽天下国库民力，在谷永的心目中，成帝实在是超过了秦始皇。至于那些外戚们因为裙带关系暴得富贵，更是醉生梦死。如外戚王氏“五侯群弟，争为奢侈，赂遗珍宝，四面而至；后庭姬妾，各数十人，僮奴以千百数，罗钟磬，舞郑女，作倡优，狗马驰逐；大治第室，起土山渐台，洞门高廊阁道，连属弥望。百姓歌之曰：‘五侯初起，曲阳最怒，坏决高都，连竟外杜，土山渐台西白虎。’其奢僭如此”②。这些外戚是凭借裙带关系掌握权力的。如果说他们没有受过为国分忧、为民造福的儒家教育，才会如此的贪婪残暴，那些受过儒家教育的官僚是不是会好一些呢？答案也是否定的。这从张禹的行为中可以窥见一斑。张禹精通儒学，对《论语》研究贡献尤其突出，经过他整理的《论语》被当时称为张氏《论语》，博士出身，做过成帝老师，官至丞相，封为建昌侯，以谦让、谨厚著称，几乎成为高官榜样。但是，就是这样一个深孚众望的学者

---

① 《汉书》卷 85《谷永传》，第 3462 页。
② 《汉书》卷 98《元后传》，第 4023-4024 页。

型官僚，却是一位敛财高手、十足的伪君子："内殖货财，家以田为业。及富贵，多买田至四百顷，皆泾、渭溉灌，极膏腴上贾。它财物称是。禹性习知音声，内奢淫，身居大第，后堂理丝竹管弦。"①自己学生来访，分别对待，对那些性格耿直的学生，摆出一副道貌岸然的样子，在前堂大讲廉洁奉公；对喜欢的学生则"入后堂饮食，妇女相对，优人管弦铿锵极乐，昏夜乃罢"②。完全的两面三刀。至其晚年，牙齿脱落，以人乳为食。这奢华糜烂的生活、四万亩良田，是无论如何都无法凭着张禹的俸禄所能购买和维持的。这些钱从哪里来？不言自明！

一朝天子一朝臣，每一位皇帝继位，都是任人唯亲，无论是宦官还是外戚，都是大批大批地封赏，这些官宦和皇亲国戚再各自任用党徒亲信，党徒亲信们再尽可能地把自己的亲朋故旧、狐朋狗友拉进官僚队伍，不仅官僚队伍的素质下降，更导致官僚队伍急剧膨胀，从中央到地方，形成一支巨大的贪官队伍，无不极尽盘剥百姓之能事、中饱私囊。成帝时将作大匠（负责工程最高官）陈万年"佞邪不忠，妄为巧诈，多赋敛，烦繇役，兴卒暴之作，卒徒蒙辜，死者连属，毒流众庶，海内怨望"③。栎阳（县名，治所在今陕西西安阎良区内）县令"治行烦苛，適（谪）罚作使千人以上；贼取钱财数十万，给为非法；卖买听任富吏，贾数不可知"④。陈万年和这个栎阳县令不过是当时中央和地方贪官中的普通一员而已，论他们贪腐数量和手段，远远不能和石显、王氏家族、傅氏家族、丁氏家族相比，但是，正因为如此，才具有代表性，说明了当时吏治败坏的普遍和严重。

对官场的糜烂，连成帝都哀叹不已、忧心忡忡："方今世俗奢僭

---

① 《汉书》卷81《张禹传》，第3349页。
② 《汉书》卷81《张禹传》，第3349页。
③ 《汉书》卷70《陈汤传》，第3026页。
④ 《汉书》卷83《薛宣传》，第3388页。

罔极，靡有厌足。公卿列侯亲属近臣，四方所则，未闻修身遵礼，同心忧国者也。或乃奢侈逸豫，务广第宅，治园池，多畜奴婢，被服绮縠，设钟鼓，备女乐，车服嫁娶葬埋过制。吏民慕效，浸以成俗，而欲望百姓俭节，家给人足，岂不难哉。”①显而易见，从上到下，都看到了奢靡成风，看到了这种腐败现象背后所潜藏的危害，然而，当腐败、奢侈上行下效已经成为社会风气的时候，体制内的人无论级别多高，皇帝也好、丞相也罢，均深陷其中，不能自拔。而在这背后，则是广大农民的转死流亡。

农民命运的悲惨，当时人有着清楚的叙述。御史大夫贡禹上书元帝说：

> 农夫父子暴露中野，不避寒暑，捽中杷土，手足胼胝，已奉谷租，又出稾税，乡部私求，不可胜供。故民弃本逐末，耕者不能半。贫民虽赐之田，犹贱卖以贾，穷则起为盗贼。②

谷租、稾税指的是田税，另外还有人口税和各项徭役。国家规定的税收已压得农民喘不过气来，地方的层层加码数不胜数，农民辛苦一年，全部上缴还完成不了各种税收，只好逃离土地，走投无路时只能死里求生而“起为盗贼”。谷永批评说“诸夏举兵，萌在民饥馑而吏不恤，兴于百姓困而赋敛重，发于下怨离而上不知”。这里的“诸夏举兵”是指官府镇压农民起义而言，农民之所以造反，是官府赋税徭役沉重；而农民造反之后，统治者派兵镇压，需要军费，又进一步增加赋税，农民负担更加沉重，社会陷入恶性循环，广大农民非亡即死。司隶校尉鲍宣曾指出农民有“七亡七死”：

> 凡民有七亡：阴阳不和，水旱为灾，一亡也；县官重责更赋租税，二亡也；贪吏并公，受取不已，三亡也；豪强大姓蚕食亡

① 《汉书》卷10《成帝纪》，第324-325页。

② 《汉书》卷72《贡禹传》，第3075页。

> 厌，四亡也；苛吏繇役，失农桑时，五亡也；部落鼓鸣，男女遮迣，六亡也；盗贼劫略，取民财物，七亡也。七亡尚可，又有七死：酷吏殴杀，一死也；治狱深刻，二死也；冤陷亡辜，三死也；盗贼横发，四死也；怨仇相残，五死也；岁恶饥饿，六死也；时气疾疫，七死也。民有七亡而无一得，欲望国安，诚难；民有七死而无一生，欲望刑措，诚难。此非公卿守相贪残成化之所致邪？①

这“七亡七死”，归根到底就是政府盘剥、官吏贪残导致的人祸天灾，根本原因是人祸。如果说“县官重责更赋租税”、“贪吏并公，受取不已”、“苛吏繇役，失农桑时”、“酷吏殴杀”、“冤陷亡辜”等等固然是官吏贪残的直接后果，那么“豪强大姓蚕食亡厌”、“部落鼓鸣，男女遮迣”、“盗贼劫略，取民财物”、“盗贼横发”、“怨仇相残”也是官吏贪残的间接后果！维护治安、保护百姓基本的生存是政府最基本的任务，民众因为“部落鼓鸣，男女遮迣”、“盗贼劫略，取民财物”、“盗贼横发”、“怨仇相残”而流亡殒命，是地方官僚不作为的直接后果，有的甚至是在地方官员的庇护下发生的。如“豪强大姓蚕食亡厌”和基层官僚就有着直接的关系，因为西汉后期地方政府实际上成为豪强大姓的利益代表，这些豪强大姓之所以“蚕食亡厌”就是因为有官府撑腰。“阴阳不和，水旱为灾”、“时气疾疫”确属天灾，但是这水旱疾疫之所以在成哀时期剧烈地导致农民的转死流亡还是政治黑暗、吏治腐败的结果。在农业社会，农民生产分散，抵御自然灾害能力低下，在领土辽阔的帝国时代，各地自然环境差异巨大，旱蝗虫病等自然灾害可以说每年都在发生，不过受灾面积和人口多少不同而已，有的是局部性，有的则大一些；有的很短暂，有的则延续时间较长。这一切，不仅取决于灾害程度，更取决于当

---

① 《汉书》卷72《鲍宣传》，第3088页。

时的政治是否清明、地方管理能否有效地把分散的一家一户的农民组织起来抗灾防灾，农民生活能否有基本保障，维持正常生命延续，有效防止或减少次生灾害的发生。当疫情发生时，官府能够及时组织民众自救的同时，减免赋税，停止徭役，发放相应物资、组织生产，提高灾民的抗灾能力，农民生产生活能够延续，灾害很快就会过去。否则，农民已经衣不蔽体、食不果腹，在死亡线上挣扎的时候还要纳税赋役、满足贪官污吏的层层盘剥，必然放大灾害的危害效应，生产不能进行，恢复困难，灾荒连年；瘟疫不能遏制，死者抛尸荒野，导致瘟疫流行。社会生产、生活处于恶性循环，农民水深火热就成为历史的宿命。成哀时期的灾疫频发就是政治黑暗导致的恶果之一。

鲍宣熟读儒家经典，起自基层，富有同情心和责任感，了解基层民众生活情况，通晓法律，官至司隶校尉，负责京师地区治安，明晰基层治安缘由，是少数诚实清醒的大臣之一，是汉家王朝长远利益的维护者。这个陈奏可谓情真意切、声泪俱下，描绘的是一幅真实的农民生活苦难图，是发自内心地关心汉家统治的长治久安。但是，令鲍宣想不通的是，自己所说都是事实，朝臣多少也都明白；哀帝作为一国之君，又是新上任的皇帝，正是重整朝纲、刷新吏治的大好时机，自然应该有所作为，最起码的应该稍微限制下各级官吏们的贪婪，限制一下那些公卿守相们疯狂地侵吞国库、搜刮民财的行为，也能减少一些税收，给农民一个喘息的机会，让汉家统治能够稳定下来。但是，令鲍宣没想到的是，奏章交上去以后，如石沉大海，没有任何反应。

统治阶级贪腐成风，农民造反不断，标志着王朝统治的穷途末路，使社会各阶层都陷入焦虑和惶恐之中，稍有风吹草动，都会引起社会骚乱。建始三年（前 30 年）七月的一个阴雨连绵的日子，一个小女孩忽然奔进长安城，大喊水来了、水来了。满城的百姓、官僚、贵族、文武大员们，也没有哪一个问问水从哪里来、究竟到了哪里、有多少水，而是应声逃往高处，拥往长安城墙上。结果这个小女孩畅行无阻，一直跑到未央宫，人们才发现是虚惊一场。建平四年(前 3 年)全国各地突然冒出了祭祀西王母的活动，百姓三五成群，有穷有富，个个手里拿着一把麦草麻秆，辗转相传，有的披头散发，有的光着双脚，或坐车，或乘船，或骑马，或徒步，像着魔一般地跨州过郡，有的穿过三十六个郡国，来到长安，说是西王母降临。长安及附近百姓，纷纷汇聚街头巷尾、乡里阡陌之间，敲锣打鼓，歌舞呼号，祭祀这个谁也说不清道不明的西王母。朝廷上下，目瞪口呆地不知所措。这两个事件，在当时历史条件下充满着诡异，所透露出来的消息是不容忽视的：一是朝廷已经失去了自信，丧失了辨别谣言的基本能力；二是公卿大臣并不把保卫朝廷、保卫汉家江山作为自己的职责，而是遇到可能危及自身安全的情况就自己顾自己；三是无论是王宫庙堂还是穷居里巷，都已经人心惶惶，稍有风吹草动，就会酿成不可料想的社会动乱。

当然，统治集团内部也有个别清醒的。哀帝继位之初，大司马师丹鉴于土地兼并迅猛、大量农民破产流亡和沦为私家奴隶、导致国家税源减少的严峻现实，建议从制度上限制达官显贵占有的土地、奴隶数量以缓解社会矛盾，哀帝想给吏民留下一个万象更新的好印象，接受了师丹的建议，命臣下拿出了具体方案：

> 诸王、列侯得名田国中，列侯在长安及公主名田县道，关内侯、吏民名田，皆无得过三十顷。诸侯王奴婢二百人，列侯、公主百人，关内侯、吏民三十人。年六十以上，十岁以下，不在数中。贾人皆不得名田、为吏，犯者以律论。诸名田畜奴婢过品，皆没入县官。①

① 《汉书》卷 11《哀帝纪》，第 336 页。

显然，这是充分考虑到既得利益集团利益的方案，在承认和照顾官僚贵族地主根本利益的前提下，对他们占有的土地、奴隶数量予以适当限制。这个方案，一经公布，影响巨大，据说土地和奴隶的价格应声而降，也在一定程度上赢得了劳动人民的拥护。显然，这个方案如果真的落实，至少可以缓解土地兼并、农民破产的速度，可以缓和下阶级矛盾。但是，这又是一个让统治阶级割肉的方案，那些达官显贵都是一帮饕餮之徒，绝对不愿意将手中财富送出去，故本能地抵制这一方案的实施；而哀帝本人同意限田限奴不过是为了个虚名而已，也不把这个限田限奴令当回事，一边说限田限奴，一边大量赏赐外家丁氏、傅氏以及宠臣董贤，把限田限奴令变成一纸空文。

在这一背景之下，处于苦难之中的农民固然备受煎熬，统治阶级中的清醒分子也焦虑不安：汉家统治怎么了？怎样才能保住汉家江山？怎样才能保住自己的既得利益？自己的财富、地位能否继续传下去？怎样传下去？当年高祖刘邦是靠天命得天下，上天是汉家的保护神，而眼前的汉家是风雨飘摇，是不是上天改变主意、不再保佑汉家统治了？上天如果不再保佑汉家江山，那又会有哪一位大贤大德之人顺应天命来统治天下？这位大贤大德之人会用什么样的方式接替汉家皇位？会不会像汉高祖刘邦那样用战争的方式来夺取天下？这战争的方式可是要不得的，一旦打仗，无论穷富都有伤亡的可能！最好的方式就是和平交接。改朝换代的“更受命”思潮应运而生。

（三）汉运将终与“更受命”

所谓“更受命”就是重新接受上天的任命，统治天下，是帝王神化自己、欺骗臣民的手段和理论。这要从天命观念说起。

天命观念相当古老，用天命维护现实统治起码在西周时代已经有了系统的理论和操作程序。周王自称天子，每年都以祭天的形式公告天下，上天是自己的保护神，不听周王号令要遭到上天惩罚，周朝之所以能够推翻商朝统治就是上天选择的结果。刘邦也是上天选择的。按照汉家宣传，刘邦不是凡人，是龙种，是赤帝之子，“隆准而龙颜，美须髯，左股有七十二黑子”①。起兵时曾手刃一条白蛇。这可不是普通人杀死一条蛇那么简单，而是赤帝子和白帝子在争夺天下，是赤帝之子杀死白帝之子。刘邦之所以能够先入关俘虏秦王子婴，又能够从项羽手中夺得天下，根本原因就在于有天帝的保佑和支持。现在看来，这当然是鬼话，是为了宣传汉家统治合理性编造出来的故事，但是在当时还是很有迷惑性和宣传性的，一些士人也在千方百计地论证汉家统治是天命使然。要明其就里，还需要对邹衍为代表的阴阳五行学派的五德终始说略有了解。

古人把自然界抽象为木、火、土、金、水五种物质，称为五行。认为自然界的林林总总就是由这五种物质构成的，这五种物质之间有着固定的关系，是一个顺相生、间相胜的循环系统。所谓顺相生，就是木生火、火生土、土生金、金生水、水生木；间相胜是指木胜土、土胜水、水胜火、火胜金、金胜木，这也就是后世人们常说的五行相生相克的顺序。这本来没有什么神秘因素，只是对自然界变化的朴素概括。阴阳概念是对客观矛盾现象的抽象，是就事物的正反属性而言，是用来解释社会人事矛盾变化的。本来阴阳自阴阳、五行自五行，二者没有什么关系，对阴阳和万物之间的关系也没有什么系统的认识。就目前传世资料来说，将阴阳和客观世界生成相联系、系统解释世界万物起源的是《老子》。《老子》第四十二章云“道生一，一生二，二生三，三生万物，万物负阴而抱阳，冲气

① 《汉书》卷1上《高帝纪上》，第2页。

以为和”。道是客观世界的本原，人类社会的一切都是由道生成，生成的顺序是先演化出“一”，而后由这个“一”演化出“二”，“二”演化出“三”。这个“三”不是量词的三，而是“多”的代称——客观事物的原初状态，所以说“三生万物”。无论万物之间有什么样的差异，但是有一个共同点，都是阴、阳所“充”之气“和”的结果，所谓“万物负阴而抱阳，冲气以为和”就是指万物构成及其存在机理都决定于阴阳，这是后来宇宙起源于元气说的由来。在人们朴素的认识中，万物本来是由五行构成的，现在在五行之上加上了阴阳，对自然的解释更加抽象、也赋予了更抽象的想象空间，阴阳五行遂合为一体。不过，《老子》是一部哲学书，是从哲学层面解释万物起源、变化之理，没有什么神学色彩。

邹衍说的五德终始说之“德”是治国之道，“五德”就是和五行相对应的五种治国之道。邹衍宣传说，五德是上天按照五行相胜的原理设定的，按照既定的规律周而复始地循环往复，有自己的规律，运行到一定时间，自然衰落，由相胜的一行所对应之德取而代之。不过，上天不直接和人对话，不直接告诉人们哪一德衰、哪一德兴，而是用自然物候的异象——“禨祥”，对圣贤明君加以提醒，隐晦地告诉那些先知先觉者某德已衰、该采用哪一德也就是哪一种“度制”来治理天下，就是改用上天设定的新的治国思想就能得到天下。能够明白上天预告的，就能得到天命的支持和保佑而取得天下。这就是天命转移说。关于上天通过什么样的“禨祥度制”提醒圣人明君的，邹衍在《终始》《大圣》等著作中曾有过详细的说明，只是没有传下来，只在《吕氏春秋·有始览·应同》中保留了片段：

凡帝王者之将兴也，天必先见祥乎下民。黄帝之时，天先见大螾大蝼，黄帝曰：“土气胜。”土气胜，故其色尚黄，其事则土。及禹之时，天先见草木秋冬不杀，禹曰：“木气胜。”木气

> 胜，故其色尚青，其事则木。及汤之时，天先见金刃生于水，汤曰："金气胜。"金气胜，故其色尚白，其事则金。及文王之时，天先见火，赤乌衔丹书集于周社，文王曰："火气胜。"火气胜，故其色尚赤，其事则火。代火者必将水，天且先见水气胜，水气胜故其色尚黑，其事则水。水气至而不知，数备，将徙于土。

这"将兴"之"帝王"是天帝准备扶持的帝王。谁明白天意，用祥瑞所提醒的"度制"行事，上天就扶持谁，历史上的圣王明君从黄帝开始就是这样做的，所以才成为后人景仰的帝王。当年的黄帝在争夺天下时，看到了大螾大蝼，意识到土气胜，就按照土气之"德"办事，"其事则土"，成为天下之主。土德衰落的时候，大禹看到了草木秋冬不杀的异象，意识到木气兴起，就按照"木德"治理天下，建立了夏朝。夏朝统治衰败，商汤王首先看到了"金刃生于水"的祥瑞，主动按照"金德"治民理政，建立了商朝。商纣王统治昏乱，周文王看到"赤乌衔丹书集于周社"的异象，敏感地意识到"火气胜"，行"火德"之政，建立了周王朝的礼乐社会，延续数百年，一直为人所津津乐道、心驰神往。而现实战争连绵，平民生活于战火之中，过着朝不保夕的日子，事实已经说明周朝的"火德"已经衰落了，周朝的气数已经过去了，上天已经抛弃了周文王、周武王之道，应该采用新的治国方针和制度治理天下，才能上应天命、下顺民心，建立统一帝业。既然周人之德是火德，按照五行相胜的原理，符合天命的是"水德"之政，也就是"代火者必将水"。水德的内容是什么，邹衍有着充分的阐述，遗憾的是没有保存下来。根据司马迁的记述，邹衍所主张的水德，与儒家学说有着极为密切的关系，邹衍是"睹有国者益淫侈，不能尚德"而提出五德终始说的，无论对于天文地理、历史变迁的解释有多怪诞，其目的是宣传儒家的政治主张："然要其归，必止乎仁义节俭，君臣上下六亲之施，始也滥耳。"主张"水德"的核心是"仁义节俭，君臣上下六亲之施"。

自周平王东迁以后，礼崩乐坏，诸侯蜂起，争斗不休，重建大一统，是孔子以后思想家们的共同理想。先秦诸子的思想有一个鲜明的特征就是今不如昔，应该向过去的圣王明君学习，近的如夏商周的开国之君，远的如三皇五帝。但是各国国君都很宽容地听着诸子们的宣传，却没有谁真正地按照哪个人或者哪一家的学说去做。因为打着今不如昔的旗号宣传自己政治主张在逻辑上存在着这样的矛盾：既然时代越久远越好，三代比现实好，五帝比三代好，三皇又比五帝好，为什么三皇之治没有延续下来，而为后代所取代？所以打着复古的旗号，兜售自己的主张，是行不通的。邹衍知识渊博，有满腔的济世情怀，对诸子百家学说都有了解，尤其推崇儒家学说，为了推销自己的政治主张，就要在理论上回答这些常识性的问题，就要有新的解释工具。于是从经验的认识出发，把当时流行的阴阳五行思想用作解释历史的手段，倒果为因地论证五德终始的存在，建立了五德终始说，以实现自己的政治目的。这是典型的历史目的论，但是其愿望还是美好的。

统治者总是最现实的，总是权力至上、享受至上，没有哪一个国君愿意节制自己的贪婪去实现那些虚无缥缈的“尚德”学说。邹衍愿望虽然美好，但在当时没能实现，从这一点上看，邹衍无疑是失败的。但是，邹衍提出的五德终始说作为一个解释工具则流传下来了。具有讽刺意味的是，把这一解释工具用作治国依据的恰恰是不喜欢儒学的秦始皇。

秦始皇统一六国，面对版图人口都前所未有的统一帝国，自然是志得意满、傲视古人，自以为功过三皇，德高五帝，自称始皇帝。但是秦始皇在志得意满、甚至是沾沾自喜的同时，内心有些疑惑甚至是有些惶恐、迷惘，这就是为什么自己能够在短短十年的时间内统一天下？秦国为什么能够后来居上？未来选择什么样的治国方针？五德终始说正好给秦始皇提供了答案。周是火德，周朝已经衰败，“代火者必将水”，秦已经取代了周，而建立的功业远非周文王、周武王所能想象，当然是上应天命，水德使然。而翻检秦国史籍，果然如此，早在秦国初建的时候已经得到上天的提示了：“昔秦文公出猎，获黑龙，此其水德之瑞。”①秦始皇接过了邹衍的五德终始说，论证秦朝统一的合理性和神圣性，但是置换了邹衍主张的“水德”内涵：不再是“仁义节俭，君臣上下六亲之施”，而是秦国的历史经验——商鞅变法以来的法律制度及其施政方针，并且把秦国的历史经验推向新的阶段——“刚毅戾深，事皆决于法，刻削毋仁恩和义，然后合五德之数。于是急法，久者不赦”。② 据《史记索隐》的解释，秦始皇之所以“急法，久者不赦”，就是因为“水主阴，阴刑杀，故急法刻削，以合五德之数”。“刚毅戾深”是秦始皇性格特征；“事皆决于法，刻削毋仁恩和义”、“急法，久者不赦”是秦始皇的施政方针，大小事务都按照法条办理，不法外施法、不以情害法、不按自己意志改变法条，从始至终，一以贯之；“合五德之数”是秦始皇依法行政、从严执法指导思想的神学依据，而这个依据和商鞅变法以来的政治传统完全一致。

不过，历史常常喜欢和人开玩笑，本来想进这个房间的，结果却进入了另一个房间，而且是最不愿意进入的房间。秦朝没有像秦始皇希望的那样传之万世，而是二世而终。按照汉代学者的总结，是不知道逆取与顺守的差别，用“逆取”方式统治新天下违背了民心。用现在的话说，就是没有根据新的社会结构、社会矛盾，调整统治政策。当然，我们这样说，是苛责于古人了，古人是不可能有这样的自觉的。

秦朝的二世而亡，已经证明了所谓天命说的荒谬。但是，天命

① 《史记》卷28《封禅书》，中华书局，1959年，第1366页。

② 《史记》卷6《秦始皇本纪》，第238页。

转移思想则一直在传播发展，被汉儒用作论证汉家统治神圣性的理论，其代表人物是董仲舒。董仲舒是广川（今河北衡水市）人，潜心读书，曾三年不窥园，精通百家，著《春秋繁露》一书，系统表达其政治主张、历史观念和哲学思想，是春秋公羊学的集大成者，是汉代新儒学的开山人和领袖。其特点是以公羊春秋为核心，以阴阳五行为工具，兼收黄老、法家学说，在哲学上以天人感应为基本特色，从哲学层面系统论证君权神授，针对西汉建立以来的社会矛盾、政治变迁，论证天子治国就是上承天命，下顺民心。

董仲舒很幸运，其思想成熟的时候，正逢汉武帝诏举贤良文学，征求治国意见，特别是要求这些贤良文学们就“五帝三王之道”，“三代受命，其符安在？灾异之变，何缘而起”①等问题发表看法。董仲舒前后上了三道奏章，提出四点意见：

一是“《春秋》大一统者，天地之常经，古今之通谊也”。认为孔子编《春秋》目的是实现大一统，大一统是天命，是天意！为汉武帝进一步加强中央集权、强化君权提供理论支持。

二是主张国家制度、政策法令、治国思想因时而变。这变与不变，并非君主的好恶所能决定，而是根据“天变”，即上天给予君主的提示，天意要变就变，天意不变就不变，这是治国的根本大道。“道之大原出于天，天不变，道亦不变，是以禹继舜，舜继尧，三圣相受而守一道，亡救弊之政也，故不言其所损益也。繇是观之，继治世者其道同，继乱世者其道变。今汉继大乱之后，若宜少损周之文致，用夏之忠者”。② 继承治世不变，继乱世就要变。汉承秦而立，正是变革的时代。董仲舒没用变革或者变法这个词，而是用“更化”一词。董仲舒建议汉武帝说：“今汉继秦之后，如朽木粪墙矣，

① 《汉书》卷 56《董仲舒传》，第 2496 页。

② 《汉书》卷 56《董仲舒传》，第 2518-2519 页。

虽欲善治之，亡可奈何。法出而奸生，令下而诈起，如以汤止沸，抱薪救火，愈甚亡益也。窃譬之琴瑟不调，甚者必解而更张之，乃可鼓也；为政而不行，甚者必变而更化之，乃可理也。当更张而不更张，虽有良工不能善调也；当更化而不更化，虽有大贤不能善治也。故汉得天下以来，常欲善治而至今不可善治者，失之于当更化而不更化也。古人有言曰：'临渊羡鱼，不如退而结网。'今临政而愿治七十余岁矣，不如退而更化；更化则可善治，善治则灾害日去，福禄日来。"①这里的"更化"即是改变治国之道，改变原来的思想、政策和制度以适应变化了的现实。

三是明确主张治国要有统一思想，以儒学作为国家教育、选官、教化百姓的唯一内容。董仲舒建议说："今师异道，人异论，百家殊方，指意不同，是以上亡以持一统；法制数变，下不知所守。臣愚以为诸不在六艺之科、孔子之术者，皆绝其道，勿使并进。邪辟之说灭息，然后统纪可一而法度可明，民知所从矣。"②这就是著名的罢黜百家、独尊儒术。

四是提出三统说，就是把邹衍的五德循环说改造为黑、白、赤三统循环说，这三统分别对应夏、商、周，而夏、商、周对应的是尧、舜、禹之政。就天命来说，尧、舜、禹分别代表三统，禹代舜、商代夏、周代商，是三统循环的体现。三代治国特色是"夏上忠，殷上敬，周上文"③。这实际上就是把孔子推崇的西周礼乐社会向前延伸为夏商周三代循环，再披上天命的外衣。汉承周，应黑统，行"夏政"。"夏政"的具体内容就是按照改造过的新儒学治理天下。

董仲舒新儒学的最大特色是儒学神学化，核心表现就是天人

---

① 《汉书》卷56《董仲舒传》，第2504-2505页。

② 《汉书》卷56《董仲舒传》，第2523页。

③ 《汉书》卷56《董仲舒传》，第2518页。

感应——皇帝要体会天意、按天意治国，天意的体现就是祥瑞和灾异。君主的所作所为符合天意，天就降祥瑞表示奖励和肯定；否则，天就降下灾异，如不该降雪的时候降雪，突然降温、下冰雹、地震、日蚀月蚀，等等，每一种异象都有不同的政治含义。

就主观目的来说，董仲舒神化儒学，是想借上天之手，打着天命的旗号提出改革建议，同时用灾异制约皇权的无限膨胀。就历史实践而言，汉家治国是霸王道杂之，除了儒学取得官学地位之外，无论是对内对外，汉武帝没有按照董仲舒所说的去做，也没有把灾异天谴等等放在心上。但是，阴阳神学是儒学被立为官学的重要工具，也是董仲舒表达自己意见的重要手段，现实的许多内容不能直接批评，只能借助天命神学的伪装。在这里历史再次和人们开了一个不大不小的玩笑，董仲舒主张的德政仁治没有变成现实，但是借天命言事的方法则迅速流传开来。这导致两个最为明显的后果：一是借灾异天命评述现实政治；二是伪造大量图书，托名孔子或者前贤圣哲受之于上天、由活着的人传之于当代，兜售稀奇古怪的学说。这些伪造的图书都是各种解释《诗》《书》《易》《礼》《春秋》《孝经》等儒家经典的读物，托名孔子或者传说中的圣王所作，要求人君遵照执行，是对五经的阐释或者补充，与经书相对，称之为纬书。纬书是集中叙述天命灾异之书，在社会上广为流传。

作为工具，天命转移，既可以论证汉家统治的神圣性，当然也可以否定其合理性。当国势隆盛、人心稳定的时候，即使对现实不满也没有理由或者不敢借天命否定现实，即使借助天命否定现实，影响也是微不足道。但是，当社会矛盾剧烈、统治集团内部矛盾重重的时候，人们自然地联想到上天是否还在继续护佑汉家统治的问题，人们就会怀疑刘氏所宣传的天命。这在汉昭帝的时代就曾发生过。

昭帝元凤三年（前 78 年），春秋学家、符节令眭弘因为泰山南边曾经有“大石自立”和昌邑、上林苑发生“枯柳再生”的事情，上书朝廷说：“先师董仲舒有言，虽有继体守文之君，不害圣人之受命。汉家尧后，有传国之运。汉帝宜谁差天下，求索贤人，禪以帝位，而退自封百里，如殷周二王后，以承顺天命。”当时昭帝年幼，霍光主政，眭弘的这个上书表面上是说“汉家尧后，有传国之运”，说的是汉家气数已尽，要另选贤明，实际上就是要霍光下台。霍光看到后极为恼火，立即以“祆言惑众，大逆不道”的罪名将眭弘及其追随者处死。① 宣帝时，以“明经为郡文学，以孝廉为郎”踏入仕途的盖宽饶官至司隶校尉，为政清廉，能力出众，深获朝野好评，自己也以国家忠臣自居，不满宣帝重刑责罚朝臣，多次讥讽，上书引《韩氏易传》言：“五帝官天下，三王家天下，家以传子，官以传贤，若四时之运，功成者去，不得其人则不居其位。”执金吾等认为盖宽饶是因为没能满足其私心而毁谤朝廷，是要汉宣帝传位给自己，是大逆不道。谏议大夫郑昌等人上书为盖宽饶求情，希望宣帝念在盖宽饶“居不求安，食不求饱，进有忧国之心，退有死节之义，上无许、史之属，下无金、张之讬，职在司察，直道而行”②的份上，免于治罪。宣帝当然不能接受这个求情，无论盖宽饶自己想当皇帝是否属实，有一点是可以肯定的，就是要自己下台让位，这样的忠臣是万万要不得的，结果是盖宽饶下狱自杀。

哀帝即位后，汉家统治朝不保夕，举朝上下，一片惶恐，不知何去何从。骑都尉李寻、司隶校尉解光向哀帝建议“再受命”于天。这个主意是齐人甘忠可的弟子夏贺良提出的。甘忠可精通阴阳灾异，写了一部《天官历包元太平经》，托名是天帝派遣的真人赤精子传给自己，主张“汉家逢天地之大终，当更受命于天”。不过，这里

① 《汉书》卷 75《眭弘传》，第 3154 页。
② 《汉书》卷 77《盖宽饶传》，第 3247 页。

的“当更受命于天”是汉家皇帝重新向上天请“命”，还是像眭弘主张的那样汉家皇帝自动退位让贤，甘忠可没有明说，从有限的记载判断，甘忠可和当年眭弘鼓吹的是一个内容。但是，甘忠可“当更受命于天”的影响和眭弘不同。眭弘是经学家，是朝廷高官，其主张在统治阶层传播，对基层社会影响有限，谈不上扰乱民心，而甘忠可是个民间术士，其说在民间宣传，对社会民心的影响不可低估，实际上有着鼓动造反的作用。成帝时，刘向告发甘忠可“假鬼神罔上惑众”。甘忠可被投入监狱，还没等到审判，就病死了。甘忠可病死监狱，已经否定了自己通神的谎言，其学说自然也是荒诞的，但事实就是这样的奇怪，甘忠可死了，其学说依然流传。夏贺良就是甘忠可学生之一。

夏贺良和他老师一样，只是民间术士，担心直接上书朝廷难以引起重视，就通过李寻、解光向朝廷推荐。李寻在哀帝即位时任骑都尉，负责黄河水患防治事务，解光则任司隶校尉。二人都因为精通灾异受到哀帝的信任。解光看到甘忠可的《天官历包元太平经》以后，立即送给刘歆，希望引起刘歆的重视，再推荐给哀帝。刘歆是宗室之后，刘向之子，可以自由出入皇宫，不过，刘歆对阴阳灾异不感兴趣，认为阴阳灾异违背五经之道，不予理睬。李寻就直接把夏贺良推荐给哀帝。

夏贺良向哀帝反复陈述汉运中衰的主张，谓：“汉历中衰，当更受命。成帝不应天命，故绝嗣。今陛下久疾，变异屡数，天所以谴告人也。宜急改元易号，乃得延年益寿，皇子生，灾异息矣。得道不得行，咎殃且亡，不有洪水将出，灾火且起，涤荡民人。”①夏贺良的建议不过是甘忠可的重复，但是有一点不同，这就是夏贺良比甘忠可更具有针对性，更能击中哀帝的要害，投其所好。当时哀帝无

---

① 《汉书》卷75《李寻传》，第3192页。

子，百病缠身，痛苦不堪，夏贺良就把哀帝身体和汉家统治捆在一起，都说成是汉运将终的表现，如果按照再受命的主张去做，不仅汉家江山可以巩固，哀帝的身体自然和江山一样，得到上天的保佑而康复。这后一条理由对哀帝来说更具有诱惑力。所以，哀帝一开始也有些将信将疑，经不住夏贺良的巧舌如簧，最后抱着试试看的心情接受了夏贺良的建议。

建平二年(前5年)六月，哀帝下诏改元、自己也换称号，诏云：

> 盖闻《尚书》"五曰考终命"，言大运壹终，更纪天元人元，考文正理，推历定纪，数如甲子也。朕以眇身入继太祖，承皇天，总百僚，子元元，未有应天心之效。即位出入三年，灾变数降，日月失度，星辰错谬，高下贸易，大异连仍，盗贼并起。朕甚惧焉，战战兢兢，唯恐陵夷。惟汉兴至今二百载，历纪开元，皇天降非材之右，汉国再获受命之符，朕之不德，曷敢不通夫受天之元命，必与天下自新。其大赦天下，以建平二年为太初元年，号曰陈圣刘太平皇帝。①

这一段话的前半段在阐释改元受命的理由。所谓的"《尚书》'五曰考终命'"是引经据典作为自己改元受命的理论依据，按照《尚书》"考终命"之说，自己以外藩入继大统，担负着"承皇天，总百僚，子元元"的重任，结果是民变不止、灾异连连，思来想去，是因为刘家统治已经长达两百年，气数已经衰落了，自己尽管诚惶诚恐，"战战兢兢，唯恐陵夷"，但是如果不能得到上天的保佑，无论如何都不能把汉家江山延续下去。为了得到上天保佑，就来一次改元更名，再次受命于天，表示一切从头开始，万象更新，于是改"建平二年为太初元年，号曰陈圣刘太平皇帝"。这当然是自欺欺人之谈，不过是死马当作活马医罢了。过了一个多月，不仅社会矛盾依旧，哀帝病

---

① 《汉书》卷75《李寻传》，第3193页。

情也一天重似一天，“再受命”的无效已是不争的事实，哀帝充满失望。夏贺良则认为不是天命不灵，而是当朝丞相、御史大夫等重臣不知道天命，要哀帝撤掉丞相、御史大夫等人，改用懂得阴阳五行、懂得天命的李寻、解光等人主持朝政。这下子不仅惹怒哀帝，也引起众怒。哀帝下诏作了一番自我检讨之后，将夏贺良下狱，以“执左道，乱朝政，倾覆国家，诬罔主上，不道”①的罪名处死，李寻、解光被撤职逐出朝廷。

夏贺良和李寻、解光等人导演的“再受命”闹剧尽管落下了帷幕，事实已经证明“再受命”的荒诞，但是人们并没有放弃对天命转移的迷信，相反，哀帝当朝的一片乱象、汉家统治的气息奄奄，恰恰证明了汉家气数已尽，天命转移思潮在朝野进一步传播开来，只是上天已经不再眷顾刘氏，要有新的真命天子代替刘氏！王莽就是在这一背景之下利用天命转移的思潮取代刘汉、建立新朝的。而王莽的登台，也使桓谭仕途进入一个新的阶段。

（四）王莽代汉

王莽是王政君同父异母弟弟王曼的次子。王曼早卒，没能封侯，留下寡妻和王永、王莽两个儿子相依为命，不幸的是，王曼死后不久，王永也因病而亡，留下一子。王莽既要赡养母亲，还要扶持寡嫂、养育侄儿。从血缘上说，王曼和王根、王音等人和王政君的关系是相同的，王曼早死，没赶得上封侯拜爵，但是出于对遗孤的关爱，给王莽一个公子哥儿式的荣华生活是理所当然的。但是，政治家族的人际关系是以利益为核心的，王政君对王氏兄弟的使用是以权力需要为前提的，王莽无法厕身权力场也就无法进入王政君和汉成帝的权力视野，只能默默无闻地过着孤苦冷清的日子。

---

① 《汉书》卷75《李寻传》，第3193页。

但是，就像任何事情都有两面性一样，从天而降的荣华富贵带来的不一定都是福音，生活的磨难不一定就是灾难。王莽没能像其他叔伯兄弟那样自幼过着骄奢淫逸的生活，却激发了他通过个人奋斗改变自己命运的激情。王莽明白，自己要想出人头地，必须依靠姑母王政君和伯父王凤及其他几位叔父，凭借王氏家族培植社会关系网，同时潜心读书，广泛结交儒生，提高自己的社会地位。"莽群兄弟皆将军五侯子，乘时侈靡，以舆马声色佚游相高，莽独孤贫，因折节为恭俭。受《礼经》，师事沛郡陈参，勤身博学，被服如儒生。事母及寡嫂，养孤兄子，行甚敕备。又外交英俊，内事诸父，曲有礼意。阳朔中，世父大将军凤病，莽侍疾，亲尝药，乱首垢面，不解衣带连月"。① 王莽对王凤的孝行远远超过了王凤的亲儿子，使病入膏肓的王凤深受感动，弥留之际把王莽推荐给太后王政君和成帝。王凤病死不久，成帝就任命王莽为黄门郎，旋升任射声校尉，当时年仅二十四岁。

射声校尉是武帝设置的管理军队的八校尉之一，管理一支射技高超的由弓箭手组成的特种部队，二千石级别，和郡守等级相当，王莽以二十四岁之年当上射声校尉，当然不是一般人所能达到的。永始元年(前 16 年)，成都侯王商上书成帝，历数王莽的种种优良品行和过人的才干，却因为父亲的早死没有封侯，要拿出自己封邑给王莽以示奖励。这实际上是委婉地给王莽讨封。一帮大臣和儒生听说以后，闻风而动，纷纷上书赞扬王莽。成帝对自己的这位表兄本来就有好感，现在看到自己的舅舅和朝臣们异口同声赞扬王莽，立即封王莽为新都侯，以河南新野新都乡一千五百户作为王莽封邑，同时升任骑都尉、光禄大夫、侍中。光禄大夫是九卿之一，骑都尉和侍中都是中朝官，在皇帝身边，直接参与决策。王莽

---

① 《汉书》卷 99 上《王莽传上》，第 4039 页。

则一如既往地小心翼翼，伺候皇上和各位叔父的同时，谦恭下士，结交名流，获得朝野一片赞扬。最后，王莽终于脱颖而出，在王商之后，当上了大司马，位居一人之下、万人之上。

平帝继位，王莽复出，权力集中在一个人手上，在清除异己的同时，千方百计地把自己打扮成圣人再世。王莽曾编造了一个极为辉煌的王氏族谱，说王氏是黄帝之后，本姓姚氏，传了八代而生舜，舜兴起于妫水，就以妫为姓，周武王封舜后妫满于陈，十三世之后有陈完。这个陈完在春秋初年迁移到齐国，爵位为卿，改以田为氏，后来以氏为姓，就是田氏。以田为氏第十一代之后，田氏代姜而有齐国。秦朝统一，齐王建被灭。项羽亡秦，封齐王建的孙子田安为济北王。汉朝建立之后，济北王田安失国，但是附近的百姓习惯上仍然将田家称之为“王家”，也就是曾经封王之家，相沿成习，就以王为姓了。汉武帝时，田安的曾孙王贺官至绣衣直使，出使四方，整治贪官污吏，对地主豪强多有宽待，虽然因为执法不力被武帝罢职，但在地主官僚内部颇有人缘。王贺生王禁，即王政君的父亲、王莽的祖父。算下来，王莽应该是黄帝的四十一代孙。编造这么一个辉煌的世系，就是为了方便以和平的方式从刘家手中接过江山。

西汉建立以后，为了鼓吹刘氏江山的神圣性和永恒性，先是编造神话故事，说刘邦是赤帝之子，后来具体到是尧的后代，有“汉家尧后”说在社会上流传。但是，这个神话也有内在的矛盾。按照传说，尧在位七十年，为了继承人问题曾反复选择考量，最后把帝位传给了以大孝、大贤著称的舜，尧也就成了选贤传国的代表，故而“汉家尧后”和“有传国之运”紧密相连，这个“传国之运”的“运”是天命的运数，任何一个帝王都是必须遵守的。这又否定了汉家统治的长久性，要求汉家统治到一定时候要让出江山，气数尽了，就需要选择大贤大德而传。所以王莽就编造自己是黄帝之后，意思是和刘邦先祖都是黄帝之后，有同等的高贵血统。事实已经说明，汉家江山风雨飘摇，上天已经明示汉运终结，汉家应该把帝位让给大贤大德之人。有了这个天命预设，王莽派人到全国各地宣传汉家尧后、有传国之运的神话，同时授意地方收集所谓的祥瑞，作为上天褒奖自己的证据，使天下都明白，当今天下，符合大贤大德标准的唯王莽一人而已！

无论是在朝官员，还是在野儒士，特别是那些一心想踏入仕途的太学生，对王莽心思当然是心领神会，从中央到地方，编造种种祥瑞，说是王莽辅助汉室，感动上天，纷纷上书太皇太后王政君，说王莽就像当年周公辅成王那样辅助幼主，汉家天下才得以安定，应该给王莽加一个安汉公的名号。不过，王莽没想到的是，自己地位在改变，平帝年龄、见识也在增长，掣肘之感隐隐上升，就干脆一不做二不休，毒死平帝，对外宣传说是染病而死；而后选了个几个月大的婴儿做傀儡，历史上称作孺子婴。平帝死了，王莽登上权力最高峰的最后障碍也消除了。大臣们和儒生又上书要王莽做摄皇帝、假皇帝。四面八方呈报天降祥瑞的奏报、给王莽歌功颂德的表章，像雪片般飞往太皇太后面前，一天之内，竟然有几十万人上书称颂王莽品德高尚、功高不世。王政君虽然将信将疑，但还是同意了群臣的奏请，任命王莽为假皇帝。

令王政君没想到的是，王莽的真实目的不在于假皇帝，而是要做一个真皇帝。王莽刚接受假皇帝称号不久，一帮吹鼓手就上书要求王莽做真皇帝。王莽假惺惺地上书王政君，说尽管群臣按照天意要自己做真皇帝，但是深感自己德才不足以当天命，当务之急是辅佐好小皇帝，做一个名副其实的假皇帝，等到幼主长大就还政幼主，自己绝对没有做真皇帝的意思！其目的是麻痹王政君，进一步博取王政君的好感，同时也把皇位易人的消息透露给王政君，试探这位老姑母的意思。当时有个叫哀章的太学生，本来是个市井无赖，是梓潼（今四川梓潼）人，苦于地位卑贱，投靠无门，从五花八门的祥瑞中看出了门道，就决定来一场政治大冒险，为王莽做真皇帝增加点神学故事，就做了两个铜匮，分别写了“天帝行玺金匮图”“赤帝行玺某传予皇帝金策书”。《金策书》里的“赤帝行玺某”之“某”就是刘邦，“传予皇帝金策书”之皇帝是指王莽。刘邦曾自称赤帝之子，“赤帝行玺某传予皇帝金策书”的意思就是刘邦按照天命主动把皇帝御玺传给新皇帝王莽，太皇天后应该顺应天命，应即刻行传位大礼；同时还写了八位大臣作为新皇帝的辅佐大臣，新皇帝必须任命这八个人为重臣，其中就有哀章自己。哀章趁着黄昏的时候，带着金匮，身穿黄衣，装扮成天神的样子，来到高庙，交给负责祭祀的仆射，把金匮放在祭祀刘邦的神案上。这个仆射和哀章大约是一伙的，连夜上报王莽。第二天天刚亮，王莽就诚惶诚恐地来到高庙，祭拜过神坛之后，立即觐见王政君，泪流满面地陈述自己绝无代汉之心，但现在上天一定要自己做真皇帝，明确要赤帝子刘邦把皇位传给自己，天命不可违，自己只能做个真皇帝了。王政君毕竟是汉家儿媳妇，她重用王莽，满足王莽的所有要求，是希望王莽巩固汉家江山，绝对没想到这位平时以忠孝自居的侄子竟然是个彻头彻尾的伪君子，要彻底把刘家天下改为王家天下，使自己这个刘家的太皇太后无以自处，虽然后悔，但木已成舟，只好交出皇权的最后象征——传国玉玺，完成了刘家王朝和王家王朝权力交接的最后仪式。从此以后，王政君彻底退出中国历史的政坛。

公元 9 年，王莽正式登上皇帝的宝座，改国号为“新”，标志着一个新时代的开始，史称“新莽”。

王莽登上皇帝宝座，这个宝座能坐多久，取决于王莽对当时日益严峻的社会矛盾采取什么措施、能否解决，民生能否稳定。

王莽对当时社会矛盾有一定的了解，土地兼并，农民破产，农民或沦为奴隶，或逃亡山林，奴隶买卖盛行，是当时最为严峻的社会问题。王莽看到了这些，但出于阶级本性，对其原因不可能有正确的分析，不可能从阶级压迫、阶级剥削的层面理解这些问题的由来，更谈不上制定相应的对策，只能从天命神话和儒家经典中寻找解决之道，以证明自己是应命之主。

王莽是个复古狂，就从古文经中去寻找解决问题的途径，遂以《周礼》为蓝本，认为《周礼》是符合天意的治世良方，实行一系列新举措，均以《周礼》为依据，外加自己的想象，如最为核心的新政“王田制”“私属制”“五均六管制”就是按照《周礼》的精神改造而来，但是违背基本规律，理论上很好，实际上无法执行，强制执行，只能导致更大的混乱。因为《周礼》内容和现实社会结构相去甚远，其理论依据和制度设计美轮美奂，但不具备实践基础，从《周礼》中寻找救世良方，是典型的缘木求鱼；加上王莽的主观目的是要用复古的旗号粉饰太平，装扮自己，满足自己权势欲，其各项新政是典型的乱政，为地主官僚盘剥农民提供新的方便，结果是更加激化社会矛盾，不仅使农民苦难更加深重，无以为生，被迫铤而走险，揭竿起义；统治阶级内部也四分五裂，最后众叛亲离，葬身于农民起义的烈火之中。

地皇三年即公元22年十月初三，起义军攻入长安，王莽听着从四面八方传来震天动地的喊杀声，看着四散奔逃的残兵败将和呼爹叫娘的侍从宫女，还装神弄鬼地里里外外都穿着红色的衣服，佩着画满神秘符号的绶带，挂着印玺，手里拿着据说是虞帝即虞舜使用过的匕首，口里不断地念叨着“天生德于予，汉兵其如予何”，在贴身侍卫的簇拥下，逃到渐台上的一个房间内，自欺欺人地认为上天会派神兵神将来拯救自己。王莽没有等来天兵天将，等来的是愤怒的义军。一个叫杜吴的商人第一个冲进王莽藏身之所，手起刀落，将王莽斩为两截，身首异处。但是，就这样一刀结果了王莽实在是太便宜了，农民军不解心头之恨，纷纷拥上前去，刀剑并举，硬生生地将王莽碎尸万段！新莽政权正式灭亡，农民军的更始政权正式进驻长安。

在农民军初起时，地方官僚、豪强大姓已经料定王莽必然败亡，不愿意把自己绑在王莽镇压农民起义的战车上，纷纷起兵，割据一方。刘秀就在农民起义的声浪之中，起兵南阳，参加到反莽队伍中来，以兴复汉室为号召，公元25年，建立政权，国号为汉，史称后汉，因为建都洛阳，位于长安东方，又称东汉。刘秀称帝以后，经过十余年的征战，最后削平割据势力，统一全国。至此，社会才走向稳定发展的轨道！

二　桓谭的仕宦及交游

上述两汉之际的历史变局可谓跌宕起伏，充满着苦难和黑暗，桓谭完整地经历了这一历史过程。在成帝时任奉车郎中、乐府令；哀帝时又继续任郎官；新莽时先任大司空掾，负责水利，后任谏议大夫，负责舆论宣传，被封为附城；在绿林军建立的更始政权中任过太中大夫，职掌议论。赤眉军击败“更始”、进入长安建立“建世”政权以后，桓谭虽然人在长安，但没有出任官职。东汉建立以后，因为宋弘的推荐，已近天命之年的桓谭出任议郎、给事中，直到建武末年死于被贬途中。桓谭官位虽然不高，但接触的都是达官显贵，了解统治阶级核心集团的人生追求，对他们或者是出于价值观的相近，或者是出于学术爱好的一致，或者是出于朋友间的关心，平时往来各有侧重点，而有着自己的价值评判，能够保持清醒的政治头脑，没有放弃自己的历史担当，没有一味地与时俯仰，而是从历史和现实实践出发，思考社会，思考人生，从一个侧面体现了一个思想家的责任、使命和贡献。现就其仕宦与社会交往的分析，揭示其思想历程。

（一）向扬雄学赋、讨论天文

桓谭的父、祖都担任宫廷乐官，其父亲的官职是太乐令。太乐令是九卿之一太常的属官。太常的职责是“掌宗庙礼仪”①，就是皇家宗庙祭祀事务的总管，太乐令是太常下属六个职能部门之一，负责皇家祭祀音乐、宫廷音乐、礼仪人才的培训培养、乐曲演练，用于各种祭祀、节庆以及宫廷日常生活，有一只规模庞大的乐队。当然，太乐令自己必须是行家，既通音乐，又通礼仪。出生在这样的家庭，桓谭自幼耳濡目染，对音乐自然会有兴趣，乐器演奏也非常人可比。但是，桓谭做的第一个官和音乐却没有关系，而是奉车郎中。

按汉代制度，凡是父兄在朝廷任职到一定级别，可以推荐一名子弟为“郎”，叫做“任子制”。郎是事务官，是当时官僚子弟和知识分子入仕的第一个台阶，主要职责是守卫皇宫，充当侍从，在不同地点值守，有不同的称谓和级别，大体上分为四类：中郎、侍郎、议郎、郎中，彼此之间差别不大，人数因时而异，多者数千人，少者千人，任职一定年限，可以升迁、外放。奉车郎中是郎官的一种，根据桓谭自述，他的值守地点是“殿中小苑西门”②，除了平时宿卫皇宫之外，主要任务是参与皇帝出行的车马仪仗和沿途警卫。

郎官级别虽低，其地位则是其他同级别职官不能比拟的。因为他们出身大都是官宦世家或者是儒学出身的地方才俊，集中在京师，和公卿大臣朝夕相处，彼此之间有着千丝万缕的联系，既可以交流学术思想，也可以交流官场动态，人脉丰富，更主要的是皇帝的近身宿卫，出人头地的机会远非其他官吏所能想象。无论是外放，还是任职京城，都有着天然的权力场。而奉车郎中一职还有

① 《汉书》卷 19 上《百官公卿表上》，第 726 页。

② 《新论·离事》。

其独特的方便之处，这就是随皇帝出巡，有更多的机会在皇帝面前展露自己的才华。桓谭和当时著名的文学家思想家扬雄、经学家刘歆都是在做奉车郎中时认识并成为莫逆之交的。

扬雄是蜀郡成都（今四川成都郫都区）人，是当时作赋大家，名满天下，当时任黄门侍郎，名义上宿卫皇宫，但主要是皇帝的文学侍从官，根据皇帝需要，做一些文学应答工作。成帝喜游，每一次出游，扬雄都要作赋，著名的作品有《甘泉赋》《河东赋》《长杨赋》《羽猎赋》等。扬雄大约年长桓谭 30 岁，是实实在在的两代人。但是，桓谭好学，兴趣广泛，出仕伊始，即和扬雄朝夕相处，立即拜扬雄为师，学习作赋。扬雄本来就有着文学家的浪漫，更欣赏桓谭的才华，丝毫不以年龄差距为意，把桓谭视为忘年交，也就毫无保留地指导桓谭作赋。

桓谭自幼受过良好文化教育，尤其喜欢文学，他自述其学赋经历说“余少时学，好《离骚》，博观他书，辄欲反学”。和扬雄交往后，“扬子云工于赋，王君大习兵器，晓习万剑之名，凡器遥观而知，不需手持熟察。余欲从二子学。子云曰：‘能读千赋则善赋。’君大曰：‘能观千剑则晓剑’。”①王君大是兵器名家，桓谭学赋的同时也向王君大学习剑术，二人的回答都是见多识广，勤学苦练，熟能生巧，自然就会了。绥和二年（前 7 年），成帝到甘泉（陕西淳化县内）、河东（郡名，郡治在今山西夏县内）祭祀神祇。甘泉是著名的皇家园林，秦朝兴建，汉武帝扩建，规模宏大，建筑瑰丽，其中的通天台等求仙建筑尤其著名，既是皇帝休憩和处理政务之处，也是游乐修仙之所。桓谭随行，当时只有 17 岁，正是青春年少、意气风发的时候，能跟随皇上观赏美景，自然是无上荣光。回来之后，心潮澎湃，写赋两篇，记述所见所闻、抒发游览感受、表达自己生活追求。

---

① 《新论·道赋》。

赋是当时流行的文学体裁，特点是以铺张的手法、华丽的辞藻渲染宫廷苑囿的美景，描绘帝王生活的奢华，表达作者的讽谏之意。而桓谭出身音乐世家，虽然少年时读过一些文学作品，但没有人指点如何作赋，谈不上什么文学创作的功底，而文学创作要有生活基础和人生领悟，远非凭借激情和愿望就可以写出满意的作品。桓谭虽然尽心竭力，对自己的作品也不满意，回忆说“余少时见扬子云丽文高论，不自量年少新进，而猥欲逮及。尝激一事而作小赋，用精思太剧，而立感动致疾病”①。羡慕扬雄辞藻华丽、意境高远，锐意模仿，不料基础相差太多，导致大病一场。后来和扬雄交流作赋体会，扬雄告诉他说当年受命作赋，“成帝时，赵昭仪方大幸，每上甘泉，诏使作赋，为之卒暴，思精苦，始成，遂因倦小卧，梦其五藏出在地，以手收而内之。及觉，病喘悸，大少气，病一岁”②。桓谭这才知道，作赋并不是想象的那么轻松，以扬雄的才华和能力，受命作赋，尚且如此辛苦，以至于病了一年，明白并不是人人都适合作赋，应该扬长避短，在音乐和其他方面谋求发展，而不应该在文学创作方面浪费光阴。

桓谭正因为作赋不成而闷闷不乐时，喜讯传来：成帝任命桓谭为乐府令。

乐府令是九卿之一少府的属官。少府是皇室事务总管，皇室财政收入、物资生产与供应、宫中大大小小的生活事务都归少府，所属机构众多，乐府负责皇室音乐事务，乐府令是皇家乐队队长、总教练、总指挥。乐府之设，一般都认为始于汉武帝，因为汉武帝爱好音乐，而礼、乐是儒家一向重视的内容，重视音乐是重视儒学的题中之义，汉武帝曾派遣专使到全国各地采集民间歌谣，这些歌

---

① 《新论·道赋》。

② 《新论·道赋》。

谣都是随声吟唱的，所以设了乐府这个专门机构，同时任命当时著名音乐家李延年为“协律都尉”，为搜集到的民谣谱曲。现在研究证明，秦统一就设置乐府了，汉代乐府由秦发展而来。

桓谭的“乐府”和他父亲的“太乐”在功能上有所不同。“太乐”负责宗庙祭祀音乐，庄严肃穆，旋律典雅，属于礼仪性质的，由西周传承而来，是所谓的“雅乐”。“乐府”则属于民间流行音乐，以娱乐为目的，活泼多变，悦耳动听，属于春秋战国时代的“郑卫之音”或者简称“郑声”，汉代称之为“新声”或者“新弄”。成帝喜欢“新声”，尤好歌舞，乐府的歌舞队伍达一千多人，都属于“倡优”性质，许多名角得到成帝喜爱，得到大量赏赐，闻名当世。上行下效，当时的公卿贵戚纷纷以畜养倡优为能事，王氏五侯都有庞大的倡优队伍，以显示穷奢极欲的生活，更有甚者如富平侯张放、定陵侯淳于长“淫侈过度，至与人主争女乐”①。桓谭和成帝同好，家庭教育的内容虽然是雅乐，但喜欢的却是“新弄”，他自己说“余颇离雅操而更为新弄”，担任乐府令，可谓适得其所。但是，扬雄对桓谭的“更为新弄”颇不以为然，批评他说“事浅易喜，深者难识。卿不好《雅》《颂》而悦郑声，宜也”。② 批评桓谭不用心体会雅乐的深奥内涵，而醉心于浅显娱乐。当然，此时的桓谭志得意满，正享受着“新声”的快乐，不会把扬雄的批评放在心上。

不过，命运多舛，桓谭在乐府令任上很短暂，仅仅几个月，成帝驾崩，哀帝继位。哀帝不喜好音乐，登基之后总要有所改作，以示刷新，下诏说“惟世俗奢泰文巧，而郑卫之声兴。夫奢泰则下不孙而国贫，文巧则趋末背本者众，郑卫之声兴则淫辟之化流，而欲黎庶敦朴家给，犹浊其源而求其清流，岂不难哉！孔子不云乎？‘放

---

① 《汉书》卷22《礼乐志》，第1072页。

② 《新论·琴道》。

郑声，郑声淫’。其罢乐府官”①。废除乐府，桓谭的乐府令是做不成了，又回到了郎官的任上。

大约是扬雄的批评和哀帝的诏书，使桓谭重新思考自己的音乐之路，没有沉迷于“新声”，转而思考音乐的政治功能，尤其对琴的由来、琴曲的含义、历代音乐家的故事、曲谱，从理论到实践都进行了深入研究，赋予音乐以新的理论境界和政治功能。撰写《琴道》一文，阐述音乐主张，认为在所有乐器中，以琴最高尚，操琴是陶冶一个人品德的最佳手段，“古者圣贤，玩琴以养心”，“夫遭遇异时，穷则独善其身，而不失其操，故谓之‘操’……达则兼济天下，故谓之‘畅’。”“琴”的含义是“禁”，即“君子守以自禁”的意思，传世琴曲之所以有不同名称都有其深刻含义，如《尧畅》《微子操》《禹操》《文王操》《箕子操》《伯夷操》都和个人的命运和品格、抱负联系在一起，有着不同的历史内涵。

乐府废黜，桓谭继续做郎，但不再值守小苑西门，而是“典漏刻”即负责宫廷计时。“漏”是古代计时器，“刻”是“漏”上的刻度，用一百个刻度表示一个昼夜。漏呈圆筒形，水从另一个容器滴入漏中，根据刻度变化，表示昼夜的不同时间。当时把一昼夜分为子、丑、寅、卯、辰、巳、午、未、申、酉、戌、亥十二个时辰，一个时辰相当于现在的两个小时，如子时相当于现在二十三时到一时，午时相当于现在的十一时到十三时，其余以此类推。在发明漏刻之前，人们白天根据晷影长短和方向变化、夜间观察星座位置变化计算时间和季节变化，国家则根据时令变化周而复始地发布政令，组织生产和生活，所谓“观象授时”就是由此而来。发明漏刻以后，为了漏刻计时准确，还要结合晷影和星象，使计时尽量准确。这就要求负责漏刻的人懂得天象。桓谭对新的知识充满了好奇，“值漏刻”以

① 《汉书》卷22《礼乐志》，第1072-1073页。

后即对天文发生兴趣，引发了和扬雄之间“盖天说”和“浑天说”的争论，并成功地使扬雄放弃了盖天说。

天是什么样子、地是什么样子，日出日落、春华秋实，周而复始的背后是什么在起作用，天和地究竟是什么关系，这一切的一切，古人始终充满了好奇。人们凭借经验，认为天是围绕地转的，但究竟是如何转的，则有不同看法，一种看法认为天像一个圆形的盖子，地像一个盘子，天覆盖在地上，向右旋转，这就是盖天说。另一种看法认为，天像一个鸡蛋，地如蛋黄，地在天中，天大地小，天、地都因为气而生成，天像车轮运转那样上下旋转，地处于车轮中间，静止不动，叫做浑天说。无论是盖天说还是浑天说，现在看来都是不科学的，但比较来说，浑天说的合理性要大于盖天说。当时扬雄任黄门郎，是皇帝的文学顾问，在受命作赋的同时对天文、经学都有研究，接受的是盖天说，曾用图解的方式，作盖天图，宣传盖天说。桓谭则主张浑天说，二人曾对此进行过辩论，结果扬雄放弃盖天说，毁掉盖天图。

桓谭从两个方面指出盖天说存在的不足。第一是从春分、秋分之日的昼夜相等分析。春分、秋分两天，太阳都是在卯时（相当于五点到七点）从正东方升起，酉时（相当于十七点至十九点）在正西方落下。桓谭认为，这个卯时、酉时是人根据自己的观察划定的，并不是天的卯时、酉时，若站在天的角度看，天之卯、酉应当是以“北斗极”为中心划定。北斗极是天的中心，是“天枢”、“天轴”，天体围绕着“天枢”、“天轴”。但是，人们看到的北斗极并不在人的正上方，而是在北方；再从太阳升降的路线看，春分、秋分之日，太阳的位置都在斗南。按照盖天说，天覆地载，如磨右转，春分、秋分之日太阳的升降路线应该途径北斗极。

第二是通过日影变化方向来验证。有一次，桓谭和扬雄坐在白虎殿外西走廊下晒太阳，二人都是背向太阳，正好观察自己影子的变化。随着太阳西下，影子逐渐变长。桓谭指着身影对扬雄说：如果天体如盖，如磨右转，我们影子的方向应该向东移动，事实却并非如此。这证明了盖天说的不成立，天不是如磨右转，而是像车轮那样上下转动。扬雄回到家里立即毁掉盖天图，放弃盖天说。

桓谭对盖天说的批评仅仅是经验性的，谈不上理性分析，但就当时的认识水平来说，应该说达到了相当的高度。

桓谭尽管成功地让扬雄放弃了盖天说，但是在桓谭心目中扬雄仍然是个了不起的可以和孔子并立的大学问家。扬雄博学，也想凭借其才华跻身官场，换来荣华富贵，但毕竟是书生，内心有着无法改变的操守。在成帝时虽然以赋扬名，但不过是个黄门郎，文学侍从而已。王莽代汉，扬雄曾欢欣鼓舞，以为儒学的春天到了，自己的命运会发生改变，作《剧秦美新》一文，比较新莽之政和秦政的区别，说明新莽政治的合理性，以为儒家政治即将变为现实。但是，扬雄不了解王莽提倡儒学是为了其政治目的服务，并非真的要实现儒家理想，内心不满又无以为计，并没有进入王莽的权力圈子，仅仅因为年龄大、资格老，转任大夫而已，级别和黄门郎相当，只是一个说说话的闲官，没有权力和职掌，相反还会因为说话不慎招来灾难，而扬雄恰恰不善言辞，“口吃不能剧谈”，这在官场上，不善言辞可是大大的不利。扬雄自知仕途无望，转而专心学术，著书立说，希望传之后世。《汉书·扬雄传》谓：

> 雄见诸子各以其知舛驰，大氐诋訾圣人，即为怪迂，析辩诡辞，以挠世事，虽小辩，终破大道而或众，使溺于所闻而不自知其非也。及太史公记六国，历楚汉，讫麟止，不与圣人同，是非颇谬于经。故人时有问雄者，常用法应之，撰以为十三卷，象《论语》，号曰《法言》。①

① 《汉书》卷 87 下《扬雄传下》，第 3580 页。

鉴于儒生们解读孔子的乱象,为了表达自己的主张,模仿《论语》体裁撰写《法言》。除此之外,扬雄对《易》也是研究有素,认为儒经以《易》最为博大精深,遂模仿《易》的体例,作《太玄》一书。《汉书·扬雄传》云:

观《玄》者,数其画而定之。《玄》首四重者,非卦也,数也。其用自天元推一昼一夜阴阳数度律历之纪,九九大运,与天终始。故《玄》三方、九州、二十七部、八十一家、二百四十三表、七百二十九赞,分为三卷,曰一二三,与《泰初历》相应,亦有颛顼之历焉。揲之以三策,关之以休咎,絣之以象类,播之以人事,文之以五行,拟之以道德仁义礼知。无主无名,要合《五经》,苟非其事,文不虚生。①

《太玄》是扬雄放弃盖天说之后,根据浑天说,将天文历算、阴阳五行和儒学伦理糅合为一体,以数字的形式表达出来的哲学思想。桓谭在《新论·正经》对《太玄》有过说明:

扬雄作《玄书》,以为玄者天也、道也,言圣贤制法作事,皆引天道以为本统,而因附属万类、王政、人事、法度。故宓羲氏谓之易,老子谓之道,孔子谓之元,而扬雄谓之玄。《玄经》三篇,以纪天、地、人之道;立三体,有上、中、下,如《禹贡》之陈三品。三三而九,因以九九八十一,故为八十一卦。以四为数,数从一至四,重累变易,竟八十一而遍,不可损益,以三十六蓍揲之。《玄经》五千余言,而传十二篇也。

《太玄》是一部哲学著作,扬雄的目的是要显示其学问高深,因而写作时自创概念,当时就没有几个人懂得扬雄究竟要说什么,也曾受到时人的讥讽。但是,桓谭对扬雄的学识见解,推崇备至,认为扬雄的品格、智慧、才学,就是当世孔子。当时有人崇拜扬雄才华,把

---

① 《汉书》卷87下《扬雄传下》,第3575页。

他和孔子相提并论，因为他是成都人，称之为“西道孔子”，意思是在西半个中国，扬雄的学问可以和孔子媲美。因为孔子是曲阜人，是学术的最高代表，扬雄若出生在东方，是不能称为孔子的。桓谭认为，扬雄的学问完全不在孔子之下，不仅是“西道孔子”，也是“东道孔子”。

桓谭和扬雄，尽管是一对忘年交，但是就思想和境遇来说，有许多相似之处，推崇扬雄，不仅因为扬雄知识渊博，还在于对当时的学术有着共同的态度。二人对儒学都有深入研究，都是追求对儒家经典思想大意的理解，批评章句之学。扬雄对经学研究具有独创性，“不为章句，训诂通而已”，其《法言》《太玄》都不合俗流。桓谭“遍习五经”，只注意“训诂大义”“不为章句”，所以对扬雄的《法言》《太玄》评价极高，认为扬雄是孔子再世。

桓谭虽然视扬雄为师长，但是对扬雄的某些处理问题的方法并不认同，认为扬雄还没有做到“通达”，不知权变。扬雄做郎官，俸禄有限，生活一直贫困，更加不幸的是两个儿子都死在长安，扬雄心疼哀绝，坚持将儿子遗体运回老家成都安葬，往返奔波、花费甚大，使得本来就贫困的生活更加艰难。桓谭批评说“子云达圣道，明于死生，不下季札，然而慕恋死子，不能以义割恩，自令多费而致困贫”①。实在是缺少“识通”之举。也正因为缺少通识权变，对权力向往又顾虑重重，最后导致悲剧性结局。王莽始建国二年(10 年)，曾发生一起政治阴谋，王莽的心腹为了谋取更大的权势和更高的地位，假借符命，要王莽满足自己的权力要求。王莽以为是谋逆，逮捕处死几百人，刘歆的儿子刘棻也牵连其中，刘歆倒没有什么事，继续做他的国师，扬雄却从天禄阁上跳下自杀。天禄阁是藏书的地方，当时扬雄年事已高，任务就是在天禄阁校书。因为

---

① 《新论·识通》。

刘棻曾经向他问过一些"奇字"也就是一些平常不太用的字，听说刘棻入狱，扬雄害怕自己被当作刘棻同谋，难逃干系，就从天禄阁上一跃而下，好在伤而未死。王莽了解情况以后，没有追究扬雄和刘棻的交往，伤好以后，仍任中散大夫之职。对扬雄的这些作为，桓谭是持批评态度的。

（二）和刘歆讨论古文经

从学术角度看，刘歆对桓谭影响最大。

刘歆是西汉皇室成员，是刘邦幼弟楚元王刘交之后，父亲刘向是著名学问家。刘向博学深思，洞悉政治利弊，曾多次上书元帝、成帝，希望刷新政治，都因为朝廷权力之争没能付诸实践。成帝时，刘向任职中垒校尉，受命整理、校对从民间收集来的各种图书。刘向每整理一部，就写一篇说明，称为《别录》。刘歆自幼受家学熏染，醉心经学，尤其喜好古文经，刘向死后，继任中垒校尉，哀帝时因为王莽的推荐升任骑都尉、奉车光禄大夫，继续刘向的校书事业，在《别录》的基础上，撰写《七略》一书。这是我国第一部目录学著作，《汉书・艺文志》就是根据《七略》编撰的。刘歆和他父亲不同之处在于在编辑图书目录的过程之中，对各种图书特别是儒家经典的特点作出了自己的判断，认为古文经有着今文经无法替代的学术意义和政治意义，也应该立为官学，设立古文经博士。这引起了思想文化界和统治者内部的一场轩然大波。

这要对当时的经学及古文经、今文经略作介绍。

所谓经学，就是对儒家经典的阐释之学。儒家学说本来是诸子的一种，汉武帝"罢黜百家，独尊儒术"之后，儒家学说意识形态化，成为官学，儒家典籍成为官书，《诗》《书》《易》《礼》《春秋》五部典籍是官办学校的教科书，是官方用人考试的基本内容，自然是儒生学习的主要内容，被称为五经。西汉前期，因为秦朝焚诗书、禁私学，民间收藏的诸子典籍大都被收缴焚烧，儒生们只能靠口耳相授，传播儒家学说。汉惠帝时废除挟书律，私人可以公开讲学、收藏图书，儒生们才公开地把儒家经典重新用当时流行的文字记录整理，公开流传，武帝时被立为官学的《诗》《书》《易》《礼》《春秋》等都是用当时流行文字书写。武帝时，鲁恭王刘余(汉景帝之子、武帝同父异母弟弟，封鲁王，都曲阜)为扩建王府拆孔子故居时，在孔子故居的夹壁墙中发现《尚书》《孝经》《逸礼》《论语》等经典，都是用先秦文字书写，相对于汉初文字而言，称作古文经，而把用汉初通行文字抄写的文本称作今文经。汉武帝时立为官学的《诗》《书》《易》《礼》《春秋》都是今文经，对今文文本和古文文本的解释分别称为今文经学和古文经学，简称今文、古文。

古文经和今文经除了文字上的差别之外，还存在着文本内容、阐释方式的不同和现实政治利益的冲突。古人文字写在竹简或者木牍上，用皮革或者麻绳编联成卷，一部书有若干卷构成，在传抄的过程中，不同抄手书写的字体大小有差别、竹简枚数有差别，加上收藏过程中编联的残断，因而一部书的卷数、篇数会出现差异，对其思想内容的理解自然会有差别；而对经文文本含义的理解又是以个人的学识和目的为基础的，特别是在理论为现实服务的情况下，每个人对现实关注点不同，对经文的阐释也就不同，自然会出现经义理解的分歧。立为官学的今文经的特点是根据董仲舒改造的春秋公羊学的基本思路，在论证君权神授的基础上，对君权提出道德上的要求、对现实存在问题提出自己的改进意见，寻找个人入仕升迁之路，其中有许多内容是个人牵强附会的东西，并非孔子和先秦儒家学者的意思。古文经则根据文本阐释儒学思想。至于卷数篇目的差别，以《尚书》最为明显。立为官学的《尚书》是西汉前期伏胜传授的本子。伏胜是齐国人，治《尚书》闻名，曾任秦朝博士，秦焚烧诗书百家语时，伏胜把《尚书》藏在夹壁墙中，直到汉惠帝四年明令废黜“挟书律”，才公开传授，但是只剩下二十九篇。文帝时，伏胜已经九十几岁高龄，文帝派晁错到伏胜家里学习《尚书》。晁错用流行字体抄录原文、记录伏胜讲授内容，回到朝廷再行传授，成为西汉前期《尚书》的官方定本。西汉前期、中期传授《尚书》的都是伏胜的徒子徒孙，官方只承认这二十九篇是唯一合法的文本。而刘余发现的古文《尚书》本子比今文多出十六篇，孔安国曾将古文本《尚书》献给朝廷，但是没得到朝廷承认。孔安国就将古文、今文对照讲解，同时用通行文字抄写古文文本，在民间传授，就形成了今文、古文《尚书》的传授体系。现在人们看到的《尚书》总共五十八篇，是今文、古文的合订本。又如古文《逸礼》有五十六篇，比当时立于学官的《仪礼》多出三十九篇。当然，官方也不承认《逸礼》的合法性。

汉初继续秦朝制度，设立博士官，实际上已经开启了儒学官学化的进程。文帝派晁错学习传授《尚书》，其他儒家经典的传播和影响并不在《尚书》之下。景帝设立的博士官就有《公羊春秋》，董仲舒就是将阴阳五行学说和《公羊春秋》的大一统学说合一形成自己的新儒学。汉武帝时期最终确立《诗》《书》《易》《礼》《春秋》五经博士。因为每一经有不同的解释和传授系统，形成不同的学派，故博士的设立也就不是一经一个，而是根据各经传授情况和影响大小多寡不一，家数多的博士数量相对多一些，反之就少。如汉初《诗》有齐（齐国人辕固传授）、鲁（鲁国人申培传授）、韩（燕国人韩婴传授）三家，《易》有田何一家，《书》有伏胜一家，《礼》（西汉的《礼》是指《礼记》）有高堂生一家，《春秋》公羊传有董仲舒、胡毋生两家。后来随着时间的推移，各经解说的分派增多。如《易》有施、孟、梁丘、京氏四家，《春秋》另有谷梁氏一家，《书》另有欧阳、大小夏侯三家，《礼》有大、小戴两家，各经博士人数也因时而异。博士有自己的弟子，传授自己的学问，武帝时博士弟子五十人，元帝时增加到一千人,成帝时扩大到三千人。

通经做官是汉武帝以后选官制度的最大特点。从汉武帝开始,实行察举制度选拔官僚,所谓察举就是分科选拔士人做官的制度,是后来科举制度的滥觞,主要科目有孝廉、秀才(茂才)、明经、贤良文学、贤良方正、明法、明阴阳等。无论哪一科,都要对经学有一定的了解并获得社会认可,而明经则专门选拔儒生。博士弟子、地方官学、民间私学生徒,都可以通过明经的途径踏入仕途。明经科考试内容就是五经博士主讲的经典及其理解,那些没有列为官学的儒家经典都不是选官考试内容。全国士子们只有研读博士官所授经书才可能通过考试,因而经学成为读书人入仕的必由之路。但是,早在景帝时,立为博士的儒家典籍即只有伏胜的《书》和《公羊春秋》,当时社会上流传的今文经典就有好多没能立为官学,汉武帝虽然立了五经博士,但是新发现的儒家经典也没有立为官学。而从学术的层面看,私学所传的无论是今文经还是古文经,在思想上有的可以补充官学的不足,有的可以纠正官学的谬误,其中,最为重要的就是《左氏春秋》。

《春秋》是孔子编纂的鲁国历史书,是非常简略的大事纪年,实际上是孔子晚年的授课提纲。后人觉得孔子的记述太简单,就给《春秋》作传,补充内容。战国时代,为《春秋》作传的有五家,流传下来的有《公羊传》《谷梁传》《左氏传》。这三传内容各不相同,《公羊传》和《谷梁传》的目的是阐发孔子编纂史书的指导思想,认为孔子目的并不是为了保留多少历史事实、要告诉后人曾经发生什么,而是要用特殊的笔法记录历史事件和人物,目的是表达自己的思想主张。用现在的话说,同样一件事,用不同的文字表述,是不同价值判断的结果。《公羊传》和《谷梁传》的目的就是揭示孔子编纂《春秋》的微言大义,只是少量地补充历史事实。《左传》则是补充历史事实,偶尔发表一些评论。换句话说,《公羊传》和《谷梁传》是史论性质的，《左传》是叙事性质的。《公羊传》和《谷梁传》只是告诉人们孔子的思想主张是什么，没有说明孔子主张的历史依据，人们也无法看到《春秋》所包含的历史信息，而《左传》正好补充了这一历史缺憾，使人们对孔子思想可以有更加深入的认识。

哀帝时，刘歆因为王莽的推荐，先后任侍中、太中大夫、骑都尉、奉车光禄大夫，继承其父亲刘向的校书事业。刘歆就在整理图书过程中，认识到古文经的价值，特别推崇《左传》，认为应该把《左传》《逸礼》《古文尚书》《毛诗》（毛亨传授的《诗》）立为官学，设立博士，和其他今文经一样，作为官学教材，但是遭到了现任五经博士们的激烈反对。因为学术是利禄的工具，今文经垄断学术也就垄断了通经致仕的道路，多立一经，就意味着仕进的道路上多出一群竞争对手。为此，刘歆写了《移让太常博士书》，批评这些五经博士在治学方式、学术思想上的种种不足。刘歆指出，古文经本来藏于孔子故居，内容系统丰富，真实可信，正能补充今文经的不足，孔安国献给武帝时，因为巫蛊之难没能立为官学，就一直藏在国家秘府之中，一直没有发扬光大，未发挥其应有的学术价值和政治意义，是巨大损失。正确的选择是像武帝和宣帝那样，当一经出现不同观点的时候就兼收并蓄，多立几个博士，如《尚书》有大、小夏侯，《春秋》在公羊学之后，宣帝曾增立谷梁家，自然也应该立《左传》为官学，和今文相互补充、相互发明。而现实则是“缀学之士不思废绝之阙，苟因陋就寡，分文析字，烦言碎辞，学者罢老且不能究其一艺，信口说而背传记，是末师而非往古。至于国家将有大事，若立辟雍、封禅、巡狩之仪，则幽冥而莫知其原。犹欲保残守缺，挟恐见破之私意，而无从善服义之公心。或怀妒嫉，不考情实，雷同相从，随声是非”，“深闭固距，而不肯试，猥以不诵绝之，欲以杜塞余道，绝灭微学”。“专己守残，党同门，妒道真”。① 正确的做法应该是“与其过而废之也，宁过而立之”。刘歆的批评激烈而深刻，击中了今文经学家们的痛处，遭到了博士们的强烈反对和发自内心的“怨恨”，有的博士直接以辞职相要挟。最为关键的是，刘歆的批评导致了师丹的愤怒。上已指出，师丹是当时名儒，接替王莽担任大司马、随后任大司空的重臣，曾提出“限田”“限奴”的建议，深得哀帝信任，师丹看到刘歆的批评立即上奏说刘歆“改乱旧章，非毁先帝所立”。刘歆见众怒难犯，担心生命安全，主动请求离开朝廷到地方为官，直到哀帝驾崩，王莽复出，刘歆才回到朝廷，成为王莽新政的支持者。

在这场今古文之争中，桓谭和刘歆是站在同一条线上的，都特别地推崇《左传》。刘歆本来学的是今文经，从《易》学起，宣帝时受诏学习《谷梁传》，十余年间，成为谷梁大家；接触《左传》之后，兴趣立即转移，以为《左传》远优于《谷梁》《公羊》。“时丞相史尹咸以能治《左氏》，与歆共校经传。歆略从咸及丞相翟方进受，质问大义”②。当时对《左传》的研究，局限于文字辨识和文本整理，“初《左氏传》多古字古言，学者传训故而已”，并没有从经学的角度分析《左传》的思想。刘歆因为学过十多年的《谷梁春秋》，了解今文经学的方法、义理、价值，而从经学的角度研读《左传》，得出了全然不同的认识。“及歆治《左氏》，引传文以解经，转相发明，由是章句义理备焉”③。也就是说，在刘歆心目中，《左传》不仅有其章句、义理，而且较《公羊》《谷梁》更加合理可信，因为《左传》的作者左丘明是孔子的正宗传人，最能领会孔子的思想意图，《左传》可信度远远

① 《汉书》卷36《刘歆传》，第1970-1971页。
② 《汉书》卷36《刘歆传》，第1967页。
③ 《汉书》卷36《刘歆传》，第1967页。

大于《公羊》和《谷梁》:“以为左丘明好恶与圣人同,亲见夫子,而公羊、谷梁在七十子后,传闻之与亲见之,其详略不同。”①左丘明是见过孔子的人,聆听过孔子教诲,得到过孔子的表扬,其是非标准和孔子是相同的。《论语·公冶长》谓“子曰:‘巧言、令色、足恭,左丘明耻之,丘亦耻之。匿怨而友其人,左丘明耻之,丘亦耻之’。”起码说明左丘明的为人处世和孔子是相同的。当然,这只是见于记载的,至于没见于记载的肯定还有很多。公羊高、谷梁赤不过是孔子弟子的传人而已,“传闻之与亲见之”不可同日而语。

刘歆较桓谭年长很多,桓谭是跟随刘歆学习《左传》的,完全接受刘歆的观点并给予新的论证,认为“《左氏传》遭战国寝藏。后百余年,鲁人谷梁赤作《春秋》,残略,多有遗文;又有齐人公羊高,缘经文作传,弥失本事矣。《左氏传》于经,犹衣之表里,相持而成。经而无传,使圣人闭门思之,十年不能知也”②。这里的“缘经文作传”之“经”是指孔子的《春秋》,“传”是对“经”的补充和讲解,《左传》和《春秋》的关系相当于衣服的里子和面子那样不可分割,二者是统一体,至于公羊和谷梁是无法和左氏相提并论的。对于其他古文经,桓谭也都一一研读。桓谭曾谓“秦近君能说《尧典》,篇目两字之说,至十余万言,但说‘曰若稽古’三万言”。“《易》一曰《连山》,二曰《归藏》,三曰《周易》。《连山》八万言,《归藏》四千三百言。《连山》藏于兰台,《归藏》藏于太卜。夏《易》烦而殷《易》简,古文《尚书》旧有四十五卷,为十八篇。古帙《礼记》有五十六卷。古《论语》二十一卷,与齐、鲁文异六百四十余字。古《孝经》一卷二十章,千八百七十二字,今异者四百余字。盖嘉论之林薮,文义之渊

① 《汉书》卷36《刘歆传》,第1967页。

② 《新论·正经》。

海也”。① 详细说出《连山》、《归藏》、《易》、古《孝经》、古《论语》、古文《尚书》、古帙《礼记》的收藏、卷数、字数、异文数，指出秦近君说《尧典》篇目两字至十余万言，“曰若稽古”三万言，显然是比较研究的结果。

刘歆政治地位远高于桓谭，除了宗室身份，还曾经深得王莽的信任，是王莽的国师，学问更是不二之选。然而，桓谭虽然推崇古文经，但对刘歆的学术思想和方法并非完全的肯定，对刘歆不加分辨地推崇《左传》也持批评态度。桓谭曾经批评说“刘子政、子骏、子骏兄弟子伯玉，俱是通人，尤珍重《左氏》，教授子孙，下至妇女，无不读诵，此亦蔽也”②。子正是刘歆的字，子骏是刘歆之子，伯玉是子骏的侄子，这三个人都是学问通达的人，尤其重视《左传》，全家男女老少，个个读《左传》。桓谭认为这是其不足。

从学风的角度说，桓谭和扬雄是真正的志同道合，兴趣广泛，对经学虽然有其重心，但追求的思想大意，不局限于章句家法，对今文经和古文经之间的差别并非绝对的壁垒森严，没有跨不过去的鸿沟，只要看到彼此的合理性就行了，而刘歆则较多地局限于经学的今古文之争。这是桓谭和刘歆不同之处。

在政治追求上，桓谭和刘歆差别巨大。刘歆是充满着权力野心的学问家，可以说和王莽一样充满着权力欲，推崇古文经，笃信谶纬天命。汉哀帝建平元年（前 6 年）社会上有民谣“刘秀发兵捕不道，四夷云集龙斗野，四七之际火为主”。有人散布“刘秀当为天子”的流言，哀帝也在上演“更受命”的闹剧，而且没有太子。这个“刘秀”是何许人，谁也不知道，局势发展，扑朔迷离。刘歆是宗室成员，就想趁机捞取政治资本，改名“刘秀”以合谶语。后来因为要

① 《新论·正经》。

② 《新论·正经》。

求立古文经博士，被排挤出朝廷。直到哀帝去世，王莽复出，才回到中央，转而全心支持王莽，其内心真诚地希望通过王莽之手把古文经特别是《周礼》的相关制度变成现实。王莽称帝第二年即始建国二年(10 年)，刘歆儿子刘棻牵涉进谋逆事件，被流放幽州之后，刘歆和王莽之间才产生嫌隙。当农民起义风起云涌、王莽政权摇摇欲坠的时候，长安城内谣言四起。当时有个道士叫西门君惠，一直是权贵豢养的门客，因为彗星出现，编造谣言说“刘氏当复兴，国师公姓名是也”。刘歆听到之后，沉默不语，等于默认流言的神秘性和神圣性。有人劝他，王莽猜忌狠毒，流言可能招来横祸。刘歆明白王莽统治，天怒人怨，烽火四起，支持不了多久，就以阴阳五行学说为幌子，说“东方必成”即东方的刘秀能成刘氏复兴的大业，不久发动政变，谋泄自杀，刘歆家族衰亡。但这一系列事件，桓谭没受到任何牵连。这从一个侧面说明王莽称帝以后，刘歆进入权力中心，桓谭对刘歆的政治追求已经产生了不同看法，二人逐渐疏远，没有卷入当时的权力之争，也说明了桓谭对时事的洞明。

(三) 对王莽的追随与批评

桓谭和王莽关系最为密切，桓谭的仕宦、思想和政治主张和王莽都有着重要关联：王莽时代，桓谭职位最高，对王莽执政的反思，构成桓谭思想的重要组成部分。

王莽身为外戚，是外戚王氏家族核心成员，同时又是以尊师重道著称的儒生。王莽这个儒生不是沽名钓誉得来的，而是实实在在学出来的，以《周礼》和《左传》见长，是古文经的坚定支持者，同时具有政治家的眼光，对今文经也同样重视。这对于古文今文的学者都是莫大的鼓舞。桓谭以博学闻名，和王莽在学术上志趣相投，二人又一起做过郎官，关系非同一般。王莽复出以后，桓谭升任大司空掾。大司空是中央掌管土木水利工程的最高官，和大司马、大司徒并称三公。大司空掾是大司空属官，负责制定、审核水利土木工程方案，有实权有实职。桓谭履新的第一项任务是制定治理黄河方案。

黄河中下游的河道自古摆动不已，因流量变动、河床抬升，西汉发生多次决口、改道，其流向与现在有着很大不同。当时河道在现在河南省武陟县境内向东北，穿过浚县、濮阳、山东的德州，至河北沧州东行，在渤海南部入海，大体上现在天津南部的卫河就是当年黄河故道。黄河夹带大量泥沙从西北黄土高原进入河南、山东境内以后，因为地势平坦，流速变缓，泥沙沉淀，河道淤塞，只要上游来水增大，决口、改道必然发生，形成了独具特色的河患，治河成为中央政府的头等大事。武帝元光三年(前 132 年)黄河在现在河南濮阳西南的瓠子决口，河水东入巨野泽、淮水和泗水，十六个郡受灾，对周边河流走向带来相应影响，直到元封二年(前 109 年)才堵住决口。成帝时先后在馆陶(今河北馆陶)、平原(郡治今山东平原)决口，水患连年，因为政治黑暗，统治集团内部勾心斗角，虽然有识之士曾提出多种治河方案，一直没有得到认真检核和实施。王莽当了“安汉公”，为了做出“安汉”的样子，下令在全国范围内征集治河方案，应征者数以百计。桓谭一一比较以后，认为关并、张戎、韩牧、王横四个人提出的方案有可行性。关并认为黄河决口主要集中在平原、东郡(郡治在今河南濮阳西南)地区，其南北距离不过 180 里，“可空此地，勿以为官亭民室”，就是把原来的居民全部迁走，把平原到东郡的黄河沿岸地区作为蓄洪区。张戎懂得水利技术，指出“河水重浊，号为一石水而六斗泥”，而沿岸农民习惯于引水灌溉，经常私自挖开河堤，致使水流变慢，泥沙沉淀，河床不断增高，所以每当三月份桃花水起，往往堤破河决。人们习惯于修堤防水，结果是河水水位越来越高，就像筑墙防水，水越高墙越高，墙越高水越高，一旦决口，祸患更大。正确的方法是禁止沿岸农民引水灌溉，保证水流速度，冲刷淤沙，从而使河床逐步变深，从根本上消弭水患。韩牧则沉迷于《尚书·禹贡》大禹治水的传说，认为在《禹贡》篇所说的九河地区重新挖渠，增加入海口，即使不能像大禹那样挖九条河，挖个四五条河也可以。王横也是古文《尚书》的迷信者，认为当时黄河下游河道不是大禹开通的河道，原来大禹开挖的河道已经被海水淹没，要想解决河水决口问题，应该在现行河道之西开挖新河道，路线是“使缘西山足乘高地而东北入海，乃无水灾”，也即是沿着太行山脚，开一条新河，向东北直接入海。

桓谭认为这四个人是所有应征方案的代表，也是全国关注、研究治河成就的代表，起码有一个是可行的，就做出预算，报给大司空甄丰，认为应该先考察试验，试验有成效，立即制定规划，组织施工，所需费用不会太大，有几个亿就差不多了。如果国库困难，可以用以工代赈的方式解决，公私两便。用历史的眼光分析，这四个方案中，后两个是书生的迂腐之见，是中了大禹治水故事的毒，把传说当作了真实，稍有治水常识的人都不可能采纳。关并、张戎的方案则是在武帝、宣帝、成帝治河经验的基础上提出的，有一定的可行性。桓谭崇尚古文经，对《尚书》记载的大禹治水的故事当然不会否定，所以把四个方案一同上报。但是，桓谭不了解王莽的中心任务是什么，对于一心忙着摄取权力的王莽来说，征集治水方案，不过是招揽人心、树立自我形象的手段罢了，而不是真的要付诸实施。王莽新朝始建国三年（11 年），黄河再次在东郡濮阳决口，数十万农民受灾，王莽没有采取任何措施，完全的放任自流，河道从此向南移动至现在山东利津县境内入海。但是，方案尽管没有实施，却给了桓谭一个研究治河理论的机会，扩大了桓谭的知识结构。

桓谭的特长是音乐和经学，任大司空掾是实实在在的用人不当。王莽在毒死平帝、立孺子婴作为过渡工具，自称“假皇帝”“摄皇帝"之后，晋升桓谭为谏议大夫，职掌议论，秩"比八百石"，相当于现在的司局级。此时的刘歆则升任"少阿羲和"，掌管礼仪、星历，即从礼仪制度和天命角度负责意识形态工作，为王莽代汉提供理论支持。桓谭的职责就是配合刘歆做好舆论宣传工作。

王莽立孺子婴为帝，代汉之心，昭然若揭，刘氏宗室、忠于汉室的官僚当然不满，自然以各种方式反对。居摄二年(7 年)，东郡太守翟义举兵反莽，立汉宣帝庶孙严乡侯刘信为帝，布告天下，揭露王莽毒死平帝、杜绝汉家皇统，自己不得已而起兵，以替天行道。地方守令，纷纷响应，旬日之间，军队达十万之多。王莽毕竟做贼心虚，闻讯大惊，一方面派八路大军征讨，任命刘歆为扬威将军镇守南阳等地，一方面展开声势浩大的舆论宣传活动，表明自己代理天子事务是效法周公，待小皇帝长大成人，一定返还权力。

周公姓姬名旦，是周武王弟弟。周武王死后，太子诵还未成年，继位为王，是为成王，因年幼不能理政，周公以叔父的身份处理朝政，代行王权。武王的另外几位兄弟管叔、蔡叔、霍叔受武王之命以诸侯的身份在东方监视殷朝移民，称为三监。按照血缘关系，三监都有代行王权的资格。三监对周公不满，就散布谣言，说周公将不利于孺子也就是年幼的诵的王位，想取而代之，挑动宗室内部矛盾，起兵勤王。殷商遗民要报亡国之恨，趁着王室主少臣疑之机，在商纣王的儿子武庚率领下起兵复国，东方其他部族纷纷响应。一时之间，黑云压城城欲摧，东方地区陷于混乱。周公一方面亲率大军东征，一方面以周成王的名义发布《大诰》，就是天子发布的布告，说明周人统治是天命使然，自己是代行王权，绝无不利于孺子之心；商朝的灭亡是商王违背天命的结果，出兵平叛，就是完成天命。不久，周公东征胜利，西周统治稳定，诵年长之后，周公还政成王。这篇《大诰》保存在《尚书》中。王莽模仿《尚书·大诰》体例，也作了一篇《大诰》宣传自己，说"大诰道诸侯王、三公、列侯于汝卿大夫、元士御事……天降威明，用宁帝室，遗我居摄宝龟。太皇太后以丹石之符，乃绍天明意，诏予即命居摄践祚，如周公故事”。自辅政以来，遵循天命，广施恩惠，万民归心，“今天降定于汉国，惟大𩐕人翟义、刘信大逆，欲相伐于厥室，岂亦知命之不易乎”。① 反复阐明“居摄”是为了“辅汉”。派桓谭等人到各地传布《大诰》，同时“谕告当反位孺子之意”。

翟义、刘信的军事行动很快失败，其他反莽力量也被迅速镇压。居摄三年(8 年)二月，王莽在白虎殿举行庆功会，论功行赏，采用西周的公、侯、伯、子、男五等爵位，另增加“附城”之号，封地则分为四个等级:公一等，侯、伯二等，子、男三等，附城四等。当时受封公、侯、伯、子、男的功臣“凡三百九十五人”。桓谭虽然宣传有功，但没有进入五等之列，可能是因为年轻，也可能是功劳不够大，而被封为“附城”。“附城”虽然是第四等，但也是有封地的。按照汉代二十级军功爵制，有封地的是二十级列侯和十九级关内侯，“附城”相当于关内侯。当时的桓谭三十出头，正值黄金年华，获此爵位，实属新贵。

王莽平定翟义之后，朝廷上下一片颂声，便于次年把“摄皇帝”改为“真皇帝”，改国号为“新”，改元“始建国元年”。刘歆身为汉家宗室，因为运用古文经为王莽出谋划策有功，受封“国师嘉新公”。桓谭也回到了老本行，由谏议大夫升任掌乐大夫(一称典乐大夫)，最后升到讲乐祭酒，官秩上卿，虽然不掌握军政大权，但是级别不低。

不过，桓谭和王莽的关系，史书有不同记载，现代学者也有不同看法。《后汉书・桓谭传》说“王莽居摄篡弑之际，天下之士莫不竞褒称德美，作符命以求容媚。谭独自守，默然无言”。意思是桓

---

① 《汉书》卷 84《翟义传》，第 3428、3434 页。

谭并没有参与王莽制造符命、代替汉家天下的活动。这是不符合实际的。《后汉书》是刘宋范晔编撰，依据的是当时传世的各家《后汉书》，这些史书成书于三国两晋时代，或者是事实失传，或者是范晔有意为桓谭掩饰，因为按照正统观念，王莽代汉是正儿八经的篡汉，桓谭帮助王莽，是附逆行为，有损桓谭形象，故意隐晦其事。其实，在当时的历史条件下，桓谭拥戴王莽，并没有什么不光彩之处。

王莽代汉，在统治阶级内部的权力之争中获得最后胜利，除了翟义举兵以外没遇到实质性的阻力，中枢权力运转正常。这一方面因为王氏集团的长期掌权，形成了一个庞大的官僚集团，无论是中央官员还是地方郡县守令大都出自王氏门下，在当时也不存在后世忠于一家一姓的观念，既然上天已经表明汉家气数已尽，改换门庭就是了，只要能保住既得利益，谁当皇帝都一样。另一方面是得到了绝大多数知识分子的支持。自从汉武帝接受董仲舒、公孙弘的建议，儒学官学化以后，读经做官有了制度保证，儒生队伍迅速扩大，逐步成为一股强大的政治力量。但是，现实给儒生们提供的官位是有限的，而读书入仕愿望越来越强烈，儒生群体越来越庞大，入仕门径却越来越狭窄，大多被既得利益集团所垄断，即使学富五车、才高八斗，朝中无人也做不了官。王莽身为外戚，爱好经学，又刻意结交儒生，深得众望，无论是在朝儒生出身的官僚，还是在野的普通儒生，绝大部分都把王莽当作自己的代言人。哀帝时，王莽因为外戚丁氏、傅氏的排挤，回到南阳封地三年，为王莽鸣冤叫屈的平民百姓和官僚数以千百计，当然这里的平民百姓都是那些儒生，而不是真正的村野农夫。王莽复出以后，天天都有歌功颂德的奏章上报朝廷，王莽把自己的女儿献给平帝做皇后，拒绝新增封地两万五千六百顷，就为了这件事，有 487572 人上书歌颂王莽功德。王莽把女儿送进皇宫是为了控制平帝，拒绝增加封地是为抬高自己身份，沽名钓誉。那些给王莽唱赞歌的儒生大多是为了个人利益拍马溜须之徒，但是，其中不乏真心实意的拥护者。最著名的如刘歆，身为刘氏宗室，学贯古今，却背叛祖宗，一直充当王莽代汉的吹鼓手，做王莽的国师，直到王莽政权即将崩溃而自杀。又比如当时的大文豪扬雄，虽然没有得到王莽的重用，一生贫困潦倒，但是却发自内心地拥护王莽，写了著名的政论文《剧秦美新》，抨击秦朝政治、歌颂王莽新政之美，实际上是借批判秦政之名批评汉政，说明王莽新政是自三皇五帝以来最美好的政治。

就王莽掌权以后所推行的某些制度而言，确实具有针对性，为儒生带来了现实的、理想的实惠。如扩大太学生名额，设立《左传》《毛诗》《古文尚书》《逸礼》等古文经博士，设立《乐经》博士；下令征召全国通晓一经、教授学生11人以上，以及藏有《逸礼》《古文尚书》《周官》《尔雅》《论语》《孝经》的人，懂得天文、图谶、钟律、月令、兵法、史籀篇等古文字的人，通通用公家车马，送到京师，由国家出钱养起来，自由讨论学术，或者授予相应官职。当时全国应召进京三千多人，不仅圆了这些儒生的升官梦，更主要的是使这些儒生切切实实地体会到了被最高当政者承认的成就感，打破了昔日今文经独断仕途的局面，为民间知识分子带来了希望和鼓舞。

又如王莽推行的“王田私属制”确实在理论上给解决西汉末年日益严重的土地兼并和破产农民奴婢化问题带来了希望。所谓“王田制”是王莽的土地改革方案，宣布天下土地为“王田”，禁止买卖，由国家按照《周礼》和《孟子》规划的井田制，统一分配。《王田令》先批评汉制的不足云：“汉氏减轻田租，三十而税一，常有更赋，罢癃咸出，而豪民侵陵，分田劫假。厥名三十税一，实什税五也。父子夫妇终年耕芸，所得不足以自存。故富者犬马余菽粟，骄而为邪；贫者不厌糟糠，穷而为奸。俱陷于辜，刑用不错。”后规定：“今更名天下田曰‘王田’，奴婢曰‘私属’，皆不得卖买。其男口不盈八，而田过一井者，分余田予九族邻里乡党。故无田，今当受田者，如制度。”①这篇《王田令》是有针对性的，首先指出西汉因为土地兼并所导致的赋税负担不合理导致农民的悲惨命运。从景帝开始，实行三十分之一的田税率，田税确实很轻，但是农民没有土地，农民租种地主土地要缴纳百分之五十的田租，田租（田税）再轻，对农民来说没有什么意义，只是对地主有利。国家也曾拿出土地分给农民，但是在实际执行过程中，这些应该分给农民的土地都到了地主手里。地主和地方官府勾结在一起，以无地农民的名义从官府得到大片土地，转手租给农民，向农民收取百分之五十的田租，地主只向国家缴纳三十分之一的田税就可以，巨额田租落进了地主和官僚的手中。这就是“豪民侵陵，分田劫假”。除了缴纳田租之外，农民还有沉重的徭役负担，还要向国家缴纳“更赋”。“更赋”本来是“月为更卒”的代役钱，是那些需要服更役的农民缴纳的，残疾人没有更役义务是不缴纳更赋的，而现实是所有人都要缴纳，残疾人也不例外。农民走投无路，只好铤而走险，以非法的手段谋生，违法犯罪的人众多，社会矛盾激化。只有从根本上解决农民的土地问题，才能缓解社会矛盾。于是从儒家经典中寻找出了王田制，用平均主义的方式解决土地兼并问题。基本精神就是土地归公，禁止买卖，按照每个男子一百亩的标准重新分配。家里不满八个男子的，只能保留九百亩土地，超过部分，由官府强制分给无地的邻里乡党。

王莽的“王田制”是理想化的产物，在现实中是无法实行的。因为官僚是最大的地主，普通地主和地方官僚也都是利益共同体，他们绝对抵制王田令的实行，即使实行也是应付，或者在丈量土地时弄虚作假。也就是说，王田令首先遭到统治阶级的抵制，是无法实行的制度。但对那些找不到解决土地问题的具体方法、真心相

① 《汉书》卷 99 中《王莽传中》，第 4111 页。

信王莽上应天命的儒生来说，这无疑是一个最具吸引力的解决方案，是把儒家理想付诸实施的大好时机，尤其是王莽对汉家赋税制度的批评，说出了大多数儒生的心里话。因为儒生们多多少少受到孔孟仁政思想的影响，大部分人都生活在民间，对农民疾苦多少有所了解，他们从内心是拥护王莽的。在这一历史背景之下，桓谭拥护王莽，是自然而然的选择。

白居易的七律《放言》第三首评价王莽说："赠君一法决狐疑，不用钻龟与祝蓍。试玉要烧三日满，辨材须待七年期。周公恐惧流言日，王莽谦恭未篡时。向使当初身便死，一生真伪有谁知。"意思是说人们对某一个人、某一件事的认识拿不准的时候，无需求神问卜，让时间说话，用事实检验，不忙着下结论。真正的美玉在火上烧个三天也不会发热，树木要长成以后才确定其用处，是否能做大用。周公辅政之时流言满天飞，事实证明流言就是流言。王莽在篡汉之前谦恭下士，多少人视王莽为大圣人、救世主，结果表明王莽的谦恭都是伪装。如果周公和王莽早死，周公"不利于孺子"的流言和王莽的伪装都无从验证。王莽"篡"汉，是东汉以后历代文人士大夫的一致评价，白居易一正一反，从方法上予以形象的说明，使王莽篡弑形象更加深入人心。站在刘家江山正统论的立场上，王莽代汉的确是篡弑之举，但是历史地看问题，王莽之所以代汉成功，除了个人的"谦恭"之外，根本的还是当时的社会矛盾促成的，是统治阶级的选择，而王莽对社会矛盾的认识确实是深刻的。问题在于，王莽新政陷于盲目的复古狂想和自我虚妄之中，违背了基本的社会规律，使阶级矛盾、民族矛盾更加复杂和激化，真正地导致了统治阶级不能正常地统治、被统治阶级也不能正常地被统治的结局，葬身于农民起义的烈焰之中。这在当时的历史条件下，是不可避免的结局，没有人能够把握当时的社会规律，也没有人能够用改革或者改良的方式解决社会矛盾，王莽篡汉要爆发农民起义，王莽不篡汉同样也要爆发农民起义。我们不能用传统史学观念评价王莽，也不能用传统史学观念认为桓谭之追随王莽是附逆。

无论是在王莽居摄期间（6—8 年）还是在王莽正式称帝的新朝（9—23 年，分别用了始建国、天凤、地皇三个年号），农民起义一直是此起彼伏，只是初期的农民起义规模小，是地域性的，很快被镇压下去了。较大的农民起义是天凤元年（14 年），即琅琊海曲（今山东日照）人吕母领导的起义。天凤五年（18 年）琅琊人樊崇发动赤眉起义（起义军为了和官军相区别，把眉毛涂成红色，故名），史称赤眉军，吕母部下随后汇入赤眉军，成为东方农民军的主力。同年，新市（今湖北京山市境内）王匡、王凤等人在南郡（郡治在今湖北江陵）和南阳郡（郡治在今河南南阳）之间的绿林山率领饥民造反，史称绿林军，发展迅速。地方长吏、豪强地主，见新朝大势已去，纷纷拥兵割据，寻求自保，活着的寻找新的依靠。王莽的统治已经陷入土崩瓦解之中。王莽强压着内心的恐惧，以各种名号拼凑军队，作垂死挣扎，但是这些军队还没开到前线，就逃亡殆尽。王莽坐守愁城，手边没有可用之将，没有可用之兵，是真正的众叛亲离、孤家寡人。有人给王莽建议说："'《周礼》及《春秋左氏》，国有大灾，则哭以厌之。故《易》称"先号咷而后笑"，宜呼嗟告天以求救。'莽自知败，乃率群臣至南郊，陈其符命本末，仰天曰：'皇天既命授臣莽，何不殄灭众贼？即令臣莽非是，愿下雷霆诛臣莽！'因搏心大哭，气尽，伏而叩头。又作告天策，自陈功劳，千余言。诸生小民会旦夕哭，为设飧粥，甚悲哀及能诵策文者除以为郎，至五千余人。躏恽将领之。"①王莽自己也知道江山是"哭"不出来的，只是死马当活马医，大哭一番，抒发一下胸中闷气、欺骗一下身边臣属而已。地皇四年（23 年）十月初一，农民军攻破长安宣

① 《汉书》卷 99 下《王莽传下》，第 4187-4188 页。

平门(长安城东城北第一个门),皇宫上下乱作一团,“莽绀袀服,带玺韨,持虞帝匕首。天文郎桉栻于前,日时加某,莽旋席随斗柄而坐,曰:‘天生德于予,汉兵其如予何!’”不过嘴上这么说,此时之王莽已经连续几天“不食,少气困矣”,①说话已经有气无力了。初三,王莽在宫女的搀扶下,辗转逃到渐台上,这是一个四面环水的建筑,王莽幻想依靠水势抵挡农民军和造反的长安市民。起义军在皇宫里里外外搜了一遍又一遍,不见王莽踪影,最后在宫女的指引下,包围渐台,一个叫做杜吴的商人首先冲进王莽藏身的房间,收王莽皇帝印绶,斩下王莽首级,士卒蜂拥而上者数十人,刀起剑落,把王莽剁为肉泥,发泄心中仇恨。

当时绿林军是农民军的主力,建立政权,立刘玄为帝,年号“更始”,以宛(今河南南阳)为都城。刘玄是西汉宗室之后,被立为帝,是农民军为了利用汉家旗号号召农民反对王莽。因而,刘玄虽然建都宛城,实际上成为反莽力量最高领导人。起义军攻入长安,杀掉王莽,立即带着王莽首级往宛城报捷。宛城民众听说王莽被杀,万人空巷,举城欢腾,庆祝胜利的同时,不顾王莽首级已经腐烂,切下王莽舌头,分而食之,以示对王莽弥天大谎的愤恨。宛城曾经是王莽的封地,汉哀帝时,王莽曾隐居宛城三年,不少吏民曾被王莽的假仁假义所蒙蔽,切食其舌,可见受蒙蔽之民对王莽谎言欺天的仇恨之深!

从王莽掌权,到王莽被杀,桓谭始终在长安,亲身经历了王莽政权的起落,参与了新莽政权的建设,自然对王莽的成败有着相应的思考。从现代史学看,王莽败亡原因是多方面的,最根本的则是一系列措施脱离现实,违背基本的经济规律、社会规律,效法《周礼》,开历史倒车。桓谭不可能从历史规律、制度和现实冲突的层

---

① 《汉书》卷99下《王莽传下》,第4190页。

面分析其失败的原因，古人是认识不到历史规律的。桓谭是古文经学者，在思想上和王莽是相通的，对王莽自身的错误则有着清醒的认识，给予了系统的批评。现存《新论》的《求辅》《言体》《遣非》三篇集中讨论王莽的错误。

桓谭认为，王莽最大的不足是“不知大体”。桓谭对“大体”有过定义，就是“皆是当之事也”。“是”和“当”是两层意思，“是”是主观制定的方案、政策、制度、谋划的理论的正确性。“当”是具体措施的可行性。“知大体”就是“言是而计当，遭变而用权，居常而守正，见事不惑，内有度量，不可倾移而诳以谲异，为知大体矣”。指导思想正确，计划得当可行，遭遇意外时则变通行事以保证目标的实现；在正常的情况下保持清醒头脑，按照正确路线走下去，不被事情的表面现象所迷惑，宽宏大量，意志坚定，不受歪理邪说的诱惑。能做到这些，就是“知大体”。

“知大体”的前提是才干和品德，而不是权势，也不是读书多少。桓谭认为，王莽过于迷信自己的权势，有三个特点是常人所不能及的：一是“其智足以饰非夺是”，即有文过饰非、颠倒黑白的才智。二是“辨能穷诘说士”，即有过人的口才，能够辩倒那一些依靠口舌吃饭的游说之士。三是“威则震惧群下，又数阴中不快己者”，使臣下震惊害怕的威严，暗地里中伤陷害那些自己不喜欢的人，从而使“群臣莫能抗答其论，莫敢干犯匡谏”。① 群臣不敢犯颜直谏，王莽真的以为自己聪明才智是天下第一，是个真正的大圣人，实际上是个不知大体的人！

桓谭认为，王莽“不知大体”的首要体现是独断专行，以刑杀立威。王莽以仁义面目示人，群臣士子或者出于利禄、或者被王莽表象所迷惑，把王莽称为圣人，王莽也就真的以圣人自居，真的以为

---

① 《新论·言体》。

自己就是仁德的化身，自己所做的一切都是正确的，容不得任何不同意见，更不能有任何的不满，对于反对者以极为残忍的手段格杀勿论。桓谭批评说“王翁（即王莽）刑杀人，又复加毒害焉。至生烧人，以醯五毒灌死者肌肉；及埋之，复荐覆以荆棘”。把人杀了还不解恨，又把蝎子、蛇、蜈蚣、壁虎、蟾蜍五种毒虫磨成酱灌在死者体内，将尸体裹在荆条内再埋葬。桓谭批评说“人既死，与木土等，虽重加创毒，亦何损益?”死人是没有知觉的，加上再多的刑罚也增加不了死者的痛苦，只能令活着的人恐怖厌恶，暴露了王莽好儒是假象，残暴好杀才是本质。而真正的贤明之君是用实际行动体现自己仁爱的本质，赢得万民自动归心。“成汤之省纳，无补于士民，士民向之者，嘉其有德惠也。齐宣之活牛，无益于贤人，贤人善之者，贵其有仁心也。文王葬枯骨，无益于众庶，众庶悦之者，其恩义动人也”。周成王、商汤王善于接受不同意见，时时自我反省，对普通农民来说并没有什么实际益处，天下平民仍然追随他，就是羡慕他们品德高尚。齐宣王不忍心看到牛被杀之前眼睛所流露出来的惊恐悲凉的样子，不忍心听到牛被杀前的哀鸣，和那些贤德之人没有什么关系，但是贤德之人因此颂扬齐宣王，比如孟子就对齐宣王的这一举动大加赞赏，就是因为“活牛”体现了齐宣王的不忍之心。周文王埋葬枯骨，对于活着的人来说没有什么实际意义，但是天下之人都心悦诚服，就是因为人们被文王的恩德感动了。王莽之举和这些正好相反，暴露了王莽假仁假义、残暴歹毒、色厉内荏的本质，只能使人离心离德!

其次是迷信天命。任何一个有所作为的帝王，都明白天命可以利用不能依靠，在特定的历史条件下，可以用作夺取政权、巩固政权的手段，但治理国家则要根据现实情况、依靠人的力量，要有正确的指导思想和方针政策，否则必然带来与主观愿望相反的后果。秦始皇自以为上应天命，称始皇帝，一心想建立一个千秋万代的家天下，结果二世而亡，原因就在于对客观形势判断错误，没有根据变化了的形势改变统治政策。刘邦起兵，编造神话故事，但是，刘邦始终有着清醒的政治头脑，自己并不相信真有什么赤帝会保佑自己，而是改变政策、完善制度、调整统治思想，才有西汉王朝的兴盛发展。王莽借助天命，编造四十二篇符命，颁布全国，宣传汉家尧后、有传国之运，新朝代汉是上天意志。这不过是个宣传口号，符命谶纬不过是宣传工具，不能当真，统治是否能够稳定，还在于施政得当与否，能否解决社会问题。但是，王莽真的把自己当成了真龙天子，以为自己想的、做的都是天意，内政外交，都是天意使然，上天一定会保佑自己。当一系列新政导致社会矛盾激化、农民起义风起云涌、新朝统治岌岌可危的时候，依然执迷不悟。面对日益激化的社会矛盾，王莽不去想自己统治政策和制度上有什么失误、农民为什么起兵造反，而是用象征五行的五种颜色的石头和铜熔在一起，铸造一个名为"威斗"的东西，像北斗七星，长二尺五寸，有"司命"官扛在肩上，寸步不离地跟随左右，作为天命的象征，当作巩固统治的法宝。当农民军攻入长安、打进宫中时，还死抱着不放。对此，桓谭有着深刻的批评：

> 王翁好卜筮，信时日，而笃于事鬼神，多作庙兆，起九庙，以铜为柱甍，大金银错镂其上，举火夜作，燃炭干墙。洁斋祀祭，牺牲肴膳之费，吏卒辨治之苦，不可称道。为政不善，见叛天下。及难作兵起，无权策以自救解，乃驰之南郊告祷，抟心言冤，号兴流涕，叩头请命，幸天哀助之也。当兵入宫日，矢射交集，燔火大起，逃渐台下，尚抱其符命书及所作威斗，可谓蔽惑至甚矣。①

"多作庙兆"是王莽为了表示自己是应命之主而兴建的祖庙，是王

① 《新论·见征》。

莽迷信天命鬼神的突出体现。他大起“九庙”，从王莽自己认定的王氏家族的先辈们中挑选出九位如黄帝、虞帝等分别立庙祭祀，“殿皆重屋。太初祖庙东西南北各四十丈，高十七丈，余庙半之。为铜薄栌，饰以金银琱文，穷极百工之巧。带高增下，功费数百巨万，卒徒死者万数”①。自以为这样就能说明自己统治是圣王的延续。结果除了增加人民负担和仇恨之外，就是加速自己的灭亡。当天下纷纷之时，“无权策以自救解”，只能“驰之南郊告祷，抟心言冤，号兴流涕，叩头请命，幸天哀助之也”。上天是不存在的，幻想不能解决现实问题，用来自我安慰自我麻醉可以，解决实际问题不行！

桓谭批评王莽“不知大体”的第三个体现是大权独揽、不信任他人，刚愎自用。王莽自以为是全知全能的圣人，当然认为自己的一切行为都是正确的，在用人方面也不例外，全凭个人喜好，不分能力品行，导致群小掌权，加速了新朝的灭亡。桓谭从三个方面比较王莽和刘邦在用人问题上的差别：

一是刘邦知人善任。桓谭举例说：“高帝曰：‘张良、萧何、韩信，此三子者，皆人杰也。吾能用之，故得天下’。”而王莽则相反，“自以通明贤圣，而谓群下才智莫能出其上。是故举措兴事，辄欲自信任，不肯与诸明习者通共。苟直意而发，得之而用，是以稀获其功效焉，故卒遇破亡”。②

二是刘邦有自知之明，军国政务、礼仪法度，都能根据实际情况，量力而行：“高帝怀大智略，能自揆度，群臣制事定法，常谓曰：‘庳而勿高也，度吾所能行为之’。”一切实事求是，做到“宪度内疏，政合于时，故民臣乐悦，为世所思”。而王莽不理会汉朝法令制度

① 《汉书》卷99下《王莽传下》，第4162页。

② 《新论·言体》。

的合理性和现实状况，一心复古，“简薄汉家法令，故多所变更，欲事事效古，美先圣制度”。① 专心致志地闭门造车，放着行之有效的制度、经验不用，异想天开地认为把六经中的设想变为制度就能长治久安，结果可想而知。

三是在军事上，刘邦能够知己知彼，以己之长，克敌之短。桓谭举例说刘邦在进攻魏国后裔魏豹之前“乃使人窥其国相及诸将率左右用事者，知其主名，乃曰：‘此皆不如吾萧何、曹参、韩信、樊哙等，亦易与耳’。”②知己知彼，百战不殆，是用兵原理，要击败魏豹，就要了解魏豹将领的人品才干。而王莽无论是用兵匈奴还是镇压农民起义军，根本不问能力、是否领过兵、能否打仗，而是根据出身，任用那些所谓的“世姓”即王莽认定的和自己同宗子弟以及平时喜欢的人③，这些人“咸无权智将帅之用，猥使据军持众，当赴强敌。是以军合则损，士众散走”④。

桓谭总结王莽不信人的原因是因为王莽通过专权得到汉家天下，猜忌心特别重。“王翁自见以专国秉政得之，即抑重臣，收下权，使事无大小深浅皆断决于己身”。⑤ 令王莽没想到的是，导致新朝灭亡的不是自己一心防范的身边重臣，而是平民百姓。

桓谭批评王莽“不识大体”的第四个表现是妄起边衅，进攻匈奴。匈奴是北边草原的游牧民族，逐水草而居，分合不定，战国时代势力强大，和秦、赵、燕三国为邻，秦、赵、燕三国修长城的目的都是为了防御匈奴。秦统一以后，派蒙恬率兵将匈奴逐出河套地区，

---

① 《新论·言体》。

② 《新论·言体》。

③ 王莽规定姚、妫、陈、田、王五姓，是“黄、虞苗裔，予之同族”，凡是这五姓，专立名籍，都属于“宗室”，见《汉书》卷 99 中《王莽传中》。

④ 《新论·言体》。

⑤ 《新论·求辅》。

在秦、赵、燕三国长城基础上修建新长城，防御匈奴南下。秦汉之际，匈奴在冒顿单于率领之下，国力复盛，重新占领河套地区，严重威胁西汉王朝安全。刘邦曾率32万大军御驾亲征，结果在平城白登山（今山西大同东北）陷入匈奴骑兵的重围，整整七天，差一点当了冒顿的阶下囚，最后只好采用和亲的方式，将宗室之女以皇帝公主的身份嫁给冒顿，想用翁婿之义约束匈奴侵扰行为，实际上是在嫁公主的同时给予匈奴相当数量的金银丝绸，是花钱买平安，才勉强保持北边安定。文景时代，双方虽然约为兄弟，实际上，匈奴仍然是想来就来想走就走，虽然没有大的战役，小摩擦是经常性的，北边一直是烽火不断。直到汉武帝以巨大的代价击溃匈奴主力，才真正地解除北边的威胁。元帝时，昭君出塞，汉匈双方才真正地走上“和亲”之路，得以安居乐业。史称“北边自宣帝以来，数世不见烟火之警，人民炽盛，牛马布野”①。任何一个稍有政治头脑的统治者都不会冒天下之大不韪去挑起汉匈矛盾，更别说发动战争了。但是，王莽为了满足自己的虚荣心，认为匈奴虽然内附，单于印绶由汉朝颁授，但仍然使用“单于玺”之名，“单于”的意思相当于汉朝的皇帝，是匈奴自己的称谓，皇帝的印章称“玺”，单于也称“玺”，等于和皇帝平起平坐，实在是不可容忍！天无二日，世无二主，王莽已经成为上天选择的圣主，匈奴首领怎么可以继续称单于、和自己一样使用“玺”呢？必须将单于地位降格！王莽就以欺骗和收买并举的方式改“单于玺”为“单于章”，后改“匈奴单于”为“降奴服于”，最后将匈奴分为十五部，任命十五个单于，既显示自己皇恩浩荡，使匈奴的诸多部族首领能够享受“单于”的荣华富贵，又体现了自己这个皇帝独一无上性，同时又可以分而治之，使匈奴内部相互制约。这不仅挑起匈奴内部矛盾，更激起匈奴普遍不满，

① 《汉书》卷94下《匈奴传下》，第3826页。

边境军警不断。王莽以为天威不可冒犯，不顾臣下反对，发兵30万进攻匈奴，结果全军覆没，给汉匈百姓都带来极大灾难。桓谭对此有激烈的批评："安危尚未可知，而猥复侵刻匈奴，往攻夺其玺绶，而贬损其大臣号位，变易旧常，分单于为十五，是以恨恚大怒，事相攻拒。王翁不自非悔，乃遂持屈强无理，多拜将率，调发兵马，运徙粮食财物，以弹索天下。天下愁恨怨苦，因大扰乱，竟不能挫伤一胡虏，徒自穷极竭尽而已。《书》曰：'天孽可避，自作孽不可活。'其斯之谓矣。"①

王莽是个典型的野心家、阴谋家，他的一切的一切都是为了权力，所谓的雅好儒学、推崇古文经、礼贤下士、孝悌仁慈等等，都是夺取权力的工具，所以一朝登上权力顶峰，即刚愎自用，不求辅佐，迷信自己、迷信天命，迷信传说中的古人，根本不知道治国的根本在哪里！毫无疑问，桓谭曾经对王莽充满着希望，把治国平天下的理想寄托在王莽身上，曾经不遗余力地支持王莽，但是随着王莽"不知大体"的逐渐暴露，由失望而疏远，淡出了王莽的核心圈而分道扬镳，没有成为新莽王朝的殉葬品。

新朝覆灭以后，更始帝刘玄从宛城移到了长安，对王莽官员并没有赶尽杀绝，而是尽可能地留用。桓谭就在刘玄帐前任太中大夫，负责讨论时事，秩比千石，执掌、级别和王莽时代没有大差别。不过，时间短暂，不到一年，更始政权内部矛盾重重，长安被另一支农民军"赤眉军"攻占。赤眉军主要是由走投无路的农民组成，文化层次低、组织纪律差，凭借作战的勇猛取得胜利，有浓重的流寇习气，没有什么全局眼光和政权建设意识。赤眉军进入长安以后，也学绿林军的样子，从民间找了一个据说是汉家宗室实际上是一个叫刘盆子的放羊娃当皇帝，年号"建世"。刘盆子十五岁，斗大字

① 《新论·谴非》。

不识两筐，对什么皇帝威仪、朝廷事务听都没听说过，当皇帝不过是小孩过家家一样的游戏，在一群如狼似虎将领的簇拥下坐在皇帝的宝座上，纯粹是个玩偶。而将领们仍然像在打仗时期一样，以抢掠的方式满足用度开支。无论是官僚地主，还是普通农民工商业者，自然地由观望而离开。地主官僚们则坚壁清野，断绝赤眉政权的经济来源。赤眉在长安无法生存，只好外撤，最后被刘秀消灭。

桓谭是否在赤眉军的“建世”政权为官，历史记载语焉不详。桓谭回忆自己离开长安的情况说：

> 余从长安归沛，道疾，蒙絮被绛罽襜褕，乘骍马，宿于下邑东亭中，亭长疑是贼，发卒夜来攻。余令吏勿斗，乃相问解而去。①

桓谭归沛时间不明，衡以桓谭曾经任更始政权的太中大夫，这“从长安归沛”应该是赤眉进入长安、或者是赤眉退出长安以后的事情。归沛途中生病，盖着破被，蒙着粗毛毯，穿着红色的粗布短衣，骑着红马，形迹可疑，以至于被认为是强盗，好在桓谭遇事沉着冷静，才没有进一步误会。

桓谭归沛时间不久，就应召到刘秀驾前，成为东汉政权的一员。

（四）刘秀的议郎

刘秀，字文叔，刘邦九世孙，汉景帝之子长沙定王刘发的后代，南阳郡蔡阳县（今湖北枣阳市）大地主，王莽时进入太学，长于《尚书》，熟悉儒学，是具有战略眼光的政治家，亲眼目睹了西汉末年儒生在政权更迭中的巨大作用，知道儒生在社会上巨大的影响，目睹了王莽政权如何在儒生的支持下取代汉家江山的全过程，也看到了儒生与王莽的分道扬镳，了解儒生对国家建设的重要。所以，在

---

① 《新论·见征》。

战火纷飞的年代里，无论军务是如何紧张，刘秀都不忘记招来士人。史称“光武中兴，爱好经术，未及下车，而先访儒雅，采求阙文，补缀漏逸。先是四方学士多怀协图书，遁逃林薮。自是莫不抱负坟策，云会京师”①。刘秀重儒不是口头上说说、做做样子给别人看，而是实实在在的重儒。史称刘秀治国“退功臣而进文吏，戢弓矢而散马牛”②。这些儒生确实被赋予实权，出任地方长吏或者中央要职。这并不是统一全国以后才有的事情，而是在统一过程中就开始“进文吏”了。所谓的“文吏”是相对于军功之臣来说的，即以文人为吏，所进的“文吏”既有隐匿民间的儒生，也有王莽旧臣，而不是只用武功之臣。桓谭就是在这一背景下加入光武政权的。

桓谭对刘秀的汉政权是充满希望的，真心希望把自己的才华贡献给光武帝，故而应召伊始，立即上书刘秀，表达自己主张，但是“失旨不用”③。桓谭这次上书内容史书缺载，不知其详，根据“失旨不用”四个字判断，是响应刘秀旨意上书，但不符合刘秀意思，没有被采纳，桓谭也失去了晋升的机会。不久之后，因为宋弘的推荐，才正式被录用。

宋弘是长安京兆人，官宦世家，建武二年(26 年)任大司空，封栒邑侯，成为刘秀的重臣，以遵守礼法见称。刘秀曾宴会群臣，“御坐新屏风，图画列女，帝数顾视之。弘正容言曰：‘未见好德如好色者。’帝即为彻之。笑谓弘曰：‘闻义则服，可乎？’对曰：‘陛下进德，臣不胜其喜’。”光武帝刘秀妹妹湖阳公主新寡，看上了宋弘。刘秀和宋弘讨论问题时，令湖阳公主在屏风后面，刘秀故意试探说：“谚言‘贵易交，富易妻，人情乎？’弘曰：‘臣闻贫贱之知不可忘，糟糠之

---

① 《后汉书》卷 79 上《儒林传上》，中华书局，1965 年(下同)，第 2545 页。

② 《后汉书》卷 1 下《光武帝纪下》，第 85 页。

③ 《后汉书》卷 28 上《桓谭传》，第 956 页。

妻不下堂。'帝顾谓主曰：'事不谐矣'。"这糟糠之妻不下堂成为千古格言。宋家和桓家是世交，宋弘和桓谭同处一个时代，都是世袭为官，同处一个朝堂，桓谭以博学多识闻名，二人极为相得。刘秀征询宋弘"通博之士，弘乃荐沛国桓谭才学洽闻，几能及扬雄、刘向父子。于是召谭拜议郎、给事中"。① 桓谭曾经"言事失旨"，刘秀知道其人，是看在宋弘的面子上任用桓谭，真正的军国大事桓谭并没有什么发言权，而是要利用桓谭的儒生身份和音乐世家的特长，给宫廷生活添上一些礼乐的点缀，桓谭经常性的事务是给刘秀演奏音乐："帝每宴，辄令鼓琴，好其繁声。"乐和礼相辅相成，是陶冶性情的重要内容，桓谭深得奥义。但是刘秀不喜欢儒家的正声，桓谭演奏的多是"繁声"也就是民间流行音乐，实际上这有点嘲弄桓谭这个世代宫廷音乐的总管，但是，既然为臣，君命不可违背，同时也不是什么原则问题，毕竟得到皇帝信任是上书言事的前提，所以桓谭每次也都尽心演奏。但是在宋弘眼里，桓谭之举则有违儒家正道。一次，宋弘等桓谭从宫廷奏完出来，派专人把桓谭召到家中，见面之后，没有像平时同僚或者老朋友那样给桓谭让坐，也没有寒暄，而是正襟危坐，批评桓谭说："'吾所以荐子者，欲令辅国家以道德也，而令数进郑声以乱《雅》《颂》，非忠正者也。能自改邪？将令相举以法乎？'谭顿首辞谢，良久乃遣之。后大会群臣，帝使谭鼓琴，谭见弘，失其常度。帝怪而问之。弘乃离席免冠谢曰：'臣所以荐桓谭者，望能以忠正导主，而令朝廷耽悦郑声，臣之罪也。'帝改容谢，使反服，其后遂不复令谭给事中。"②宋弘为司空，相当于丞相，有考课纠察百官的职责，对百官有处置权，从制度上说，宋弘完全可以给桓谭安一个罪名下狱。桓谭知道利害关系，也无法以

---

① 《后汉书》卷26《宋弘传》，第904-905页、904页。

② 《后汉书》卷26《宋弘传》，第904页。

君命辩解，只能检讨自己。所以当刘秀宴会群臣、再次命令演奏时，还得服从，因为担心宋弘的责备而演奏失常。刘秀明白原委以后，桓谭才得以解脱，但从此以后不复“给事中”。

不再“给事中”，不用经常服务宫中，倒是给桓谭思考理论问题提供了时间。建武二年三月，刘秀“大赦天下。诏曰：‘顷狱多冤人，用刑深刻，朕甚愍之。孔子云：刑罚不中，则民无所措手足。其与中二千石、诸大夫、博士、议郎议省刑法’。”①桓谭上《陈时政所宜疏》，系统阐述了自己的政治主张。概括起来，有如下几个方面的内容：

第一，任用贤才，明定国是。桓谭云：“臣闻国之废兴，在于政事；政事得失，由乎辅佐。辅佐贤明，则俊士充朝，而理合世务；辅佐不明，则论失时宜，而举多过事。夫有国之君，俱欲兴化建善，然而政道未理者，其所谓贤者异也。”王朝是否清明，国家是否稳定，关键在于辅佐之臣是否贤明，天下才俊、品德高尚的人能否为君所用，“俊士充朝”则“理合世务”，制度也好、措施也罢，都能顺应民心、实事求是。无论哪一个王朝、哪一个国君，从主观上说，都希望长治久安，都追求“兴化建善”，但是客观结果大不相同，区别就在于是否用“贤”。用贤就是任用“士”也就是儒生，定国是就是和士商讨国家大事，接受士的意见，君臣同心，而不是独断专行。桓谭列举孙叔敖和楚王的对话说明这一观点：

> 楚庄王问孙叔敖曰：“寡人未得所以为国是也。”叔敖曰：“国之有是，众所恶也，恐王不能定也。”王曰：“不定独在君，亦在臣乎？”对曰：“君骄士，曰士非我无从富贵；士骄君，曰君非士无从安存。人君或至失国而不悟，士或至饥寒而不进。君臣不合，则国是无从定矣。”庄王曰：“善。愿相国与诸大夫共

① 《后汉书》卷1上《光武帝纪上》，第29页。

定国是也。”①

孙叔敖是楚国名相，楚庄王是楚国明君。孙叔敖告诫楚庄王定“国是”是君臣共同的事情，特别是要赢得“士”的倾力支持，君臣同心同德，才能求得“国是”，士不能恃才傲君，君也不能以专擅富贵而居高临下地看不起士。桓谭进一步指出“国是”的体现就是“视俗而施教，察失而立防，威德更兴，文武迭用，然后政调于时，而躁人可定”。这里的“俗”即百姓的愿望，也就是实际问题，洞察哪些失误、哪些可能导致不良后果，做好预案，既要使用暴力镇压那些公开造反不服的人，也要用仁德收服人心，把社会矛盾消灭在萌芽状态。文武并用，那些因各种原因对现实充满着恐惧、不安的人，自然安定下来，不敢也不会有不轨的想法和举动，自然长治久安。

第二，订科比、一法度，依法治国。“科”指法律科条，即各种法令刑罚。“比”指各类用作判决依据的案例。订科比、一法度就是统一法条、统一刑名、统一量刑标准，执法公平。桓谭指出：

> 又见法令决事，轻重不齐，或一事殊法，同罪异论，奸吏得因缘为市，所欲活则出生议，所欲陷则与死比，是为刑开二门也。今可令通义理明习法律者，校定科比，一其法度，班下郡国，蠲除故条。如此，天下知方，而狱无怨滥矣。②

法律规定相互抵牾、判例彼此矛盾，“一事殊法，同罪异论”，不仅使正直官吏不知所从，更为贪官污吏的贪赃枉法提供了徇私舞弊的制度支持。解决之道，是任命那些熟悉法条同时精通法理的人士厘清矛盾，统一法条、判例，颁布郡县，取代原来法条案例，实现司法公平。这是一个具有针对性的建议，不仅是对当时司法弊端的批评和改进，也是对西汉以来司法弊端的揭露和批评。这需要对

---

① 《后汉书》卷28上《桓谭传》，第957页。

② 《后汉书》卷28上《桓谭传》，第959页。

西汉法律演变作一个简单的回溯。

如所周知，秦律以严密著称，轻罪重罚是秦律的特点，也是后世儒生诟病秦律的依据。但是，出土秦律说明，法条细密、轻罪重罚固然是秦律特点，但是，依法行政、罪刑法定、治吏重于治民、法律面前人人平等则是秦律的另一特点。只是统一以后，秦律没有根据变化了的现实及时作出相应调整，法律和六国社会结构、传统习惯冲突剧烈，"急法"就成为后人对秦政的认识，"严酷"成为秦律的标签。传统看法认为，西汉立国，减省刑罚，萧何采择秦律制定《九章律》则是汉家减省刑罚的结果，这《九章律》就成为汉家轻法的标志。但事实并非如此。睡虎地秦墓出土的秦律、张家山 247 号汉墓出土的吕后二年之前颁布的汉律，说明汉初法律完全继承秦律。汉文帝、景帝都曾改革法律，只是改变某些处罚方式，量刑标准并没有多大减轻，相反，名义上轻刑，实际上是重刑，而随着时代发展，统治需要，刑名、罪名增加，法条不断增多。汉武帝将儒学意识形态化以后，董仲舒引入"《春秋》决狱"的原则，汉律不仅增加了众多法条，而且赋予司法机构、执法官吏诸多的变通空间，司法不公突出。史称"律令凡三百五十九章，大辟四百九条，千八百八十二事，死罪决事比万三千四百七十二事。文书盈于几阁，典者不能遍睹。是以郡国承用者驳，或罪同而论异。奸吏因缘为市，所欲活则傅生议，所欲陷则予死比，议者咸冤伤之"①。法律累进叠加，除了正式条文以外，皇帝诏令，以往案例，以及为了维护君主统治按照政治伦理所做出的自由裁量。尽管存在着同罪不同刑的矛盾，却具有同等的法律效力，在司法实践中"郡国承用者驳，或罪同而论异。奸吏因缘为市，所欲活则傅生议，所欲陷则予死比，议者咸冤伤之"成为逻辑的必然。宣帝鉴于当时的司法积弊，曾尽力任

① 《汉书》卷 23《刑法志》，第 1101 页。

用公平廉洁之吏出任廷尉，同时在廷尉府设立四个专门人员评议刑狱，负责审查定性、判决是否合理合法，叫做“廷平”。但是，没有修订法条。元帝好儒，臣下曾援引儒家经义讨论刑罚过重问题，本质上是为了维护统治阶级特权，和司法公平了无关系，司法弊端，一仍其旧。刘秀建汉，“解王莽之繁密，还汉室之轻法”，所还之“轻法”是西汉后期的法条，原来弊端也一并延续下来了，在兵荒马乱的时代根本来不及修订。所以，桓谭所说是建立在对西汉法律弊端的深刻思考基础上的，其意义不仅仅在于法律问题，实际上也暗含着对西汉其他制度的调整问题。

第三，重本抑末，发展生产。桓谭指出：

> 夫理国之道，举本业而抑末利，是以先帝禁人二业，锢商贾不得宦为吏，此所以抑并兼长廉耻也。今富商大贾，多放钱货，中家子弟，为之保役，趋走与臣仆等勤，收税与封君比入，是以众人慕效，不耕而食，至乃多通侈靡，以淫耳目。今可令诸商贾自相纠告，若非身力所得，皆以臧畀告者。如此，则专役一己，不敢以货与人，事寡力弱，必归功田亩。田亩修，则谷入多而地力尽矣。①

战国已降，思想家、政治家从稳定秩序的角度把农业称为“本业”，把商业称为“末业”。重本抑末或者重农抑商是战国时代思想家、政治家思考的共同话题，考虑的核心内容就是如何将人户固定在土地上，发展农业，打击贱买贵卖、投机牟利，特别是高利贷行为。秦朝自商鞅变法确定了重农抑商的国策，统一以后继续实行。西汉立国，放松了对经商的限制，但是商人地位低于农民，不得仕宦为吏、不得衣丝乘车，所谓“先帝禁人二业，锢商贾不得宦为吏，此所以抑并兼长廉耻也”就是指刘邦的抑商而言。汉武帝时进一步

① 《后汉书》卷28上《桓谭传》，第958页。

采取重税以至于没收的方式打击私营工商业。原因就在于这些大商人往往趁着国家忙于战争之机，囤积居奇、大放高利贷，牟取暴利，不仅诱使农民弃农经商，而且是导致农民破产的原因之一，导致农业不稳，影响国家财政税收和兵源的稳定。东汉初年，大地主势力庞大，这些地主大都兼事工商业，同时放高利贷，大发国难财，凭借其经济实力控制农民，就是中等人家子弟也“为之保役，趋走与臣仆等勤”，控制地方社会，分割国家税源和役源，是地方分裂割据势力的基础；同时唯利是图，败坏社会风气，违背大乱之后，重整人心，让基层百姓自觉维护汉家统治的原则目标。所以，桓谭建议“今可令诸商贾自相纠告，若非身力所得，皆以臧畀告者。如此，则专役一已，不敢以货与人，事寡力弱，必归功田亩。田亩修，则谷入多而地力尽矣”。这“自相纠告”就是相互检举，不是自身劳动、通过正当途径得到的收入都统统归检举人所有。这个措施，汉武帝曾经实行过，但是汉武帝是把商人不法收入的一半奖励给检举人，而桓谭的建议是全部归检举人，大约是为了说明国家抑制末业是为了奖励本业、而不是为了谋取财富，不是“与民争利”。这样一来，人们不敢放高利贷、不能恃强凌弱，从而专心农耕，农业稳定，社会也就稳定。因为高利贷也好，贱买贵卖也好，结果是财富转移、集中于少数人手中，看上去有人大富大贵，但是实际上这种富贵是以大多数人贫穷和社会不稳定为前提的，并不能增加社会财富，不能增加财政收入。只有发展本业，才能真正地使农民有基本的生存保障，才能稳定民生。

第四，强化官府权威，禁止血亲复仇。桓谭指出：

> 今人相杀伤，虽已伏法，而私结怨仇，子孙相报，后忿深前，至于灭户殄业，而俗称豪健，故虽有怯弱，犹勉而行之，此为听人自理而无复法禁者也。今宜申明旧令，若已伏官诛而私相伤杀者，虽一身逃亡，皆徙家属于边，其相伤者，加常二

等，不得雇山赎罪。如此，则仇怨自解，盗贼息矣。①

发生命案，官府已经依法审判，凶犯已经伏法，但子孙依然反复报仇，致使仇怨越结越深，以至于散尽家财也要复仇。对这种残忍不法行为，“俗称豪健”，认为是正义行为，予以效仿，国家法典成为摆设，这是必需坚决打击制止的。桓谭的这个建议是有着深刻的文化背景和政治针对性的。要理解这一主张，要对汉代血亲复仇问题作个简要的回顾。

在西周宗法血缘社会，血缘关系和国家权力合一，血亲复仇是合理的行为。随着战国社会结构转型，宗族血缘关系和行政权力分离，新型法律体系建立，血亲复仇为法律所禁止，商鞅变法以后的秦律尤其严格，禁止私斗是秦立法的原则之一。但是，随着儒家学说的意识形态化，血亲复仇虽然违法，却在伦理层面为社会高度认可。儒家伦理是以宗法血缘关系为基础的，尽管经过董仲舒改造以后，以维护国家权威、君主权威为根本宗旨，但是其以血缘关系为基础的伦理观念也深入人心，血亲复仇被看作是正义之举。董仲舒是春秋公羊学家，《春秋公羊传》认为肯定复仇、赞扬复仇是孔子编《春秋》的原则和目的。《春秋》隐公十一年：“冬十有一月壬辰，公薨。”按《春秋》笔法，记诸侯死期，同时记其葬期，对周天子则只记死期不记葬期。因为按礼制，天子驾崩七月而葬，无需记葬期；诸侯死后“五月而葬”，从逻辑上说也不用记葬期，但如果诸侯死后不久，天子驾崩，新立之诸侯必须暂置亡父之丧而赶赴天子之丧，所以在事实上诸侯死后不一定都能“五月而葬”，故记卒亦记葬。而《春秋》对隐公之死，有违这一通则，只书死未书葬，原因是什么？《左传》云“不书葬，不成丧也”。原来隐公是被桓公杀死的，死于非命，没有按礼安葬。《公羊传》则认为这不是什么因为“不成

---

① 《后汉书》卷28上《桓谭传》，第958页。

丧”才未记葬期，而是为了贬斥臣子们不能讨伐弑君父之贼的缘故，云：

> 何以不书葬？隐之也，何隐尔？弑也。弑则何以不书葬？春秋君弑，贼不讨，不书葬，以为无臣子也。子沈子曰：“君弑，臣不讨贼，非臣也。不复仇，非子也。葬，生者之事也。春秋，君弑，贼不讨，不书葬，以为不系乎臣子也。”①

隐公被弑而死，臣子应讨伐篡弑者为隐公报仇，但鲁国群臣没有这样做，没尽人臣义务，有臣子和没有臣子一个样，所以《春秋》才只书卒不书葬，以示对隐公臣子的贬斥，“以为无臣子也”。反之，只要是为君父报仇，不管当与不当，都一律予以褒奖。《春秋》庄公四年云“纪侯大去其国”。《左传》记其事云：“纪侯不能下齐，以与纪季。夏，纪侯大去其国，违齐难也。”纪为小国，受齐欺凌，纪侯不愿屈事于齐，以国让位于其弟弟季，自己躲避齐难而亡走他乡，不久齐襄公灭纪。《春秋》没记齐襄公灭纪事，仅云“纪侯大去其国”。《谷梁传》谓“大去者不遗一人之辞也，言民之从者四年而后毕也，纪侯贤，而齐侯灭之。不言灭而曰大去其国者，不使小人加乎君子”。在谷梁氏看来，齐襄公之灭纪是错误的，是小人之举。齐襄公是淫乱无道之君，先和已嫁于自己儿子的鲁桓公的妹妹文姜私通，后又借机把鲁桓公灌醉而杀之，淫乱横暴，颇遭时人讥贬，终被公孙无知等杀死，故《谷梁传》视为小人。《公羊传》则否，从复仇的角度对齐襄公灭纪大加赞扬，云：

> 大去者何？灭也。孰灭之？齐灭之。曷为不言齐灭之？为襄公讳也。春秋为贤者讳。何贤乎襄公？复仇也。何仇尔？远祖也。哀公亨乎周，纪侯谮之，以襄公之为于此焉者，

---

① 《公羊传·隐公十一年》，阮元校刻：《十三经注疏》，北京：中华书局，1980 年影印本(下同)，第 2210 页。

> 事祖祢之心尽矣。①

也就是说，齐襄公之灭纪，是为其远祖（哀公）复仇的正义行为，是大贤，故《春秋》为之讳。按《史记·齐太公世家》，周懿王时，齐襄公九世祖哀公因纪侯之谮而被周王烹杀，另立其弟静为齐侯，《公羊传》所说的复纪之仇就是这件事。按《周礼》，复仇之义五世而毕，做儿孙的不应再为九世祖复仇去灭人国家、亡人社稷，但公羊氏认为这正是齐襄公大贤的体现，"事祖祢之心尽矣"。《公羊传》认为五世而毕是对平民而言的，对国君来说则不存在这一问题，《公羊传》云：

> 襄公将复仇乎纪，卜之曰：师丧分焉，寡人死之，不为不吉也。远祖者几世乎？九世矣。九世犹可以复仇乎？虽百世可也。……国君一体也，先君之耻，犹今君之耻也；今君之耻，犹先君之耻也。国君何以为一体？国君以国为体，诸侯世，故国君为一体也。②

因为"国君一体"，"先君之耻犹今君之耻"，故必须报仇雪耻。但，如此一来，诸侯之间的报仇也就成为了征战，如此往复不停，将使周天子这个共主无所处，显然不合礼制的要求，对此，《公羊传》另有解释，云：

> 古者有明天子，则纪侯必诛，必无纪者。纪侯之不诛，至今有纪者，犹无明天子也。古者诸侯必有会聚之事，相朝聘之道，号辞必称先君以相接，然则齐纪无说焉，不可以并立乎天下，故将去纪侯者，不得不去纪也。③

原来，在公羊氏眼里，周天子有义务为诸侯报仇，能为诸侯报仇的

---

① 《公羊传·庄公四年》，阮元校刻：《十三经注疏》，第2226页。
② 《公羊传·庄公四年》，阮元校刻：《十三经注疏》，第2226页。
③ 《公羊传·庄公四年》，阮元校刻：《十三经注疏》，第2226页。

周天子才是“明天子”。纪国之延续到今，是没有明天子之故，齐国只有自行其是来报其先君之仇了。这是当时礼制所决定的，否则，齐、纪聚会无从称先君，不能并立于天下。在这里，《公羊传》的复仇是高于一切的，以至于连周懿王之后的历代天子都被目为昏暗之君。

《公羊传》对复仇大义的阐发甚多，这里不能一一说明，我们只要明白《公羊传》全面赞成血亲复仇就行了。不过，赞成复仇，不过是公羊高一家的理解，思想主张还不那么完善，在先秦只不过是个人主张，对现实没什么影响。而董仲舒则把公羊高的思想系统化，提出“臣不讨贼，非臣也；子不复仇，非子也”①的基本原则。但是现实的法律条文是禁止复仇的，那么，怎样使复仇行为既“合理”又“合法”、在司法实践中使复仇行为免于现行法律的制裁？董仲舒提出了以《春秋》大义指导司法实践的主张，这就是著名的引经决狱，或者称《春秋》决狱。《春秋繁露·精华》述其基本原则是：

> 《春秋》之听狱也，必本其事而原其志。志邪者不待成，首恶者罪特重，本直者其论轻。

就是在司法实践中，对那些涉及儒家的纲常伦理的犯罪行为的审判，不是按法律条文，而是按《春秋》义理进行，从犯罪的主观动机决定量刑轻重，“志邪”“首恶”“本直”均指犯罪动机是否符合纲常伦理。符合者，其罪虽重，其罚则轻，甚至免予追究。反之，若逆伦常而行，其罪虽轻，其罚亦重，也就是汉儒们所归纳的“志善而违于法者免，志恶而合于法者诛”，此即“论心定罪”②，或称“原心定

---

① 董仲舒著，苏舆义证：《春秋繁露义证·王道》，中华书局，新编诸子集成，1992年，第117页。

② 《盐铁论·刑德》，马非百：《盐铁论简注》，中华书局，1984年，第393页。

罪”①。那么,复仇虽然是违法的,但是其心愿是好的,是孝、义的体现,能不判就不判,能从轻就从轻。董仲舒为了实现伦理和法律的统一,作《春秋》决狱232事,就是按照春秋大义,针对具体案情所作出的232个案例,作为现实司法实践的依据。

公羊学派主张血亲复仇,其他儒家也是如此。《礼记·檀弓上》云:

> 子夏问于孔子曰:“居父母之仇如之何?”夫子曰:“寝苫、枕干、不仕,弗与共天下也,遇诸市朝不反兵而斗。”曰:“请问居昆弟之仇如之何?”曰:“仕,弗与共国,衔君命而使,虽遇之不斗。”曰:“请问居从父昆弟之仇如之何?”曰:“不为魁,主人能,则执兵而陪其后。”

为父母报仇是天下第一大事,所以要“寝苫、枕干,不仕,弗与共天下”,兵不离身,身不离兵,“遇诸市朝不反兵而斗”。兄弟之仇稍逊一层,可以入仕,但不与仇家同国,除因奉君命出使“遇之不斗”而外,在其余场合则遇之辄斗;对从父昆弟之仇,自有其嫡子嫡兄作主,故“执兵而陪其后”,以免喧宾夺主。《曲礼上》概括说:“父之仇,弗与共戴天,兄弟之仇不反兵。交游之仇不同国。”均视复仇为第一要务,是不受国家法纪约束的。《礼记》之书晚出,所谓“夫子”云云未必是孔子的意思,更不能视为孔子原话,但是在战国儒者的心目中则认为这就是孔子的观点。子夏是孔子高足,为战国名儒,其看法是有代表性的。但,如果说孔子对复仇行为持认同态度的话,在子夏看来,也只能局限于“亲亲”的范围之内,即报父母、兄弟以及从兄弟之仇是可以的,再扩大就未必了。《周礼·调人》云:

> 掌司万民之难而谐和之,凡过而杀伤人者以民成之,鸟兽亦如之。凡和难:父之仇辟诸海外,兄弟之仇辟诸千里之外,

① 《汉书》卷83《薛宣传》,第3395-3396页。

> 从父兄弟之仇不同国。君之仇抵父，师长之仇抵兄弟，主友之仇抵从父兄弟。弗辟，则与之瑞节而以执之。凡杀人有反杀者，使邦国交仇之，凡杀人而义者，不同国，令勿仇，仇之则死。凡有斗怒者成之，不可成者则书之，先动者诛之。

在这里，复仇是受到国家权力限制的，不能无视官府权力的存在，无论是父母之仇还是兄弟之仇，只要仇家远远地避开就不应再行报复；过失杀人者要议和而不能冤冤相报。按调解结果应远避他乡而不避者、仇家已避而仍要报仇者，调人则有权惩处。如果父兄被杀是咎由自取，则不允许复仇，“仇之则死”。一般性的械斗更不准报仇，只能听从调人的调解，谁先报仇则诛之。

《周礼》《礼记》属于古文经，在西汉中期对现实影响有限，但到了西汉后期，对现实影响逐步扩大，今文、古文在复仇这一点上是一致的，随着宗族势力发展、宗法观念复活，血亲复仇被视为正义之举，以至于公然对抗官府，社会上也并不视为违法。如赤眉举兵前夕琅琊郡海曲县（今山东日照市）有富户吕氏为县吏，因小罪被县令杀死，“母散家财，以酤酒买兵弩，阴厚贫穷少年，得百余人，遂攻海曲县，杀其宰以祭子墓。引兵入海，其众浸多，后皆万数”①。吕母起兵，有着深刻复杂的社会原因，“贫穷少年”追随吕母“攻海曲县，杀其宰”，最后“引兵入海，其众浸多，后皆万数”不完全是为吕氏复仇，但是为冤死的儿子复仇赋予了吕母“散家财，以酤酒买兵弩，阴厚贫穷少年”的正当性，而“攻海曲县，杀其宰”说明了复仇的号召力，以至于公然和官府对抗，杀掉县令之后“引兵入海，其众浸多，后皆万数”更说明复仇对统治秩序的影响。

新莽末年，社会动乱，劫掠、仇杀十分常见。统一以后，需要恢复社会秩序，恢复国家权威，若继续容忍复仇，既有损于法律权威，

---

① 《汉书》卷 99 下《王莽传下》，第 4150 页。

直接影响政权稳定，所以桓谭上书光武帝，建议"宜申明旧令，若已伏官诛而私相伤杀者，虽一身逃亡，皆徙家属于边；其相伤者，加常二等，不得雇山赎罪。如此，则仇怨自解，盗贼息矣"①。所谓"申明旧令"即重设以往禁止私人仇杀的法令，官府已经判决生效，个人仍然复仇者依法惩处，逃逸者家属连坐；因复仇造成的伤残，较其他伤害罪加重两个量刑等级；判刑服役者，不得交钱代刑。② 也就是治乱世，用重典，从重处罚复仇行为。

但是，"书奏，不省"。就是交上了奏章，没见回音，刘秀没有采纳，桓谭为此很是郁闷甚至愤怒。建武六年(30 年)十月，刘秀因为发生日蚀，按照当时观念，发生日蚀是皇帝执政失误引起的上天警告。刘秀发布罪己诏说："吾德薄不明，寇贼为害，强弱相陵，元元失所。《诗》云：'日月告凶，不用其行。'永念厥咎，内疚于心。其敕公卿举贤良、方正各一人；百僚并上封事，无有隐讳；有司修职，务遵法度。"③刘秀说的"寇贼为害，强弱相陵，元元失所"是指西北的隗嚣、西南的公孙述，还有两大割据势力没有平定，江淮地区的社会秩序也不稳定，老百姓流离失所的状态没有根本性改善。对此刘秀率先检讨，说是自己德行有缺，感到惭愧，要求公卿举贤良、方正各一人，了解民间疾苦，听听来自民间的声音，同时要求"百僚并上封事，无有隐讳"。桓谭见刘秀如此表态，针对刘秀"方信谶，多以决定嫌疑，又酬赏少薄"的问题，立即上书，直言不讳地表达自己不满并且指出时政失误，说"臣前献瞽言，未蒙诏报，不胜愤懑"，"冒死复陈"两件事。一是建议刘秀不要信谶纬，云：

愚夫策谋，有益于政道者，以合人心而得事理也。凡人情

---

① 《后汉书》卷 28 上《桓谭传》，第 958 页。

② 雇山：赎刑一种。原指女子犯罪，被判山中服役，情节较轻者，按月交钱给官府，由官府雇人服役，后来演变为赎刑的一种。

③ 《后汉书》卷 1 下《光武帝纪下》，第 50 页。

> 忽于见事而贵于异闻，观先王之所记述，咸以仁义正道为本，非有奇怪虚诞之事。盖天道性命，圣人所难言也。自子贡以下，不得而闻，况后世浅儒，能通之乎！今诸巧慧小才伎数之人，增益图书，矫称谶记，以欺惑贪邪，诖误人主，焉可不抑远之哉！臣谭伏闻陛下穷折方士黄白之术，甚为明矣；而乃欲听纳谶记，又何误也！其事虽有时合，譬犹卜数只偶之类。陛下宜垂明听，发圣意，屏群小之曲说，述《五经》之正义，略雷同之俗语，详通人之雅谋。①

桓谭认为谶纬是“巧慧小才伎数之人，增益图书”的结果，用“奇怪虚诞之事”，专门来“欺惑贪邪，诖误人主”的，既不“合人心”也不“得事理”，根本不是圣王的“仁义正道”，不能相信；之所以有人相信，是因为人们对身边正常发生的事情不以为意，对于那些很少见的稀奇古怪的事情感到惊奇而口口相传，尽管这些谶语纬书偶尔有应验的事情，但那不过是巧合，并没有什么道理，是牵强附会的结果，正确做法是予以限制、取缔，起码应该远离。陛下曾经非常英明地“穷折方士黄白之术”，但是却欲“听纳谶记”，这是一个大大的错误，正确的做法应该是“垂明听，发圣意，屏群小之曲说，述《五经》之正义，略雷同之俗语，详通人之雅谋”。一句话，谶纬是方士的谬说，根本不是孔子、孟子之道，皇上不能相信。这里的“黄白之术”，李贤注释说“黄白，谓以药化成金银也”。“以药化成金银”也就是炼金术，是个传说。但桓谭所说的“穷折方士黄白之术”并不是什么炼金术，而是指政治上的帝位传承，是指公孙述编造的谶纬神话。

公孙述出身官宦之家，曾做过县长，王莽时出任“导江卒正”就是蜀郡郡守（王莽屡改政区和官名，改蜀郡为导江，太守为卒正。

---

① 《后汉书》卷28上《桓谭传》，第959-960页。

王莽最初改太守为大尹，后按照爵位分别命名：太守有侯爵者称卒正，伯爵者称连率，没有爵位者称尹），以能力出众、治理有方而得到地方民众支持，在新莽末年的战乱中割据巴蜀，有心称帝，又担心不孚众望，就制造符命。公孙弘梦见有人告诉他说“八厶子系，十二为期”。“八厶子系”表示公孙，“十二为期”既指《春秋》十二公也暗指西汉十二帝，孔子编《春秋》共记述了十二个国君，汉家总共经历了十二个皇帝，汉朝亡了，新莽也亡了，该轮到“八厶子系”了。于是在“建武元年四月，遂自立为天子，号成家。色尚白。建元曰龙兴元年”。当时蜀地流传童谣“‘黄牛白腹，五铢当复’。好事者窃言王莽称‘黄’，述自号‘白’，五铢钱，汉货也，言天下当并还刘氏”。公孙述“《录运法》曰：‘废昌帝，立公孙。’《括地象》：‘帝轩辕受命，公孙氏握。’《援神契》曰：‘西太守，乙卯金。’谓西方太守而乙绝卯金也。五德之运，黄承赤而白继黄，金据西方为白德，而代王氏，得其正序。又自言手文有奇，及得龙兴之瑞”①。这些在当地百姓中间影响甚大。刘秀要统一巴蜀，就要在舆论上驳倒公孙述。

刘秀深知公孙述在蜀地的影响，也知道公孙述的实力，如果用兵强攻，公孙述上下一心，一致对外，并无取胜的把握。上上之策就是消解公孙述在当地的神秘影响，把自己打扮成尚仁崇义之君。刘秀给公孙述写信，劝公孙述取消帝号，指出公孙述对谶语的理解错误。刘秀信中称公孙述为“公孙皇帝”，解释说：“图谶言‘公孙’，即宣帝也。代汉者当涂高，君岂高之身邪？乃复以掌文为瑞，王莽何足效乎！君非吾贼臣乱子，仓卒时人皆欲为君事耳，何足数也。君日月已逝，妻子弱小，当早为定计，可以无忧。天下神器，不可力争，宜留三思。”也就是说，我刘秀承认你是皇帝，但是你这个皇帝是不正宗的，谶语说的“公孙”并不是你这个“公孙”，而是指汉宣帝

---

① 《后汉书》卷13《公孙述传》，第535、537-538页。

(宣帝又名公孙病已);当涂高也不一定是你公孙述;至于所谓“掌文为瑞”更不可信,因为王莽也曾经制造许许多多的祥瑞,事实上王莽已经败亡,实在是不应该学习王莽!所谓的“五德之运,黄承赤而白继黄,金据西方为白德,而代王氏,得其正序”是不可信的,事实已经证明王莽以“黄”自居窃取汉家天下是自欺欺人,已经被天命抛弃,你却认为王莽是得天命,要以“白”继“黄”,不等于宣布自己和王莽一样是篡伪吗?天下神器,都有定数,不是凭借暴力争来的;你公孙述在乱世之中保一方平安,功劳不言自明,人人尽知,并不是乱臣贼子,只要放弃帝号,归顺大汉,立下的是不世之功!何去何从,望你三思。刘秀有理有据,批驳了公孙弘编造的谶语,充满着政治理性,也充满着人情。公孙述无言以对,只好“不答”。桓谭所说的刘秀“穷折黄白”指的就是对公孙述的“黄承赤而白继黄”谶语的批判。

桓谭感到不理解的是,刘秀既批驳公孙述谶语,可又“听纳谶记”,自相矛盾,实在是不可取。正确的做法应该是“垂明听,发圣意,屏群小之曲说,述《五经》之正义,略雷同之俗语,详通人之雅谋”。一句话,按照经书上的内容做,经书上没有的统统不理会。

“冒死复陈”的第二件事是建议刘秀重赏军功之士,云:

> 又臣闻安平则尊道术之士,有难则贵介胄之臣。今圣朝兴复祖统,为人臣主,而四方盗贼未尽归伏者,此权谋未得也。臣谭伏观陛下用兵,诸所降下,既无重赏以相恩诱,或至虏掠夺其财物,是以兵长渠率,各生狐疑,党辈连结,岁月不解。古人有言曰:“天下皆知取之为取,而莫知与之为取。”陛下诚能轻爵重赏,与士共之,则何招而不至,何说而不释,何向而不开,何征而不克!如此,则能以狭为广,以迟为速,亡者复存,

失者复得矣。①

和平年代，以文治天下，重用那些有文化、有道德、有操守的人。战乱年代，则以武力夺取天下、巩固政权。战争是要死人的，怕死是人的天性，这就要有相应的措施激励将士奋勇杀敌，要有严明纪律、以王者之师的形象赢得百姓的归心，同时以高官厚禄招安那些彷徨无主的势力，显示“介胄之臣”的“尊贵荣耀”。但是，刘秀并没有这样做，对待那些主动归降的将士，既没有物质奖励也没有精神奖励，甚至剥夺他们的财产，致使大大小小的割据武装心怀恐惧，不敢或者不愿意归降，不得不出兵剿平，付出沉重代价，天下也迟迟不能安定。付出和回报是相对的，是一个问题的两个方面，赏赐财物看上去是付出，实际上是更大收获。因而桓谭建议刘秀“轻爵重赏，与士共之”，果如此，“何招而不至，何说而不释，何向而不开，何征而不克！”

但是，“帝省奏，愈不悦”。建议交上去了，刘秀看了不仅没有采纳而且更加不高兴。最后因为灵台选址问题，桓谭和刘秀再次发生公开争论。《后汉书·桓谭传》云：

> 其后有诏会议灵台所处。帝谓谭曰：“吾欲以谶决之，何如？”谭默然良久，曰：“臣不读谶。”帝问其故，谭复极言谶之非经。帝大怒曰：“桓谭非圣无法，将下斩之。”谭叩头流血，良久乃得解。出为六安郡丞，意忽忽不乐，道病卒，时年七十余。

灵台是观测天象的建筑物，而天象是天意的表达，观测天象，直接关系到上天对皇帝执政良否的看法，其选址自然非同一般，挑来拣去，议而未决。身为议郎、又精通儒学的桓谭自然参与其事，刘秀特别征询桓谭意见：“吾欲以谶决之，何如？”《桓谭传》没有记载刘秀询问桓谭的具体时间。按《后汉书·光武帝纪下》记载“中元元

---

① 《后汉书》卷 28 上《桓谭传》，第 960-961 页。

年……是岁，初起明堂、灵台、辟雍，及北郊兆域。宣布图谶于天下”。即在中元元年(56 年)兴建明堂、灵台、辟雍，人们将刘秀询问桓谭事定在中元元年。这个理解可能有问题，因为选址和兴建不一定在同一年，讨论在前，兴建在后，尽管相距不会太久，但是不一定在同一年。但，无论是中元元年，还是此前的哪一年，此时的桓谭均年逾古稀。刘秀更是知道桓谭反对谶纬，不耻下问，不过是试探桓谭的态度有没有改变而已。因为桓谭当年对谶纬的批评毕竟过去多年，事实也证明，汉室确实复兴了，汉家统治已经巩固，说明刘秀信谶纬是成功的。灵台选址，各种意见都有合理性，“以谶决之”不过是走个程序而已，谶语选中哪一块地方，都是合理的，不影响灵台的修建。没想到桓谭的回答简洁明了，“臣不读谶”，并且“极言谶之非经”。要知道，在皇权社会里，是否按照“经”来治国、“经”与“非经”，不是由学者说了算的，而是由皇帝说了算的。“经”也好，“非经”也罢，都是皇帝治国的工具，不存在一定要按照某某“经”治国，何况谶语说得很明白，都是圣人之言，“极言谶之非经”不仅是公然批评圣人之言，而且公然蔑视皇上权威，是可忍孰不可忍！所以刘秀勃然大怒，要将桓谭以“非圣无法”的罪名处斩。桓谭原本以为刘秀是真的和自己讨论谶纬问题，自己可知无不言、言无不尽，万万没想到惹来杀身之祸，为了避免风烛残年的斧钺之灾，只能叩头谢罪！刘秀看着桓谭颤巍巍地叩头不已，满是皱纹的额头上渗出的斑斑血迹，在苍苍白发的覆盖之下，时隐时现，内心不免产生一丝怜悯，为了显示自己的宽厚仁慈，才放过桓谭的性命。当然，死罪可免，活罪难逃，不允许桓谭再在京城和自己作对，贬为六安郡丞。

桓谭年逾古稀，被贬出朝，逝于赴任途中。一个思想家，就这样走过了漫漫人生路，停止了思考！

（五）桓谭悲剧命运的原因分析

在中国历史上，刘秀是称得上“杰出”二字的。而桓谭，无论是在当时还是在以后，无论是学识还是政治见解，也不愧“杰出”二字。可是就是这么一位杰出的思想家和杰出的帝王相遇，导致的却是悲剧性结局。其原因是值得后人深思的。

一般说来，人们认为桓谭之所以一生坎坷，死于被贬途中，是因为和刘秀思想观点存在分歧，是因为桓谭立场坚定、旗帜鲜明地反对谶纬迷信。这有一定道理，但是这仅限于思想史层面，是远远不够的，还有政治层面的原因有待揭示。这就是思想家和帝王的目的差异。

刘秀重儒，在历代帝王中是空前绝后的，在政权初建、战火纷飞的年代，每占一地，“未及下车，而先访儒雅，采求阙文，补缀漏逸。先是四方学士多怀协图书，遁逃林薮。自是莫不抱负坟策，云会京师”。“建武五年，乃修起太学，稽式古典，笾豆干戚之容，备之于列，服方领习矩步者，委它乎其中”。① 无论是曾在新朝为官、还是隐居山林的儒学经师，只要投至麾下，都来者不拒，而且在可能的情况下委以官职。而随着统一的渐次完成，开国元勋几乎全部退出权力中枢，从中央到地方，各级官僚确实大部分由儒生担任，同时和儒生们谈经论道，其语询询，其意殷殷，虚心接受儒生提出的意见。“每旦视朝，日仄乃罢。数引公卿、郎、将讲论经理，夜分乃寐……虽身济大业，兢兢如不及，故能明慎政体，总揽权纲，量时度力，举无过事。退功臣而进文吏，戢弓矢而散马牛”。② 刘秀也以“柔道”自诩。建武十七年（41 年）十月的一天，刘秀“幸章陵，修

① 《后汉书》卷 79 上《儒林传上》，第 2545 页。

② 《后汉书》卷 1 下《光武帝纪下》，第 85 页。

园庙，祠旧宅，观田庐，置酒作乐，赏赐。时宗室诸母因酣悦，相与语曰：‘文叔少时谨信，与人不款曲，唯直柔耳。今乃能如此！’帝（刘秀）闻之，大笑曰：‘吾理天下，亦欲以柔道行之’。”①“柔道”治天下成为光武帝刘秀的专有标志。

但是，人们在赞扬刘秀重视儒学、重用儒生的时候，忽视了对此举目的的思考：是出于对儒家思想的爱好、实现儒学的仁政德治，还是为了控制儒生、控制学术，把儒学真正地变成皇权的治国工具？这不仅关系到对桓谭命运的把握，也关系到对汉代学术与政治关系的认识。事实上，刘秀的重儒只是手段，目的是巩固汉家天下，把儒学真正地变为统治工具，不仅要使各级官吏有“文”，而且要把儒生也变成“吏”，所谓“退功臣而进文吏”的内涵是丰富的，“柔道”的背后是对儒生的“吏化”，是对学术思想的严密控制！

建武初年，朱浮任执金吾，见“帝以二千石长吏多不胜任，时有纤微之过者，必见斥罢，交易纷扰，百姓不宁”。于建武六年（30年）上书劝谏，云“……间者守宰数见换易，迎新相代，疲劳道路。寻其视事日浅，未足昭见其职，既加严切，人不自保，各相顾望，无自安之心。有司或因睚眦以骋私怨，苟求长短，求媚上意。二千石及长吏迫于举劾，惧于刺讥，故争饰诈伪，以希虚誉”。指出“物暴长者必夭折，功卒成者必亟坏，如摧长久之业，而造速成之功，非陛下之福也”。② 类似记载甚多，如同书《申屠刚传》云“时（光武年间）内外群官，多帝自选举，加以法理严察，职事过苦，尚书近臣，至乃捶扑牵曳于前，群臣莫敢正言”③。《第五伦传》云光武“承王莽之余，颇以严猛为政，后代因之，遂成风化”④。《陈宠传》云“肃宗

---

① 《后汉书》卷 1 下《光武帝纪下》，第 68-69 页。

② 《后汉书》卷 33《朱浮传》，第 1141-1142 页。

③ 《后汉书》卷 29《申屠刚传》，第 1017 页。

④ 《后汉书》卷 41《第五伦传》，第 1400 页。

初，为尚书。是时承永平故事，吏政尚严切”①。等等，这里不再赘举。需要指出的是，对这种“吏事深刻”的行为，有的史家称之为是刘秀的“追踪宣帝”之举，如华峤《后汉书·明帝纪》云“世祖既以吏事自婴，(明)帝尤任文法，总揽威柄，权不借下。值天下初定，四民乐业，户口衣食滋植，断狱号居前世之十二。中兴已来，追踪宣帝。夫以钟离意之廉法，谏诤恳切，以宽和为首。以此推之，斯亦难以德言者也”②。明帝较之刘秀有过之而无不及，“帝性褊察，好以耳目隐发为明，故公卿大臣数被诋毁，近臣尚书以下至见提拽。尝以事怒郎药崧，以杖撞之。崧走入床下，帝怒甚，疾言曰：‘郎出！郎出！’……朝廷莫不悚慄，争为严切，以避诛责”。钟离意曾上书要明帝宽以治吏，但帝不能用。③《后汉书·循吏传序》曾总结其时之政风云：“建武、永平之间，吏事刻深，亟以谣言单辞，转易守长。故朱浮数上谏书，箴切峻政，钟离意等亦规讽殷勤，以长者为言，而不能得也。所以中兴之美，盖未尽焉。”④所以，用历史的眼光看问题，刘秀以“柔道”治天下是有着特定内涵的，其“柔”是对开国元勋的优容而言的，对于那些一心为吏的儒生来说是不存在“柔”的问题的。对入仕之前的儒生，刘秀确实表现出特别的热情，确乎礼贤下士，谈经论道，以师友视之，确实充满着柔情蜜意，但是，一旦入仕，成为“文吏”，就不存在什么“柔”的问题，而是如何完成“吏”事，即按照法律，严格考核，不合要求，即使是“尚书近臣”，也照样“捶扑牵曳于前，群臣莫敢正言”，士人的尊严荡然，君主的威权无边！

明白刘秀重用儒生的目的以后，对严光的故事就可以多一层理解。严光是刘秀的太学同学，以才华出众、品行高洁著称，刘秀

---

① 《后汉书》卷46《陈宠传》，第1549页。

② 周天游：《八家后汉书辑注》，上海古籍出版社，1986年，第512页。

③ 《后汉书》卷41《钟离意传》，第1409-1410页。

④ 《后汉书》卷76《循吏传》，第2457页。

称帝以后，广揽人才，那些隐居山林的名儒耆宿纷纷归附，严光却"变名姓，隐身不见。帝思其贤，乃令以物色访之。后齐国上言：'有一男子，披羊裘钓泽中。'帝疑其光，乃备安车玄纁，遣使聘之。三反而后至。舍于北军，给床褥，太官朝夕进膳"。司徒侯霸劝严光出仕，严光讽刺侯霸"怀仁辅义天下悦，阿谀顺旨要领绝"。刘秀以皇帝之尊亲自到馆驿探视，严光佯睡不起，刘秀"抚光腹曰：'咄咄子陵，不可相助为理邪？'"严光的回答是"士故有志，何至相迫乎"。刘秀无可奈何地叹息而去。后来以老同学的身份"论道旧故，相对累日"，同榻而眠，"光以足加帝腹上"。① 最后终老富春山。严光称为著名的隐士，刘秀的明君形象也因此而更加辉煌，成为千古佳话。但是，严光明白，刘秀已经不是昔日的同学，而是皇帝，自己一旦做官，也就确定了君臣名分，昔日的同学情谊也就不存在了。也就是说，入仕之前，同学还是同学，儒生还是儒生，学者还是学者，可以谈论旧情，可以坐而论道，有着思考著述的自由，对时政、对朝廷可以评头论足。成为君臣，就失去了独立思考的自由，要全心全意地完成本职工作，绝对不能像过去那样平起平坐、议论是非，更不能以圣人之道的传承者自居，对皇上说三道四。所以，面对刘秀的厚爱，坚辞不就，翩然而去！当然，讨论国事，完善时政，也是臣子的本分，但是，一定要把握好议论的"度"，要明白哪些该说，哪些不该说，一切都以维护君主的权威为中心，一定要明白圣人之"道"是为现实君主之"势"服务的，而不是相反。

桓谭的悲剧就在这里：他不明白自己全心全意为刘秀出谋划策，无论是理论还是对策，都出于对圣人之道的追求和对民生的关怀，都是为了汉家江山千秋万代，可为什么一直得不到刘秀的采纳？原因就在于没有看到刘秀重儒的真实目的是控制儒学、控制

---

① 《后汉书》卷 83《逸民传》，第 2763-2764 页。

儒生，是要让儒家之“道”服务于刘家之“势”！决不允许以圣贤之名议论刘家统治的合理性，绝对避免王莽利用儒学、儒生制造代汉舆论的历史重演。而桓谭，不仅没有看透刘秀的内心世界，还动不动以王莽为例，劝说刘秀引以为戒！而在刘秀的心里，王莽的新朝是完完全全的篡伪，根本谈不上什么为政失误与否的问题！而桓谭还煞有介事地分析王莽之失败是“不识大体”所致，并且和高祖刘邦对比分析，说明刘邦“识大体”，王莽“不识大体”。这等于承认王莽政权有合理性，自然在根本上招致刘秀的反感，无论桓谭有多大才干，有多好的才华，分析得如何有道理，都注定不会被接受。桓谭不了解这一点，只能是“愤懑”不平！

上文曾经提到，在王莽主政初期，桓谭对谶纬并不反对，曾经到地方宣传王莽主政的合理性，并且被封为附城。桓谭彻底否定谶纬是王莽政权覆灭以后的事情，历史事实说明了谶纬的荒诞不经。所以，桓谭对刘秀执政过程中的许多行为无法理解，动辄“以谶决之”，那些既无文治、也无武功、更没见到有什么实际才干的人就因为善于谶纬而平步青云，实在是莫名其妙，有违一代开国之君的形象。所以，桓谭忍无可忍地和刘秀公开唱反调“臣不读谶”，而且“极言谶之非经”。这对一个历经离乱、年逾古稀的学者来说，确实需要巨大的勇气，也确实体现了桓谭对学术、对真理的追求和坚守。但是，桓谭没有明白，也不可能明白，刘秀并不相信谶纬的灵验，而是因为在当时的条件下，谶纬有着利用价值。刘秀反复强调谶纬、以谶决事、要臣下读谶，目的都是为了一个：利用谶纬宣布自己是唯一合法的、受命于天的统治者，其外任何谶纬符命都是篡伪之言。桓谭不理解刘秀的政治目的，而一味地反对谶纬，实际上是间接地否定了刘秀自己赖以起家的谶纬符命，否定了刘秀统治的神圣性。

刘秀起兵之初，即打着“刘氏复起，李氏为辅”的谶语，在“刘秀发兵捕不道，四夷云集龙斗野，四七之际火为主”和“刘秀发兵捕不道，卯金修德为天子”①旗号下称帝，而其他割据势力如王朗、公孙述、隗嚣等等也在制作符命，宣传自己起兵的正义性，而王莽时代所编造的谶纬符命仍然在社会上流传，内容相互矛盾，诚可谓人自为战、神自为战、鬼自为战，一片混乱，社会各阶层或多或少受到谶纬迷信的影响，身处乱世，惶惶不安。刘秀为了统一思想，遂利用谶纬控制谶纬，消除所有不利于刘氏统治的谶纬符命。在称帝之初就命尹敏“校图谶，使蠲去崔发所为王莽著录次比”②。崔发本是王莽的骑都尉，王莽居摄三年(8 年)，广饶侯刘京、车骑将军扈云等人奏上符命，称王莽应当顺应天命由摄皇帝为真皇帝云云，并谓能读懂这些符命者就能封侯，崔发就是因为读懂并宣传这些符命被王莽封为说符侯的，这些符命也就由崔发所著录保管。③ 尹敏曾仕于王莽，后归刘秀，早在建武二年就因上书陈《洪范》消灾之术为郎中、辟大司空府，以博学多识著称，通晓谶纬符命之术，但尹敏自己并不相信谶纬符命，对刘秀说“谶书非圣人所作，其中多近鄙别字，颇类世俗之辞，恐疑误后生”。刘秀不予理会，尹敏就自己编造谶语，“敏因其阙文增之曰：‘君无口，为汉辅。’帝见而怪之，召敏问其故。敏对曰：‘臣见前人增损图书，敢不自量，窃幸万一。’帝深非之，虽竟不罪，而亦以此沉滞”。④ 尹敏是故意漏出破绽，让刘秀识破，目的是让刘秀明白谶纬不可信。从法理和道义上看，故意造假，欺骗君主，达到“汉辅”的目的，实属欺君重罪。但是，刘秀并没有降罪，就在于刘秀明白尹敏的用意。没有进一步重用，是因为尹敏不了解刘秀的真正目的。但是，校阅谶记还是继续下去的，不

① 《后汉书》卷 1 上《光武帝纪上》，第 2、21、22 页。
② 《后汉书》卷 79 上《儒林列传上》，第 2558 页。
③ 《汉书》卷 99 上《王莽传上》，第 4094 页。
④ 《后汉书》卷 79 上《儒林列传上》，第 2558 页。

符合刘氏统治需要的则一律删除。中元元年(56 年),“宣布图谶于天下”,论者都认为这是刘秀一生迷信谶纬的证据。其实并不尽然。刘秀宣布的是经过删除校订以后的“图谶”,是汉家统治的神学护身符,是为了让天下臣民从内心敬畏、服从、拥戴汉家统治,是为了统一意识形态!官僚也好,士人也罢,要自觉地从天命神学的角度阐释汉家统治的正义性。这只能意会,不能言传,聪明的臣子,要明白正确的标准不是学术、不是这些图谶是否圣人之作,而是“政治”!尹敏不了解刘秀用心,时当立国之初,尚情有可原,但一生沉滞,不得重用。而桓谭经历了刘秀近三十年的治国实践,仍然无视刘秀的目的,一味地“极言谶之非经”,显然是和刘秀作对,故而引起刘秀的雷霆之怒,被贬而死,不亦然乎?

然而,正因为桓谭不迎合、不依附,坚持独立思考,实事求是,对天地人生、历史社会有着自己的认识,成就了自己的思想体系。

三　《新论》的思想主张

明白时代变迁和桓谭的仕宦经历,现在叙述桓谭思想。

综上可见,桓谭一生是流连官场而有着自己的政治底线,故仕途不畅。但是,对于一个独立思考的知识分子来说,仕途坎坷并不一定是坏事,可以使人冷静地思考,把思考的结果诉诸笔端。正是这坎坷的仕途,给予桓谭以独立思考的空间和体验,得以埋头著述。《后汉书·桓谭传》云“初,谭著书言当世行事二十九篇,号曰《新论》,上书献之,世祖善焉。《琴道》一篇未成,肃宗使班固续成之”①。桓谭之所以把所著之书名之为《新论》,用他自己的话说,是“见刘向《新序》、陆贾《新语》,乃为《新论》”。目的是“术辨古今,

① 《后汉书》卷 28 上《桓谭传》,第 961 页。

亦欲兴治也”。要像孔子编《春秋》那样为后世立言,“何异《春秋》褒贬邪?”①作为辨别是非的标准。

上文在讨论桓谭与刘秀关系时,对桓谭的政治主张已经有所叙述,下文就《新论》内容,讨论桓谭的哲学、政治、艺术思想等内容。

(一)对天命、神仙思想的批判

天命观念产生于商朝,形成于西周,周王以天子自居,认为自己王位是上天给予,是代表天帝统治天下,现实秩序都是天帝安排的,天子的责任就是按照天意统治万民,万民对周王的不满和反对就是反对天帝。降至春秋,尽管周天子权威不再,人们对周天子宣传的天命思想有过质疑,但天命观念依然延续下来,并在新的历史基础之上被赋以新的内容。

荀子、韩非都曾否定天命思想。荀子明确指出,天是没有意志的自然存在,人事是人事,苍天是苍天,苍天并不能干预人事,苍天与人事没有必然的关系,天不能降祸福于人,也不因为人的好恶而改变自己运行规律。但是,荀子、韩非的天道观不符合统治者的需求,统治者需要的是如何使天下万民从心里敬畏现实秩序、服从现实统治;同时在巨大的成功面前,统治者真的以为自己不是“人”,而是神。如果说秦始皇以“水德”自命,刘邦编造斩蛇起兵的故事,都属于自我神化的话,那么以董仲舒为代表的儒生则主动神化汉家统治,对所谓天人合一、君权神授云云,进行了系统的阐释。历史地看,董仲舒的主观愿望是想利用天命制约皇权,把自然界的一些异常现象如自然灾害说成是上天对皇帝执政不满的表达,要皇帝革除弊政,按照儒家所提倡的如“仁政德治”治理万民,但是,董仲舒没想到的是,神权确实维护了皇权的无上性,而对皇权的制约

① 《新论·本造》。

实在是微不足道！更出乎董仲舒意外的是，天命思想也能成为对现实不满的表达工具，谶纬之学兴起，还被王莽用作代替汉家统治的工具。刘秀再用汉家天命否定王莽天命，最后把那些整理之后的谶纬颁布于天下，作为谶纬的样本，防止社会上继续流传不利于汉家统治的谶纬符命，制止新谶纬符命的发生。这一目的是达到了，但谶纬之学依然流行。而桓谭则继承了荀子、韩非的天道自然观，从社会常识和历史实践的角度，否定天命观、否定谶纬。

桓谭指出，既然是按照圣人之道治国，就要以圣人说过的话、做过的事为依据，而不能篡改圣人的思想。“子不语怪力乱神”，是人所共知的事实，后人治国、为学就不应该把那些荒诞无稽的“怪力乱神”栽在孔子头上。“盖天道性命，圣人所难言也”，孔子从来不说什么天道性命，而是尽自己的力量为了实现心目中的理想奔走一生，已经用实际行动否定了天道性命的存在，所以“子贡以下，不得而闻，况后世浅儒，能通之乎”。桓谭以历史事实否定天道。《新论·遣非》举例说：

> 夫灾异变怪者，天下所常有，无世而不然。逢明主贤臣、智士仁人，则修德善政、省职慎行以应之，故咎殃消亡，而祸转为福焉。昔大戊遭桑榖生朝之怪，获中宗之号。武丁有雊雉升鼎之异，身享百年之寿。周成王遇雷风折木之变，而获反风岁熟之报。宋景公有荧惑守心之忧，星为徙三舍。由是观之，则莫善于以德义精诚报塞之矣。故《周书》曰：“天子见怪则修德，诸侯见怪则修政，大夫见怪则修职，士庶见怪则修身。神不能伤道，妖亦不能害德。”及衰世薄俗，君臣多淫骄失政，士庶多邪心恶行，是以数有灾异变怪。又不能内自省视，畏天戒，遏绝其端，其命在天也。而反外考谤议，求问厥故，惑于佞愚，而以自诖误，而令患祸得就，皆违天逆道者也。

天变灾异是自然现象，任何时代都发生过，和世道兴衰、政治好坏没有关系。发生天变灾异，贤明的君主、明理的大臣，严于律己，认真理政，那些奇奇怪怪的自然现象根本不能带来什么灾祸。商朝的大午继位时曾发生过桑榖生于朝的不祥之兆，按照神学解释，这桑榖生于朝预示着天下大乱，大午却成为中兴之君。武丁继位时发生过野鸡落在祭祀用的鼎里鸣叫的不祥之兆，预示着武丁短命，结果武丁寿命很长。周成王继位时曾经有过雷劈大树的事，预示着天下灾荒，结果连年丰收。原因就在于这些圣主明君，都能注意个人修养，明白自己职责，顺应民心，以国事为重。《周书》说得很明白，天子是天下的道德楷模，诸侯的任务是制定治理封国的具体措施，大夫的任务是履行自己的职责，普通平民的任务是遵守秩序、好好生产。都做到了这些，无论发生什么天变灾异，都不会有什么灾害。相反，那些无道昏君主政、贪残之臣当道，朝政昏乱，吏治败坏，社会风气污浊，既不反省自己，也不理会社会批评，更不关心民生，不认为灾祸是自己造成的，反而认为是上天降下的。这才是真正的“违天逆道”。这个“违天逆道”的“天道”并不是“天道性命”的“天道”，而是正确的治国之道。

天命也好，鬼神也罢，因为是谬说，所以再真心实意、千方百计讨好神明，一样难逃灭亡命运。这样的例证不胜枚举，楚灵王就是一个。《新论・辨惑》云：

> 昔楚灵王骄逸轻下，简贤务鬼，信巫祝之道，斋戒洁鲜，以祀上帝，礼群神，躬执羽绂，起舞坛前。吴人来攻，其国人告急，而灵王鼓舞自若，顾应之曰：“寡人方祭上帝，乐明神，当蒙福佑焉。不敢赴救。”而吴兵遂至，俘获其太子及后姬以下。甚可伤！

楚灵王醉心鬼神天帝，终日“斋戒洁鲜，以祀上帝，礼群神，躬执羽绂，起舞坛前”，自以为有天帝神明保佑，可以永享快乐，根本不把群臣劝谏放在耳边，轻侮贵族大臣，贬斥贤臣，骄奢淫逸，赋敛无度，朝廷上下，离心离德，举国之内，民怨沸腾。以至于吴国军队已经兵临城下，还在那里“祭上帝，乐明神”，结果“其太子及后姬以下”都成为吴国的阶下囚，令人扼腕叹息！

但是，人们仍然不顾历史事实，大讲什么天道性命，迷惑天下，诖误人主。英明如汉高祖就深受其害。“汉高祖建立鸿基，侔功汤武……及身病，得良医，弗用，专委妇人，归之天命，亦以误矣。此必通人而蔽者也”①。高祖一统天下，拨乱反正，武功文治，和商汤王、周武王并列，何等英明神武。但是，在平英布之乱时“为流矢所中，行道疾。疾甚，吕后迎良医。医入见，上问医。曰：‘疾可治。’于是上嫚骂之，曰：‘吾以布衣提三尺取天下，此非天命乎？命乃在天，虽扁鹊何益！’遂不使治疾，赐黄金五十斤，罢之”。② 本来就是个一般的外伤引起感染，医生已经说明“可以”医治，高祖却拒绝治疗，实在是个大大的错误。在这里，桓谭批评刘邦两点错误：一是把国事委托给吕后，导致后来的诸吕之乱。二是拒绝治疗，导致自己过早去世。如果接受医生建议，就不会任由病情发展，也就不会有后来的吕后专权所导致的内乱。之所以如此，就是刘邦迷信天命的结果。

按照天命观念，现实的一切都是天有意安排的。刘歆的侄子刘伯玉相信神学目的论，认为毒药是天生的，上天也就会安排长生不老、起死回生的仙药，人们活着的任务就是寻找长生不老药，说“天生杀人药，必有生人药也”。桓谭说：“钩吻不与人相宜，故食则死，非为杀人生也。譬若巴豆毒鱼，礜石贼鼠，桂害獭，杏核杀狗，天非故为作也。”③钩吻又名毒根，俗称断肠草，产于南方，有剧毒，

---

① 《新论·识通》。

② 《汉书》卷1下《高帝纪下》，第78-79页。

③ 《新论·祛蔽》。

食之半日即死。巴豆、礜石都是药名，巴豆可以毒鱼，礜石用作杀鼠。这是因为生物属性不同，并不是天有意识，故意生产毒药来害人。这是自然之天与意志之天的分野。以此为基础，桓谭断然否认神仙的存在。桓谭明确指出："无仙道，好奇者为之。"刘歆"信方士虚言，为神仙可学"，二人经常在一起辩论。一次，刘歆问桓谭说："人诚能够抑嗜欲，阖耳目，可不衰竭乎？"桓谭指着院子里的一棵老榆树说："彼树无情欲可忍，无耳目可阖，然犹枯槁朽蠹；人虽欲爱养，何能使之不衰？"①生老病死是自然过程，如果说"抑嗜欲，阖耳目，可不衰竭"就能长生不死，那棵老榆树是没有耳目、没有思想、没有欲望的，却老朽不堪，可见，不能相信什么"抑嗜欲，阖耳目，可不衰竭"的鬼话。

当时的达官显贵，个个生活糜烂，贪生怕死，痴迷神仙，把一些传说当成真实，花费重金学习长生不老术，桓谭均以生活经验揭示其虚妄。《新论·辨惑》云：

> 曲阳侯王根迎方士西门君惠，从其学养生却老之术。余见侯曰："圣人不学养性，凡人欲为之，欺罔甚矣。"君惠曰："夫龟称三千岁，鹤言千岁。以人之材，何乃不如虫鸟邪？"余应曰："谁当久与龟鹤同居，而知其年岁乎？设令然，蝉、螵、渠略，又可使延年如龟鹤耶？"

桓谭从三个层面驳斥神仙却老之说。一是说明圣人不学养生却老之术，凡人号称学习圣人却迫切追求神仙，是圣人的门徒却做那些圣人所不为的事情，是凡人痴迷不悟，违背圣人之道。二是龟鹤是动物中活得长久的，说龟三千岁，鹤千岁，不过是个传说，但谁也没和龟鹤长期共同生活，更没有谁活过三千年、一千年，怎么知道它的确切年龄呢？三是即使龟鹤真能活上千岁，那也是龟鹤的性质

---

① 《新论·辨惑》。

所决定的，怎么能让其余的动物如蝉螵小虫也都像龟鹤一样呢？人羡慕龟鹤的长寿，人和龟、鹤不是同一物种，也不能像龟、鹤那样活上个一千、八百岁，说什么龟鹤长寿，人也就能长生，显然是违背常识的。

汉代的天命论，和后来的宿命论不同。后来的宿命论受佛教影响，主张人的生死夭寿都是先天注定的，人只能顺应天命，逆来顺受，忍受现实的苦难，求得来世的幸福。汉代的天命论认为现实的一切是上天按照正反合的逻辑安排的，比如有生就有死，有高就有低，有白天就有黑夜，有短命就有长寿，有疾病就有治病之药等。把这一理解推广到人生，认为有死亡就有长生，从而逻辑地要求人们充分发挥自己的主观能动性去发现这种相生相克之物，为我所用。神仙思想就是在这一背景之下流行开来的，特别是统治阶级成员，出于对现实骄奢淫逸的留恋和死亡的恐惧，千方百计地寻找长生不死的方法。思想家们因为知识的局限，即使对神仙迷信持怀疑态度，也无法提出有力的反驳。一些江湖术士，趁机编造神话故事，依托名人圣贤，骗取功名利禄。在从众心理的支配下，社会上人云亦云，神仙观念日益流行；而越是在社会动乱的时候，越是神仙迷信大流行的时代。因为人心彷徨，焦虑不安，对社会前途不明所以，转而相信鬼神、相信神仙。当时社会上流传着各种各样的神异故事，讲述着神仙的存在和神奇之处。对这些，桓谭都一一给予辨析，指出其荒诞。《新论·辨惑》记载了这样几则故事：

武帝有所爱幸姬李夫人，窈窕好容，质性嬛佞。夫人死，帝痛惜之。方士李少君言能致其神，乃夜设烛张幄，置夫人神影，令帝居他帐中，遥望见好女，似夫人之状，还帐坐。

元帝被病，广求方士。汉中送道士王仲都者，诏问："何所能为？"对曰："但能忍寒暑耳。"乃以隆冬盛寒日，令袒衣，载以驷马，于上林昆明池上环冰而驰。御者厚衣狐裘，甚寒战，而仲都独无变色,卧于池台上,曛然自若,此耐寒也,因为待诏。至夏大暑日,使曝坐,又环以十炉火,不言热而身不汗出。

近哀平间,睢陵有董仲君,好方道,尝犯事,坐重罪,系狱,佯病死。数日,目陷虫出,吏捐弃之,既而复活。故知幻术靡所不有。又能鼻吹口歌,吐舌蚪,耸眉动目。荆州有鼻饮之蛮,南城有头飞之夷,非为幻也。

史子心见署为丞相史,官架屋,发吏卒及官奴婢以给之,作金,不成。丞相自以力不足,又白傅太后。太后不复利于金也,闻金成可以作延年药,又甘心焉。乃除之为郎,舍之北宫,中使者待遇。

黄门郎程伟,好黄白术,娶妻得知方家女。伟常从驾出,而无时衣,甚忧。妻曰:"请致两端缣。"缣即无故而至前。伟按《枕中鸿宝》作金,不成,妻乃往视伟。伟方扇炭烧筩,筩中有水银。妻曰:"吾欲试相视一事。"乃出其囊中药,少少投之,食顷发之,已成银。伟大惊,曰:"道近在汝处,而不早告我,何也?"妻曰:"得之须有命者。"于是伟日夜说诱之,卖田宅以供美食衣服,犹不肯告伟。伟乃与伴谋挝笞伏之。妻辄知之,告伟言:"道必当传其人。得其人,道路相遇,辄教之;如非其人,口是而心非者,虽寸断支解,而道犹不出也。"伟逼之不止,妻乃发狂,裸而走,以泥自涂,遂卒。

李少君令武帝见李夫人亡灵的事,《史记·武帝本纪》也有记载,只是李少君作"少翁,以鬼神方见上"。这个鬼神方不过是个骗术而已:在昏暗的灯光下,令人扮作李夫人形象,藏身于帷幕之后,令思念心切的汉武帝远远观之,误以为李夫人再现。元帝命百官向朝廷推荐方士,找一些不怕冷热的人来表演,以为不是凡人。其实,稍加考究,就不难发现这些不过都是些不怕冷热的凡人而已,这在现实生活中并不少见,没有什么神奇。有的则属于幻术,如哀帝、平帝时期的董少君佯病装死逃避制裁，就是障眼法。至于那些“能鼻吹口歌，吐舌齖，耸眉动目。荆州有鼻饮之蛮，南城有头飞之夷，非为幻”等等则是技能表演，民间杂耍，经过练习，许多艺人都能做到，毫无神奇之处。这些人因为出入皇宫，大肆渲染其神奇功能，把自己打扮成无所不能的半仙，那些推荐的人推波助澜，社会上不加辨析，越传越离谱。

炼金术和长生术一样，达官显贵们无不趋之若鹜，若二者兼而有之，就更加幸福无边。史子心作为丞相史自称会炼金术，在丞相的支持下，在丞相衙署内盖屋垒炉，大炼金银。屡屡失败，丞相不去辨别真伪，反而以为是自己能力不够，请求傅太后支持。傅太后开始并不相信炼金术，但听说炼金成功能够长生，又转而支持史子心，并任命为郎官。事实怎样？炼金还是没成功！这些方士们为了给自己骗人的炼金术披上外衣，还编造种种谎言，如黄门郎程伟的故事就是编造出来的谎言。

程伟迷信炼金术也就是桓谭说的黄白术，专门娶了以黄白术传家的女子为妻，其妻子果然不负所望，曾经无中生有地为程伟变出两匹衣料。程伟按照《枕中鸿宝》记载的方法炼金不成，其妻将随身携带的药物投到桶里，一下子变出一桶白银，但是，无论程伟以丈夫的身份使尽各种手段，就是不把秘方技术教给程伟。理由是“道必当传其人。得其人，道路相遇，辄教之；如非其人，口是而心非者，虽寸断支解，而道犹不出也”。程伟威逼不止，“妻乃发狂，裸而走，以泥自涂，遂卒”。这个故事，看上去是在说黄白术确实存在，人们之所以不成功，是因为和炼金术没有缘分，没有资格掌握炼金术。实际上，桓谭记述这个故事，是在批评炼金术的荒诞，是在指出所谓的“道必当传其人。得其人，道路相遇，辄教之；如非其人，口是而心非者，虽寸断支解，而道犹不出也”，不过是炼金家自我解脱之词。既然能空手至物、撒药为银，认识人的品质应该有过人之处，起码能够正常判断人的品质优劣，对程伟的人品、娶妻的目的应该了解，早就应该知道程伟不配黄白术、学不了黄白术，那自己为什么还要嫁给程伟、在程伟面前显示自己特异之处？为了富贵？显然不是，因为有了帝王们梦寐以求的黄白术在身，哪还需要什么凡间的荣华富贵！为了地位？更不存在。一个小小的黄门郎，根本不能和自己世家女相比！所以这些是方士们为掩盖自己谎言、神化自己而编造的故事。

我们现在看到的《新论》是清代的辑本，其论述、事例，都是不完整的。从逻辑上判断，桓谭列举的迷信故事，是用作分析批判材料的，通过具体事例解释人们心中的谜团，说明所举事例不过是以讹传讹或胡编乱造，根本违背生活常识，李夫人再现如此，炼金术也是如此，那些在社会上流传的所谓山精树怪、动物成精的各种故事，都是这么来的。用现在的眼光看，都是万物有灵的原始宗教观念、交感神话的体现。在当时的历史条件下，桓谭如此旗帜鲜明地批评迷信，是需要巨大勇气的。

（二）形神论与生命观

形神问题，就是人的形体和精神关系问题，体现在日常生活当中就是对人的形体和灵魂关系的认识，这个问题和当时的鬼神迷信紧密相连，桓谭在对各种鬼神迷信现象一一驳斥的同时，又从哲学的高度和理论层面阐发了自己对生命的认识。

古人因为知识的局限，对许多生命现象不理解，如梦就是一个无法解释的普遍存在，导致人死灵魂不灭的观念，上升到哲学的层面，人们就将形体和精神两分。一种观点认为人的形体与精神合一，互相依存，形体灭亡精神自然不存在，要追求长生首先要保证形体的健康。明确讨论这一问题的是《庄子》。《庄子·在宥篇》说："神将守形，形乃长生。"《天地篇》说："执道者德全，德全者形全，形全者神全。神全者，圣人之道。”“形体保神，各有仪则。”这是道家学派的形神观，意思是形、神是互相依存，形全是神全的前提，道和德则是形、神俱全的先决条件。这个认识尽管还谈不上科学，但是具有一定的合理性。另一种观点则认为，灵魂可以脱离形体独立存在，形决定于神，形体消失，神继续存在，这就是人死神不灭论。这个问题关系到神仙学说能否成立，那些迷信神仙学说的人坚信人死神不灭，认为所谓的死亡，是神脱离形体，称之为“尸解”，也就是神脱离形体成仙了。《新论·辨惑》列举神仙家言说：

天下神人五：一曰神仙，二曰隐沦，三曰使鬼物，四曰先知，五曰铸凝。

圣人何不学仙而令死邪？圣人皆形解仙去，言死者，示民有终也。

这两句话都是桓谭列举的神仙家的辩词，并非桓谭的主张。从逻辑上看，人既然可以长生不死，圣人不是一般人，自然也是不死的。而圣人是万民楷模，也是帝王的榜样。但是，如果反过来问一下，圣人既然是不死的，是楷模、榜样，为什么不现身指点天下于迷津？如果圣人真的不死，直接针对当时的种种争论作出裁定就可以了，什么古文经、今文经，什么各种纬书的由来等等，都不用争来争去。反之，面对现实中的各种争论，圣人却一直不表态，就不能不令人怀疑：圣人是否真的不死、神仙是否真的存在、人是否真的能够长生不老？神仙家们必须对此作出解释。为了说明神仙的存在，神仙家们认为圣人不是死亡，而是“形解仙去，言死者，示民有终也”。“形解仙去”就是灵魂离开身体，圣人灵魂之所以不现身判定是非，就是为了告诉百姓世上任何事情都是有始有终的，人既然有出生也就有结束，不能永恒地活着，所以用自身死亡的方式告诉世人生命是有终点的。但灵魂是长存的，圣人形体“死”了，圣人的灵魂还在天上看着众生，所以，圣人之“死”也是“圣人不死”的体现。现实的人分三六九等，神仙当然也分三六九等，“天下神人五：一曰神仙，二曰隐沦，三曰使鬼物，四曰先知，五曰铸凝”就是神仙的五个等级。所谓“神仙”，是居于天上的没有寿命限制的人；“隐沦”是隐居凡间长生不死的人；“使鬼物”是能驱使鬼为人做事的人；“先知”是预卜未来的人；“铸凝”是驻颜有术的人。这五个等级是当时流传的神仙分类，桓谭列举出来，是供分析批判使用，并非自己真的认为有这五种神仙的存在。

桓谭主张形神合一，神依于形，形尽神灭。桓谭以烛与火说明形与神的关系。《新论·祛蔽》云：

> 余尝过故陈令同郡杜房，见其读《老子》书，言：“老子用恬淡养性，致寿数百岁；今行其道，宁能延年却老乎？”余应之曰：“虽同形名，而质性才干乃各异度，有强弱坚脆之姿焉，爱养适用之，直差愈耳。譬犹衣履器物，爱之则完全乃久。”

老子数百岁只是个传说，但在汉代相当一部分人确信不疑，所以杜房就老子“恬淡养生，致寿数百岁”事问桓谭看法。杜房的提问反映出两个问题：一是当时社会上广泛流传着“盖老子百有六十余岁，或言二百余岁”的传说，二是老子的长寿是“以其修道而养寿也”。那么，老子修的什么“道”？只有明白老子所修之道的内容才能明白后人能否像老子那样依靠修道获得长寿。杜房认为，老子之道的核心是“恬淡”，恬淡可以养生延年，意思是不考虑名利等身外之物，经常保持心情平静、安适，凡事淡然处之，“失之不忧，得之不喜”。这实际上是一种心理修养和意志锻炼，心中安适，和乐自然，存于中，形于外，所谓心广体胖，心理生理健康则可以延年却老。桓谭的回答是人的体质各不相同，关键在于保养得当，就像家用器皿一样，使用得当可以长久，反之则否。人的寿命长短也是这个道理，保重身体，才能长寿，否则，生活方式错误，身体受伤或生病，人就早亡。在和杜房讨论形神关系问题时，桓谭遂以烛与火的关系说明之。《新论·祛蔽》云：

> 精神居形体，犹火之然烛矣。如善扶持，随火而侧之，可毋灭而竟烛，烛无，火亦不能独行于虚空，又不能后然其灺。灺，犹人之耆老，齿堕发白，肌肉枯腊，而精神弗为之能润泽内外周遍，则气索而死，如火烛之俱尽矣。人之遭邪伤病而不遇供养良医者，或强死，死则肌肉筋骨，常若火之倾刺风而不获救护，亦道灭，则肤余干长焉。
>
> 余尝夜坐饮内中，然麻烛，烛半压欲灭，即自曰敕视，见其皮有剥钝，乃扶持转侧，火遂度而复。则维人身，或有亏剥，剧能养慎善持，亦可以得度。又人莫能识其始生时，则老亦死，不当自知。夫古昔平和之世，人民蒙美盛而生，皆坚强老寿，咸百年左右乃死，死时忽如卧出者，犹果物谷实，久老则自堕落矣。后世遭衰薄恶气，娶嫁又不时，勤苦过度，是以身生子皆俱伤，而筋骨血气不充强，故多凶短折，中年夭卒。其遇病，或疾痛，恻怛然后终绝，故咨嗟憎恶，以死为大故。

桓谭认为精神依赖于形体，形体衰老枯竭，不能滋养精神，最终死亡，就像烛火依赖于蜡烛一样，点燃蜡烛才有火光，蜡烛燃烧完，烛火熄灭。蜡烛是形，烛火是神，神依赖于形。没有蜡烛，烛火是不能在虚空中存在的。没有人的形体，也就没有人的精神，精神不能离开形体独立存在。再从生活现实看：人年老体衰，牙齿脱落、头发变白、皮肤干枯、肌肉萎缩，最后气绝而死，形体精神同时消亡，这和蜡烛燃尽与火熄灭同步是一样的道理。人若遭到外伤或患疾病，如能就良医诊治，并好好调养，也能恢复健康，终其天年。如果不加爱护和医治，就会中年夭亡，就像蜡烛点燃后，因蜡炬位置偏移会发生倾斜，有的地方剥掉一块，有的地方高一快，就需要动手调整蜡烛的燃烧姿势。如果善于扶持，转动蜡烛位置得当，则可以继续燃烧，直到一支烛燃完，否则就会中途熄灭。人出生之时，自己什么都不知道；到老死的时候，也会不知不觉地死去。在古代和平的日子里，人人生活在太平环境中，个个身体坚强，得享高寿，一般都是百岁左右才死，死的时候好像睡着一样，也没有什么痛苦，就如谷物和果实成熟而自然落地。后世之人，生存环境污浊，结婚太早，劳累过度，自己和新生幼儿都受到损伤，筋骨血气先天不足，幼年夭折或中年早亡不可避免，有的患病经受许多痛苦折磨而死。所以大家对于死就憎恨害怕，认为这是最大的变故，内心充满着不解，而有种种错误认识，希望长生不死。在这里，桓谭在生死观上，吸取了道家的自然无为思想，认为人生是在不知不觉中自然而生，老死也是自然而死，认为贪生贪利，妄图长生是徒劳的错误认识。

当时人们对桓谭以烛火比喻形神关系有过质疑。《新论·祛蔽》云：

> 或难曰："以烛火喻形神，恐似而非焉。今人之肌肤，时剥伤而自愈者，血气通行也。彼蒸烛缺伤，虽有火居之，不能复全。是以神气而生长，如火烛不能自补完，盖其所以为异也，而何欲同之？"

质疑者的意思是用烛和火比形和神，看上去有道理实际上说不通，是个似是而非的比喻。人的肌肉皮肤有时损伤了能自己恢复，这是由于神气血气通畅的缘故。而蜡烛剥落，虽然火还燃着也不能恢复完整。可见神气能生产肌肤，而火则不能保养蜡烛，相反还在消耗蜡烛。这就是两者的差异，怎么能将形神同烛火等同起来呢？桓谭回应说：

> 应曰："火则从一端起，而人神气则于体，当从内稍出合于外，若由外腠达于内，固未必由端往也。譬犹炭火之燃赤，如水过渡之，亦小灭然复生焉。此与人血气生长肌肉等，顾其终极，或为炙，或为炧耳。曷为不可以喻哉！"

桓谭认为，烛火是从上往下燃烧，人的精神则充满全身，由体内到体外，又从体表的肌肤达到体内，不像蜡烛只能由上端往下燃烧。这可以炭火来比喻。炭经火烧红后，如果滴上一点水，浇水的炭火会暂时熄灭，但随后又会燃烧起来，这就和人的血气生长肌肤相同，所不同的只是烛最后化为灰烬，人变成腐肉罢了。质疑者认为精神可以再生肉体，强调神对形的决定作用，桓谭则认为精神居形体之中，神不仅不能决定形，而且形亡则神亦不复存在，形神俱亡，如火烛俱灭。

有一次桓谭同刘伯师在夜间点灯夜话。桓谭说，人的衰老也像灯油耗干灯芯烧尽一样，并提到从前辩论麻烛的故事。伯师说："灯烛尽，当益其脂，易其烛；人老衰，亦如彼自蹶缵。"意思是灯干了可以再加油，烛点完了，可以再换一支，人衰老了，可不可以像灯烛那样倾斜一下或更换一下，使他新生呢？桓谭说：

> 人既禀形体而立，犹彼持灯一烛，及其尽极，安能自尽易？尽易之乃在人。人之蹶傥亦在天，天或能为他，其肌骨血气充强，则形神枝而久生，恶则绝伤，犹火之随脂烛多少长短为迟速矣。欲灯烛自尽易以不能，但促敛旁脂以染渍其头，转侧蒸干使火得安居，则皆复明焉。及本尽者，亦无以燃。①

桓谭意思是说人的生命依靠形体而存在，就如火光依赖蜡烛一样。灯油尽了，灯怎么能自己加油？烛点完了，烛怎能自己更换？加油更换灯芯的是人而不是灯烛。人的衰老，出于自然，如果要更换新生，也许天能有所为吧！人的肌骨血气强壮，形体自然能支持得长久，否则就会损伤中断。正如灯烛燃烧时间的长短，决定于油的多少和烛的长短一样。灯不能自己调整更换，有人调整姿势、补充灯油，是可以延长燃烧时间的，但这个延长的时间有限，到烛燃尽了，还是得熄灭。人们主张的养生就像人们把灯旁油脂刮在一起、放

---

① 《新论·祛蔽》。

回灯内，或者转动调整烛的姿势一样，可以延长燃烧时间，但最后随着油尽灯枯，还是要熄灭。以此为基础，桓谭总结养生功能说：

> 今人之养性，或能使堕齿复生，白发更黑，肌颜光泽，如彼促脂转烛者，至寿极亦死耳。明者知其难求，故不以自劳。愚者欺或，而冀获尽脂易烛之力，故汲汲不息。又草木五谷，以阴阳气生于土，及其长大成实，实复入土，而后能生，犹人与禽兽昆虫，皆以雄雌交接相生。生之有长，长之有老，老之有死，若四时之代谢矣。而欲变易其性，求为异道，惑之不解者也。①

桓谭承认养生之道可以使肌肤光泽，增进健康，甚至可使白发变黑，齿落复生，可以延年，就像蜡烛剥蚀，转动一下则可继续燃烧，但人的寿命总有终极，蜡烛燃完必然熄灭，人到寿终必然死亡，这是不可变易的。聪明的人知道长生不死是不可能的，所以不去徒劳。愚蠢的人迷惑不解，幻想长生不死，积极追求各种长生方术，实在是自欺欺人。人和其他动物一样有出生、成长、壮大、衰老、死亡，如同春夏秋冬四时轮代，是自然规律。企图长生的，妄想改变自然规律，岂非愚蠢之极、糊涂之极？

桓谭用烛、火关系比喻形、神，从自然规律的高度批判长生成仙思想，在学理上还有着不足。因为烛和火都是物质，所以烛火之喻也容易被主张灵魂不死的神不灭论者钻空子。晋朝佛教学者慧远就说："火之传于薪，犹神之传于形；火之传异薪，犹神之传异形。"这就为宗教的轮回说做了论证。这个问题直到梁朝范缜的《神灭论》提出形质神用说，把形神比作刃和利的关系，没有锋刃就不存在锋利，才从哲学高度对形神问题做出周密的回答。但是，就东汉初年的思维水平来说，桓谭的解释无疑达到了时代的制高点，

---

① 《新论·祛蔽》。

为后来的形神关系论奠定了历史基础。桓谭对于神仙学说的批评，对于当时贵族、士人来说，更是一副清醒剂。

（三）政治思想

学而优则仕是先秦以来读书人的共同追求，桓谭也不例外。不同之处在于，桓谭有着自己的政治追求，希望能把自己的思想主张付诸实践，而不纯粹把入仕和升迁当作谋取功名利禄的手段。桓谭一生宦海沉浮，始终不得志，官位一直在郎官徘徊，原因就在于坚持自己的主张。东汉建立，刘秀重儒，桓谭稍微改变自己的主张，虽然不一定飞黄腾达，但加官进爵是肯定无疑的，绝对不止在郎官任上干一辈子。原因就在于，刘秀的治国之道、理民之术，和真正的儒家学说有距离，并非圣道，所以即使天下稳定、国势蒸蒸，朝野一片赞颂之声，桓谭仍然认为距离王道甚远。

桓谭的政治理想是先秦儒家的王道政治。《新论·王霸》云：

> 夫上古称三皇五帝，而次有三王五霸，此皆天下君之冠首也。故言三皇以道治，而五帝用德化；三王由仁义，五霸用权智。其说之曰：无制令刑罚谓之皇，有制令而无刑罚谓之帝，赏善诛恶，诸侯朝事，谓之王，兴兵约盟，以信义矫世，谓之霸。王者，往也，言其惠泽优游，天下归往也。五帝以上久远，经传无事，唯王霸二盛之美，以定古今之理焉。
>
> ……
>
> 王道之治，先除人害而足其衣食，然后教以礼仪而威以刑诛，使知好恶去就。是故大化四凑，天下安乐，此王者之术。霸功之大者，尊君卑臣，权统由一，政不二门，赏罚必信，法令著明，百官修理，威令必行，此霸者之术。王道纯粹，其德如彼。霸道驳杂，其功如此。俱有天下，而君万民，垂统子孙，其实一也。

……

儒者或曰:“图王不成,其弊可以霸。”此言未是也。传曰:“孔氏门人,五尺童子,不言五霸事者,恶其违仁义而尚权诈也。”

桓谭把治道分为皇、帝、王、霸四种类型,三皇、五帝、三王、五霸是这四种类型的榜样。“皇道”的特点是“无制令刑罚”,既没有制度的硬性规定,也没有行政命令,没有刑罚,人人自由,顺其自然,是彻底的无为,但在当时,社会非常和谐,没有人为非作歹,天下大治。“帝道”的特点是“有制令而无刑罚”,即有制度,但是否按制度办事,全凭自觉;违反了制度,也没有惩罚措施,人人都能自觉遵守。“王道”的特点是“赏善诛恶,诸侯朝事”。既有制度,也有刑罚,诸侯听命于天子,大夫听命于诸侯,各安本分,各司其职,尽其义务,各安其业。“霸道”的特点是“兴兵约盟,以信义矫世,谓之霸”,即以军事实力为基础,以盟誓为方式,以信义为原则,违背自己盟誓、违背契约,就要受到相应的处罚,为天下所唾弃。这四种治国思想,自然是有等第的:皇道最为高远,霸道等而下之。但是,皇道也好,帝道也罢,年代久远,文献无征,于历史无从稽考,就社会体验来看,人人都在为自己的目的奋斗,各种权谋层出不穷,要完全靠自觉实现天下大治,实在是不可能。只有王、霸两者郁郁乎文哉,既盛且美,文治灿然,有历史依据,具有榜样意义,符合圣人之道。所以,在桓谭心目中,施政的最高境界就是实现王道。

按照桓谭规划,实现王道,要循序渐进。首先是“为民除害”,使人民安定下来,要有军事保障。而后是发展生产,使人民丰衣足食,也就是大力从事经济建设。再后是教以礼义,威以刑罚,使民知好恶去就,这是教化时期。因为如果百姓衣食无着,饥寒交迫,就会铤而走险,虽严刑诛罚而民不畏死,秦朝的教训就是这样。所以丰衣足食之后,刑赏才能发挥作用,教化才有基础。霸道靠权力智术，其特点是依靠武力，缔结盟约，威令必行，赏罚必信，用权势威慑进行统治。王道尚仁义，贵德治；霸道贵信义，以权力来控制。所以说："王道纯粹，霸道驳杂。"

从历史的角度看，桓谭的"王道"就是儒家"富而后教"的思想。这是孔子的基本主张。孔子说："道之以政，齐之以刑，民免而无耻；道之以德，齐之以礼，有耻且格。"①子产曾经说过："为政必以德，毋忘所以立。"②"唯有德者能以宽服民，其次莫如猛。"宽就是以德服人，猛则用刑、政来威慑。孔子很赞成子产的意见，他说："善哉！政宽则民慢，慢则纠之以猛；猛则民残，残则施之以宽。宽以济猛，猛以济宽，政是以和。"③主张宽猛相济。孔子对于霸道的政治家也很推崇。孔子充分肯定齐桓公和管仲的霸业："桓公九合诸侯，不以兵车，管仲之力也。如其仁！如其仁。""管仲相桓公，霸诸侯，一匡天下，民到于今受其赐。微管仲，吾其被发左衽矣。"④当然，孔子认为管仲的霸道有偏颇，批评说"管仲之器小哉！"批评管仲不够重视礼乐："不知礼。"在生活上，管仲不够节俭"有三归"。⑤ 战国时期，孟子改变孔子对霸道的态度，认为"仲尼之徒，无道桓文之事者，是以后世无传焉"⑥。孟子鄙视霸业，尊王贱霸，在他思想里，王和霸是绝对对立的，他不愿意谈霸道，说"仲尼之徒，无道桓文之事"。今人遂认为孔子也反对霸道。这是不符合孔子思想的。仲尼之徒不是仲尼，仲尼之徒不言桓文不等于孔子不言桓文。荀子推崇王道但不排斥霸道，荀子认为王道就是孔子说

① 《论语·为政》，阮元校刻《十三经注疏》，第 2461 页。

② 《史记》卷 42《郑世家》，第 1774 页。

③ 《左传·昭公二十年》，《十三经注疏》，第 2094-2095 页。

④ 《论语·宪问》，《十三经注疏》，第 2511、2512 页。

⑤ 《论语·八佾》，《十三经注疏》，第 2468 页。"三归"：一般理解为三个住处。

⑥ 《孟子·梁惠王上》，《十三经注疏》，第 2670 页。

的“德治”“礼治”，霸道则是王道、法术、权势兼而用之。荀子有《王霸》专篇讨论王道和霸道的区别和实现条件，在《强国》《天论》《大略》里，三次讲到“隆礼尊贤而王，重法爱民而霸”。但他又说“贵贤者霸”①。“贵贤”也就是“尊贤”。尊贵贤才，爱民惜民，王霸是一致的。除了这点，王道和霸道就是礼治与法治的区别。荀子解释儒者“言羞称乎五伯”是因为齐桓公“前事则杀兄而争国，内行则姑姊妹不嫁者七人”，闺门混乱，这主要是个人生活作风上的问题，儒家强调为政者的品德修养，所以羞称之。桓谭的王霸思想正是来源于荀子，他说的“传曰：孔氏门人，五尺童子不言五霸事者，恶其违仁义而尚权诈也”就是《荀子·仲尼篇》之文。汉儒对《论语》《孟子》《荀子》都泛称为“传”。桓谭的“王道纯粹，霸道驳杂”即本于荀子“粹而王，驳而霸”②。

要实现王者之治，桓谭认为首先要“识大体”。所谓识大体就是善于把握治国的大政方针。《新论》有《言体》专篇，云：

> 凡人耳目所闻见，心意所知识，情性所好恶，利害所去就，亦皆同务焉。若材能有大小，智略有深浅，听明有闇照，质行有薄厚，亦则异度焉。非有大材深智，则不能见大体。大体者，皆是当之事也。夫言是而计当，遭变而用权，居常而守正，见事不惑，内有度量，不可倾移而诳以谲异，为知大体矣。

即既能掌握大政方针，把握原则，又能通权达变，观察和处理问题恰到好处。这就叫“言是而计当”。识大体要具有“大材深智”，能高瞻远瞩，通观全局，预见将来；在基本原则不变的前提下，能执简以驭繁，在具体问题上能通权达变，具有灵活性，具体问题，具体分

---

① 《荀子·大略》《荀子·君子》，王先谦，《荀子集解》，中华书局，新编诸子集成，1988 年(下同)，第 485、453 页。

② 《荀子·强国》，《荀子集解》，第 304 页。

析，方法各不相同，而万变不离其宗，不被表面现象所迷惑，不因为矛盾的复杂而改变初衷，这就是“内有度量”。

其次是善于总结历史教训，作为治国的参照。《新论·求辅》云：

> 昔秦王见周室之失统，丧权于诸侯，自以当保有九州；见万民碌碌，犹群羊聚猪，皆可以竿而驱之，故遂自恃，不任人、封立诸侯。及陈胜、楚、汉，咸由布衣，非封君有土，而并共灭秦，遂以败也。高帝既定天下，念项王从函谷入，而已由武关到，推却关，修强守御，内充实三军，外多发屯戍，设穷治党与之法，重悬告反之赏。及王翁之夺取，乃不犯关梁阸塞，而坐得其处。王翁自见以专国秉政得之，即抑重臣，收下权，使事无大小深浅皆断决于己身。及其失之，人不从大臣生焉。更始帝见王翁以失百姓心亡天下，既西到京师，恃民悦喜，则自安乐，不听纳谏臣谋士，赤眉围其外而近臣反，城遂以破败。由是观之，夫患害奇邪不一，何可胜为设防量备哉？防备之善者，则唯量贤智大材，然后先见豫图，遏将救之耳。

这段话讲的是以人所共知的历史事实说明帝王兴起都要总结前代覆亡的经验教训的重要性。秦始皇看到战国诸侯割据，周王室没法控制，故废黜分封制，建立了由皇帝一人擅权的中央集权制，自以为高枕无忧。但却没有料到陈胜、刘邦都起自布衣，一举而灭秦。高帝鉴于秦以孤立而亡，乃分封子弟功臣，加强守御和军备，严惩党与，打击谋反之徒，重赏检举揭发的人，以为这样可以永保江山。结果王莽篡权，不由关梁要塞，不费一兵一卒，就夺取了汉家江山。王莽察觉到大臣专权窃位的危险，于是抑重臣，把大权集于一身，遇事专断，一心复古，结果“农商失业，食货俱废”，民怨沸腾，大臣离叛，葬身农民造反的火焰之中。更始帝刘玄鉴于王莽失民心而亡，于是笼络民心，自求安乐，而不纳谏，结果由于近臣的背叛，遭到失败。这表明历史曲折多变，利弊因时而异，智者千虑，总不免有失，可以说防不胜防。最好的办法是防患于未然，任贤使能，高瞻远瞩，发觉于未萌，补偏救弊，及时加以治理，所谓“防备之善者，则唯量贤智大牙，然后先见预图，遏将救之耳”。

其三是选贤用贤，寻求贤能的辅佐之臣。《新论·求辅》云：

> 国之废兴，在于政事；政事得失，由于辅佐。辅佐贤明，则俊士充朝而理合世务，辅佐不明则论失时宜，而举多过事。治国者，辅佐之本，其任用咸得大才。大才乃主上之股肱羽翮也。……
>
> 君无材德，可选任明辅，不待必躬能也。由是察焉，则材能德行，国之针药也，其得立功效，乃在君辅。传曰：“得十良马，不如得一伯乐；得十利剑，不如得一欧冶。”多得善物，不如少得能知物。知物者之致善珍，珍益广，非特止于十也。

人君再伟大，也是人，不可能什么都通，更不能事事亲躬，其任务是掌握大局，选拔有远见卓识的高才智士为辅佐。有了品行高洁、才能出众的辅佐，自然就有合适的官吏去处理具体政务。一句话，国君的任务是任用伯乐。有了伯乐，自然就有千里马。有了欧冶子这样铸剑专家，自然就有宝剑。所以，国君的任务不仅是发现、任用大贤大德之人为辅佐，还要把这些大贤大德之辅佐当作国家宝贝。这就是把握“大体”。桓谭举例说：捕猎猛兽，不让美人去；钓大鱼，不让小孩参加。美人和小孩都是亲爱的人，为什么不让他们参加？就是因为他们不能胜任。“奈何万乘之主而不择人哉？”又举魏牟说赵王的故事。魏牟说大王做帽子，不让亲近的人做，而要找会做帽子的工人做，是因为关系亲近的人不会做帽子，如果用亲近的人做帽子不仅做不成帽子，还会浪费做帽子的丝带和其他原料。而在治理国家时“大王不求良士而任使其私爱”，和选良匠做帽子的行为正相反,“此非轻国于二纵之制耶?”①

桓谭把贤士分为五等,《新论·求辅》云:

凡人性难极也,难知也。故其绝异者,常为世俗所遗失焉。贤有五品:谨敕于家事,顺悌于伦党,乡里之士也;作健晓惠,文史无害,县廷之士也;信诚笃行,廉平公,理下务上者,州郡之士也;通经术,名行高,能达于从政,宽和有固守者,公辅之士也;才高卓绝,疏峙于众,多筹大略,能图世建功者,天下之士也。

所谓乡里之士,善于治家,事父事兄,乡里称善。县廷之士,聪明强干,可称为一县之人才。州郡之士,对上诚信笃行,对下廉平公正,为州郡之人才。公辅之士,通达经术,学行声誉都很高,性情气度宽和而又不失原则,适于做官从政。天下之士,出类拔萃,才高识卓,有大智大略,多谋善断,能建功立业,经邦济世,如齐之管仲,汉之张良、萧何就是这类人才。君主得此,可以安天下。

桓谭认为,发现人才、使用人才还不算困难,难的在于相信人才、充分发挥人才的作用。桓谭举出用才的“大难三”,“止善二”。《新论·求辅》云:

为世之事,中庸多,大材少,少不胜众,一口不能与一国讼,持孤特之论,干雷同之计,以疏贱之处,逆贵近之心,则万不合,此一难也。夫建踔殊,为非常,乃世俗所不能见也;又使明智图事,而与众平之,亦必不足,此二难也。既听纳有所施行,而事未及成,谗人随而恶之,即中道狐疑,或使言者还受其尤,此三难也。智者尽心竭言,以为国造事,众间之则反见疑,壹不当合,遂被谮想,虽有十善,隔以一恶去,此一止善也。材能之士,世所嫉妒,遭遇明君,乃壹兴起,既幸得之,又复随众,

① 《新论·求辅》。

> 弗与知者，虽有若仲尼，犹且出走，此二止善也。是故非君臣致密坚固，割心相信，动无间疑，若伊、吕之见用，傅说通梦，管、鲍之信任，则难以遂功竟意矣。

意思是说才干超群的人，往往意见高出众人，不肯雷同影附，“持孤特之论，干雷同之计；以疏贱之处，逆贵近之心，则万不合，此一难也”。才干超群者所思考和要做的事情，都是普通人想不到、不理解、做不到的事情，要是让大家讨论，必定难于通过，“此二难也”。即使能接受其意见，付诸施行，“而事未及成，谗人随而恶之，即中道狐疑”。这是三难。所谓“止善”，是指阻碍贤能发挥才干的因素，桓谭认为“止善”的因素主要有两种：一是贤才为国做事时，“众间之则反见疑”。有一件事做的不如意，“遂被谮想”。二是才能之士，往往遭人嫉妒而被疏远，不得不离开，孔子这样的圣人就曾遭此厄运，更不要说普通人了。因此对贤才必须完全相信，作为依靠的对象，不听谗言，不受任何离间：“是故非君臣致密坚固，割心相信，动无间疑，若伊、吕之见用，傅说通梦，管、鲍之信任，则难以遂功竟意矣。”只有这样，才是真正的用贤。

（四）音乐思想

商周以来，特别是在西周，音乐被看作个人喜怒哀乐之情的自然流露和生活追求的外在表达，是否懂音乐、喜欢什么样的音乐，是一个人文化素养、道德修养和身份地位的标志。如果作为治国者，提倡什么音乐、喜欢什么音乐，既是国君品格的体现也是治国导向的体现，故而就治国者而言，音乐是教化民心、移风易俗的重要手段。所谓的礼乐社会，礼是维护等级秩序的硬性规定，乐则是教化民众自觉维护社会秩序的利器。司马迁对音乐与人的境遇和内心世界有过系统的概括，《史记》卷24《乐书》云：

> 凡音之起，由人心生也。人心之动，物使之然也。感于物

而动，故形于声；声相应，故生变；变成方，谓之音；比音而乐之，及干戚羽旄，谓之乐也。乐者，音之所由生也，其本在人心感于物也。是故其哀心感者，其声噍以杀；其乐心感者，其声啴以缓；其喜心感者，其声发以散；其怒心感者，其声粗以厉；其敬心感者，其声直以廉；其爱心感者，其声和以柔。六者非性也，感于物而后动，是故先王慎所以感之。故礼以导其志，乐以和其声，政以壹其行，刑以防其奸。礼乐刑政，其极一也，所以同民心而出治道也。

声音都由人心而生，人有喜怒哀乐，不同心境，各有其声。而心境则决定于地位、环境、经历之事。有道明君，就是在通过声音不同判断人的内心世界，了解社情民意，解决相关问题的同时，有目的地用音乐感化人心，使之向善。因而礼乐也是治理天下的手段。当然，这首先要统治者带头遵守礼乐制度。明白了这一点，我们就可以明白孔子重视乐的原因。孔子的最高理想就是恢复西周的礼乐社会，以礼乐射御书数六艺课徒，把乐放在第二位，绝不容忍违背礼乐的行为，所谓“是可忍孰不可忍”即此之谓。

桓谭出身音乐世家，既是经学家，又是音乐家；既通晓雅乐，也熟悉俗乐；既擅长各种乐器，又熟悉各种音乐活动的组织指挥，对音乐的功能有着精准把握，对音乐理论有着系统的研究。其特点是对琴有着特殊的偏好，著有《琴道》专篇，系统论述琴的由来、结构和功能。在群星灿烂的中国古代思想家中，其音乐思想独树一帜。

桓谭从圣王治国和天人合一的层面论述琴的发明和结构。《新论·琴道》云：

昔神农氏继宓羲而王天下，上观法于天，下取法于地，近取诸身，远取诸物，于是始削桐为琴，绳丝为弦，以通神明之德，合天地之和焉。梧桐做琴，琴长三尺六寸有六分，象期之数。厚寸有八，象三六数。广六寸，象六律。上圆而敛，法天。

下方而平，法地。上广下狭，法尊卑之礼。琴隐长四十五分，隐以前长八分。五弦：第一弦为宫，其次商、角、徵、羽。文王、武王各加一弦，以为少宫、少商，说者不同。下徵七弦，总会枢极。足以通万物而考治乱也。

先秦思想家，大都认为今不如昔，认为上古时代是圣王统治，是真正的太平盛世，圣王不仅在道德上是天下的典范、后世师表，而且是伟大的发明家，后世所有美好的东西都是圣王发明的。琴也不例外。桓谭认为，琴是神农氏发明的。神农氏继伏羲氏王天下之后，为了做到天地人合一，使人体会神明之德，和谐天下，按照天地自然之形和运作规律，削桐木为琴体，绳丝为琴弦，琴的长、宽、高的尺寸，是按照天地运行的规律制定；琴的形状因天地之形而来，表示人世间尊卑之礼取法于天。琴弦五根，分别代表宫商角徵羽五音，周文王、周武王分别增加少宫、少商，原来的五声增加为七声，五根琴弦变成传世的七根琴弦，全面系统地表达自然和谐与社会的治乱兴衰。

自古以来，乐器繁多，而桓谭则以琴为首。“八音之中，惟丝最密，而琴为之首”。八音指八种材料制作的乐器，八种材料是金、石、丝、竹、匏、土、革、木，钟为金，磬为石，琴瑟为丝，箫管为竹，笙竽为匏，埙为土。这些乐器包括打击乐器如钟、磬、鼓等，吹奏乐器如箫、笙、竽、埙等，弹拨乐器如琴、瑟等。其中琴是乐器的领袖。《新论·琴道》云：

琴之言禁也，君子守以自禁也。大声不震哗而流漫，细声不湮灭而不闻。八音广博，琴德最优。古者圣贤，玩琴以养心。

琴不是用来满足耳目之好的，是用来修心养性的，是要让人明白什么事能做、什么事不能做、做到什么程度的，行有所“禁”，谐音名为琴。琴声大小缓疾各有度数，声音再大也不会喧哗震荡，再小也会让人听得清楚，盈耳清心。因此，“古者圣贤，玩琴以养心”。反之，有什么样的心境，也就有什么样的琴声，琴声是一个人道德情操的体现。人生境遇不同，能够独善其身，身处困境时不失其操守，把所奏之琴曲称为“操”。身处顺境，事事畅通，使天下得利，所作的琴曲称之为“畅”。《新论·琴道》云：

> 夫遭遇异时，穷则独善其身，而不失其操，故谓之“操”，操似鸿雁之音。达则兼善天下，无不通畅，故谓之“畅”。《尧畅》经逸不存。

“鸿雁”是《诗经·小雅》中的一篇，其中心思想是赞扬周宣王的品德和能力。宣王继位之初，民众离散，朝政不稳，宣王以安定民生为首要任务，调整统治集团内部矛盾，使周朝衰而复振。所谓“鸿雁之音”表达的就是宣王一心为国的高远境界和谨慎施政的心情。传世名曲众多，最早的是《尧畅》，可惜的是已经失传，其余都是先圣们身处困境时的忧患之作，统称为“操”，反映了不同的历史特点。《新论·琴道》云：

> 《舜操》者，昔虞舜圣德玄远，遂升天子，喟然念亲，巍巍上帝之位不足保，援琴作“操”，其声清以微。《禹操》者，昔夏之时，洪水襄陵沈山，禹乃援琴作“操”，其声清以溢，潺潺，志在深河。《微子操》者，微子伤殷之将亡，终不可奈何，见鸿鹄高飞，援琴作“操”，其声清以淳。《文王操》者，文王之时，纣无道，烂金为格，溢酒为池，宫中相残，骨肉成泥，璇室瑶台，蔼云翳风，钟声雷起，疾动天地。文王躬被法度，阴行仁义，援琴作“操”，故其声纷以扰，骇角震商。《箕子操》其声淳以激。《伯夷操》。

桓谭列举《舜操》《禹操》《微子操》《文王操》《箕子操》《伯夷操》的由来和特点。舜因为德行玄远，天下仰慕，但在做了天子之后，要以天下事情为先，不能像以往那样专心侍候亲人，所以常常心有不安，同时担心自己德行能力有限，不够作为天下表率，因而琴声流露出内心的纯洁高妙和隐隐担忧，构成《舜操》独有的思想内涵。大禹继位之时，面对滔天洪水，心里只有一个念头：如何治理洪水，如何改变其父亲的治水方略，由原来的“堙”变为“导”以及如何“导”，其琴声充满着治水之思，充盈、奔放而深远。微子眼看巍巍商朝即将覆亡，自己空有一腔匡扶国家社稷的情怀而无可奈何，只能看着高飞的鸿鹄，放飞自己的理想，用醇厚清越的琴声，表达纯美的内心世界。周文王鉴于商纣王奢靡无度、残杀骨肉、屠戮忠良的一系列令人发指的恶行，以仁义安抚民众，设立制度，以德服人，内心充满了拨乱反正的浩然正气，所以其琴声激荡，“骇角震商”，流露出解民于倒悬的内心世界，充满着紧迫感和使命感。箕子面对纷扰的现实，依然保持高洁的心境，崇高的人格，其声音清醇激越，高远而无奈，令人向往。

桓谭通过雍门周和孟尝君的对话，具体地论述了琴声与心境的关系。《新论・琴道》云：

雍门周以琴见孟尝君。孟尝君曰：“先生鼓琴，亦能令文悲乎？”对曰：“臣之所能令悲者：先贵而后贱，昔富而今贫，摈压穷巷，不交四邻，不若身材高妙，怀质抱真，逢谗罹谤，怨结而不得信；不若交欢而结爱，无怨而生离，远赴绝国，无相见期；不若幼无父母，壮无妻儿，出以野泽为邻，入用堀穴为家，困于朝夕，无所假贷。若此人者，但闻飞鸟之号，秋风鸣条，则伤心矣。臣一为之援琴而太息，未有不凄恻而涕泣者也。今若足下，居则广厦高堂，连闼洞房，下罗帷，来清风，倡优在前，谄谀侍侧，扬《激楚》，舞郑妾，流声以娱耳，练色以淫目。水戏则舫龙舟，建羽旗，鼓吹乎不测之渊。野游则登平原，驰广囿，强弩下高鸟，勇士格猛兽，置酒娱乐，沈醉忘归。方此之时，视天地曾不若一指，虽有善鼓琴，未能动足下也。”孟尝君曰：“固然。”雍门周曰：“然臣窃为足下有所常悲。夫角帝而困秦者，君也；连五国而伐楚者，又君也。天下未尝无事，不从即衡。从成则楚王，衡成则秦帝。夫以秦、楚之强而报弱薛，譬犹磨萧斧而伐朝菌也。有识之士，莫不为足下寒心酸鼻。天道不常盛，寒暑更进退，千秋万岁之后，宗庙必不血食。高台既以倾，曲池又已平，坟墓生荆棘，狐兔穴其中，游儿牧竖，踯躅其足而歌其上，行人见之凄怆，曰：'孟尝君之尊贵，亦犹若是乎！'"于是，孟尝君喟然太息，涕泪承睫而未下。雍门周引琴而鼓之，徐动宫徵，叩角羽，初终，而成曲。孟尝君遂歔欷而就之，曰："先生鼓琴，令文立若亡国之人也。"

雍门周是齐国人，以善于鼓琴闻名，是著名乐师，是孟尝君的门客。孟尝君田文是齐国宗室，封邑在薛（今山东薛城），任相国，掌握齐国军政大权，是著名的战国四公子之一。孟尝君问雍门周能否通过琴声让自己变得悲伤。雍门周回答说，是否悲伤，和人的地位、心境有关，所谓令人悲伤，是有条件的：那些由贵而贱、由富而贫、住在穷家破院、孤苦伶仃的人，才华过人、品质高尚而被小人谗言诽谤、备受怀疑猜忌的人，无缘无故地背井离乡、远走他乡异国、回家无望的人，早年无父母、中年无妻儿、以洞穴为家的人，只要听到飞鸟的鸣叫、秋风吹过树枝发出的声音，就会悲从中来，伤心不已。他们如果听到我雍门周的琴声，无不涕泪四流！而孟尝君您现在住着高楼广厦，绫罗帷幔层层叠叠，左拥成群美女，右抱成队妖姬，后有乐师鼓手，前有弄臣玩偶；清风徐来，帷幔轻抚，香风阵阵；鼓乐声起，曼舞飘飘，妙音袅袅，听不尽的仙曲，看不完的美景，完全是一副人间仙境；外出更是可以纵情奔驰，张弓射飞鸟，挥斧斩猛兽，置酒高会，醉而忘归；在你的心目中，天下虽大，万物虽多，不过都是自己手中之物罢了，再高明的琴师，再悲凉的琴声也不能让你悲哀。说到这里，雍门周话锋一转，说尽管如此，在你孟尝君的前面还有一个巨大的悲哀等着你，你是避不开的：支持齐国和秦国争着改王为帝、使秦国受辱的是你孟尝君，联合五国攻打楚国的是你孟尝君，齐国声威是扩大了，但是秦国、楚国对你孟尝君的不满也在增加。而目前的天下大事不是合纵就是连横，合纵成功是楚国成为东方各国的领袖；连横成功，则是秦国成为各国老大，他们共同的目标首先是你孟尝君。你孟尝君虽然现在是齐国丞相，但齐国并不是你的齐国，真正属于你孟尝君的只有你的封邑——薛这个小城。到了那个时候，无论是楚国还是秦国对付你一个小小的薛城，就好像用精钢铸造、反复磨砺的斧钺利器砍伐刚刚钻出地面的蘑菇一般容易！有识之士想到你孟尝君的这个结局，个个酸鼻，人人落泪！想象那个时候的场景吧：没人给你上贡品，现在的高楼大厦将变为一片废墟，成为狐狸野兔的安乐窝和牧童放羊的游戏场。此情此景，凡是路过的人抚今追昔，想着孟尝君您昔日的辉煌和尊贵，难免感叹这就是孟尝君的故居吗？孟尝君会有这个凄凉的结局吗？叹人生无常，唯有凄凉的结局不变！孟尝君听后，不知不觉间，热泪盈眶。雍门周趁机援琴轻抚，随着凄苦的琴声在手指间缓缓流出，孟尝君潸然泪下，说：你的琴声真的把我变成亡国之人了。

桓谭所云属于寓言性质，雍门周和孟尝君之间是否有过这一段对话、对话内容是否如桓谭所述、我们现在看到的内容是否是桓谭原本，都不可考述，也不必深究。我们要理解的是桓谭借这个故事所表达的音乐思想，即音乐与心境、际遇的关系，音乐的功能。

桓谭对琴的由来以及功能的解读，无疑是将音乐政治化和道德化了，和先秦儒家礼乐思想是一脉相承的。但是，结合桓谭的仕途来说，桓谭的论述是有着自高的成分在内的，而这种自高，又有着儒生以道自载的成分在内，表达了对先贤品格和政治的向往，实际上从一个侧面批评现实不合圣道！

因为《新论》原书已佚，我们只能对桓谭思想作出大概的叙述。

就目前而言，桓谭的思想主张是有历史局限性的，如以其最光辉的形神论来说，就有着明显的认识上的不足。虽然明确主张形亡神灭、神依形而存，但认为神“居”于形内，没有意识到一个“居”字等于将“形”“神”两分，而为论敌提供了反辩的机会。这个问题直到范缜才给予科学的解决。又比如琴的发明，是伏羲“上观法于天，下取法于地，近取诸身，远取诸物，于是始削桐为琴，绳丝为弦，以通神明之德，合天地之和焉”的结果。尽管把发明归结于先贤往圣是古人普遍的思维方式，是为了说明琴的高雅和功能的独特，属于夸饰之语，但是这种天人合一式思维，人事附会神明，又为谶纬迷信留下了空间。这些都是历史局限性。限于当时的知识基础，桓谭已经达到了其同代人可能达到的认识顶峰，我们不能苛责于古人。

除了上举具体思想主张不同于流俗之外，桓谭的最大特色就是保持学术的独立性，继承传统而不墨守成规，参与现实而不折节迎合，用考察的眼光分析历史、评论现实、针砭时弊，不为富贵折腰，不向权力低头，坚守做人底线，在可能的条件下保持人格的独立性，无疑是当时知识界的清流。

四　《新论》的成书与流传

桓谭一生，著述甚多。《后汉书・桓谭传》云：“初，谭著书言当世行事二十九篇，号曰《新论》，上书献之，世祖善焉。《琴道》一篇未成，肃宗使班固续成之。所著赋、诔、书、奏，凡二十六篇。”即除了《新论》之外，还有“赋、诔、书、奏”26篇。“赋、诔、书、奏”是指四种文体：赋是文学作品，桓谭早年曾随扬雄学习写赋，后来意识到自己专长不在文学创作，转而研究儒学；诔相当于现在的悼词，总结死者一生行迹并给予相应的评价；书是某一方面的专门著作；奏是奏章。所有这些，现在能看到的只有《新论》辑本和保存在《后汉书·桓谭传》中的《陈政事疏》，其他全部失传，仅有书名和篇名流传下来。

《新论》29篇，李贤注“二十九篇”云：“《新论》一曰《本造》，二《王霸》，三《求辅》，四《言体》，五《见征》，六《谴非》，七《启寤》，八《祛蔽》，九《正经》，十《识通》，十一《离事》，十二《道赋》，十三《辨惑》，十四《述策》，十五《闵友》，十六《琴道》。《本造》《闵友》《琴道》各一篇，余并有上下。《东观记》曰：光武读之，敕言卷大，令皆别为上下，凡二十九篇。”①从内容和汉人著述习惯看，《新论》应是光武帝建武后期成书。光武之前，桓谭思想尚未成熟，生活一直处于动荡之中，还缺少人生体悟，不存在写书的条件。所以，从历史逻辑上判断，建武初年，桓谭的主要经历是分析时事，在上书刘秀不被采纳、仕途难有大作为的情况下，才集中精力写作，主体部分完成之后，名为《新论》，最后写《琴道》篇，没能写完，章帝时由班固续写。不过，班固是按照桓谭的思路续写《琴道》，后人所见《琴道》思想还应视为桓谭思考的结果。范晔用以点带面的方式记述桓谭一生行迹，所谓“初，谭著书言当世行事二十九篇，号曰《新论》”之“初”是曾经的意思，即在桓谭和刘秀讨论谶纬决定明堂选址、被贬之前，曾经写有《新论》之书。

《新论》篇名，是该篇思想的概括，所谓《本造》，言著书之意，造作之旨，类似于全书总序。《王霸》论皇、帝、王、霸治国思想的差别，阐明儒家尊王贱霸的政治思想。《求辅》论述君主当求贤才辅佐，阐明为政者考察、使用贤才的重要性。《言体》说明为政的首要任务是了解大政方针，要把握“大体”，大体即政治纲领和基本策略。《见征》一作《见微》，征的繁体字徵与微形近，二者均通，本书沿用旧辑，仍作《见征》。《谴非》总结历史经验教训，批评君主的失

---

① 《后汉书》卷28上《桓谭传》，第961页。

误及王莽为政之非。《启寤》启发人们思考，体悟正确道理。《祛蔽》辨析思想上、认识上的偏蔽。《正经》辨证儒家经典，辨证经学上的错误认识。《识通》讨论要对历史人物一分为二，具体情况，具体分析，说明那些所谓才干超群、知识渊博的人所存在的不足。《离事》辨析人云亦云的古今事件。《道赋》论述赋的写作方法及创作故事。《辨惑》辨析世俗上的一些迷惑认识，驳斥社会上流传的长生不老鬼神迷信的传说。《述策》记述历史上的重要策略。《闵友》怀念故友、故人之作。《琴道》记述琴的历史、制作、寓意故事等，是未完之作，章帝令班固续写。

桓谭出身官宦之家，自幼混迹于朝廷显宦之间，目睹了达官显贵的骄奢淫逸，经历了两汉间的王朝兴衰，所著《新论》的主旨是总结历史经验教训，给刘秀集团提供治国的理论参考，其文其书，先传播于上层社会，而后流向民间，在魏晋南北朝时期广为流传，为当时的文学家、史学家、思想家广泛引用，直到唐朝尚存完本，李贤注《后汉书》时就曾读过全书。但是，随着类书编纂的兴起，《新论》即处于被肢解的过程之中，其深刻之论被类书如《群书治要》《北堂书钞》《艺文类聚》所节录，帝王显宦们使用起来更加方便，至于原本构成、逻辑体系，人们关注的越来越少，逐步散佚就成为历史的必然，大约到北宋，《新论》完本在社会上就很少见到了。

清朝屡兴文字狱，文人学士既不敢议论现实也不敢阐发古人思想，唯恐稍有不慎，招来灭门之灾。于是“汉学”兴起，钩沉索隐，辑佚补缺，成为士人的无奈选择并成为风尚，《新论》之书始为学人所重。按清朝《新论》辑本有两种刊行本：一是孙冯翼辑本，不分卷，刊于《问经堂丛书》第三函，嘉庆七年(1802 年)刊，为中华书局《四部备要》收录；一是严可均辑本，分为三卷，见严可均辑《全后汉文》第十三至十五卷。严可均根据自己理解，按照李贤所列篇章，分类排比，系于各篇目之下，可窥其基本体系。和孙冯翼辑本比较，严本辑录较全，条理清楚。1977 年，上海人民出版社将严辑本点校出版，并补辑严辑本所遗漏十余条，是为第一个《新论》点校本。台湾学者董俊彦对严辑本予以校补，作为《桓谭研究》一书的附录于 1986 年由台北文史哲出版社印行，有助于全面了解各种古籍摘录的异同，补充了上海人民出版社本的不足，但是，内容、篇目仍然遵循严辑本。这是客观条件使然。各家摘录《新论》之文，根据著述，各取所需，又不注明摘自何篇，或谓桓谭《新论》，或仅云桓谭之言，要准确系于《新论》具体篇目之下，难度可想而知。其引录比较完整者，尚有线索可寻；其只言片语、旨趣不明者，所系只能臆测，故语义残断、难明篇目者所在多有，更无法推知原貌。鉴于孙、严之不足，今人朱谦之、吴则虞先生予以重新整理。朱谦之先生在孙、严辑本基础上，遍检古籍，补充孙、严辑本的缺漏，按照原篇目顺序，调整部分内容，成《新辑本桓谭新论》，作为中华书局新编诸子集成的一种，于 2009 年出版，是为《新论》最新整理本。吴则虞先生按照现代学术理念，根据《新论》辑本及其他文献所记桓谭事迹、奏疏等，打破《新论》原来结构体系，将内容重新分为《天文》《形神》《政制》《人物》《学术》《音乐》《杂事》《自叙》《附编》九卷；著《桓谭〈新论〉》一书，由社会科学文献出版社于 2014 年出版，是了解桓谭思想体系的重要参考书。

五 《新论》的历史影响

上已指出，刘秀以重儒著称，除了重用“文吏”之外，经常和群臣讨论经学，无论是宗室贵族子弟还是朝中显宦，都要研习经书，因而朝廷上下，一片重视经学风气。桓谭身为议郎，参与论议，是其本职，自然发挥所长，著书立说，《新论》就是在这一时代背景下成书的。完成之后，首先是献给刘秀，刘秀“称善”，迅速流传开来。

尽管因为其“非毁俗儒”和不愿意无原则地迎合权势而受到排挤，刘秀也不予重用，其思想对当时政治影响有限，但是其社会影响则远在那些“宿儒”之上，深刻地影响当时和后世的学术，受到具有独立思考精神和学术见解的思想家的尊敬。东汉著名思想家王充对桓谭就推崇备至，受桓谭影响最为直接。

王充是会稽上虞人，生于建武三年(27 年)，卒于和帝永元三年至八年(91—96 年)之间，王充年轻时曾“受业太学”，“家贫无书”，“常游洛阳市肆，阅所卖书，一见辄能诵忆，遂博通众流百家之言。后归乡里，屏居教授。仕郡为功曹，以数谏争不合去”。① 王充生在东汉前期，其时社会稳定，经济发展，民生保障，但是儒学政治化较西汉更加严重，完全成为政治工具，儒生既不专心于儒学，也不关心现实问题，而是滋滋于功名利禄。王充起自民间，知道基层民众疾苦，了解地方政府施政、官僚素质对农民生产生活的影响，极为关注现实，对儒家学说与现实的关系尤其注意，因而，虽然出身细微，仍然立志于学而优则仕之路。但结果，到了太学，发现太学并非想象的学术场所，而是个名利场，经师们翻来覆去传授的就是自己的那点东西，而且门户之见顽固，抱残守缺，党同伐异，并不能学到自己想学的东西，因而只好到市肆书摊上读书求学，极大地拓宽了视野，丰富了认识，才知道世间知识远非官方所传那么一些，官学存在着诸多荒诞之说，从而形成特立独行的人格和自己的学术体系。但是，因为王充之学和官场之术距离太远，所以其入仕报国的志向只能存留在理想之中，最大的官就是做个郡功曹，相当于现在人事厅长吧，尽管在现代人眼里已经不低了，但并非王充的目的，不久被迫离职，回乡授徒著述终生，有《讥俗》《政务》《养性》《论衡》诸书，其《论衡》流传至今，其《讥俗》《政务》《养性》逐渐散

---

① 《后汉书》卷 49《王充传》，第 1629 页。

佚，部分内容反映在《论衡》书中。

王充受业太学时，桓谭早已誉满京城，王充在太学和市肆所读之书就有《新论》，对俗儒的批评，对历史人物的臧否，对经学的卓越见解，对人情世故的分析，特别是对当时流行的谶纬迷信、神仙思想的批判，对年轻的王充来说，无不产生巨大的吸引力，也深刻影响着王充的思想和观点。而随着年龄的增加，阅历的丰富，特别是仕途受阻，王充对俗儒、文吏、迷信、官场弊端的认识越来越深刻，也愈能深入桓谭的内心世界，对桓谭越加崇敬，认为桓谭是汉代真正的鸿儒，正订是非，辩解虚妄，远在扬雄、刘向、刘歆之上。《论衡·超奇》云：

> 夫通览者，世间比有；著文者，历世希然。近世刘子政父子、扬子云、桓君山，其犹文、武、周公并出一时也，其余直有，往往而然，譬珠玉不可多得，以其珍也。故夫能说一经者为儒生，博览古今者为通人，采掇传书以上书奏记者为文人，能精思著文连结篇章者为鸿儒。故儒生过俗人，通人胜儒生，文人逾通人，鸿儒超文人。故夫鸿儒，所谓超而又超者也。以超之奇，退与儒生相料，文轩之比于敝车，锦绣之方于缊袍也，其相过远矣。

周文王、周武王、周公是后人心中贤圣之君，刘向、刘歆、扬雄、桓谭是汉家大学者，四人同处于一个时代，就像周文王、周武王、周公三人同处一个时代一样。刘氏父子、扬雄、桓谭是当时思想界四颗巨星，都能“精思著文连结篇章”，和普通儒生相比，其差距犹如“文轩之比于敝车，锦绣之方于缊袍也，其相过远矣”。但是扬雄和刘氏父子与桓谭相比，还有差距。《论衡·乱龙》云：

> 刘子骏掌雩祭，典土龙事，桓君山亦难以顿牟、磁石不能真是，何能掇针、取芥，子骏穷无以应。子骏，汉朝智囊，笔墨渊海，穷无以应者，是事非议误，不得道理实也。

刘子骏即刘歆，掌管祭祀求雨典礼，亲自制作土龙，以为土龙可以致雨。这本是当时流行做法，认为土龙虽然不是真龙，但可以让真龙知道人在求它，让真龙明白人间缺雨，被感动之后，就会降雨。桓谭曾批评此举荒诞，假的就是假的，假的不能起到真的作用，顿牟(即玳瑁)可以吸取细小之物，磁石能吸铁屑，是因为是真的顿牟、磁石，自身有这个功能。假的顿牟、磁石，做得再像，也是假的，也没有真的功能。王充认为，刘歆虽然有“汉朝智囊，笔墨渊海”之誉，但是“事非议误”，不如桓谭。

王充认为桓谭有知人之明。《论衡·超奇》云：

> 王公子问于桓君山以扬子云。君山对曰：“汉兴以来，未有此人。”君山差才，可谓得高下之实矣。采玉者心羡于玉，钻龟者知神于龟。能差众儒之才，累其高下，贤于所累。又作《新论》，论世间事，辩照然否，虚妄之言，伪饰之辞，莫不证定。彼子长、子云说论之徒，君山为甲。自君山以来，皆为鸿眇之才，故有嘉令之文。笔能著文，则心能谋论，文由胸中而出，心以文为表。观见其文，奇伟俶傥，可谓得论也。由此言之，繁文之人，人之杰也。

王公子问桓谭、扬雄才华如何，桓谭回答说扬雄是“汉兴以来，未有此人”。王充认为桓谭的这个评论(“差才”即区分才干高下的意思)准确，“得高下之实”。若“论世间事，辩照然否，虚妄之言，伪饰之辞”，则桓谭又在司马相如、扬雄之上。《新论》就是一部“论世间事，辩照然否，虚妄之言，伪饰之辞”的大制作，经过《新论》的“辩照然否”，那些“虚妄之言，伪饰之辞”的虚妄之处一一暴露无遗——“莫不证定”。王充认为，司马相如、扬雄、桓谭三人，以辨伪求真而论，桓谭第一。

当时学界将流传之书分为“作”和“述”两类，所谓“作”即制定理论原则、道德规范、施政纲领。所谓“述”就是通过事实的记叙展现圣人主张的实行情况，以总结经验和教训。“作”是圣人之事，“述”是贤人之事。王充认为，桓谭的《新论》既不属于“作”也不属于“述”，而是属于“论”。“论文以察实”，“论”的特点是辩论是非，针对各种流行观点看法，辨明对错。《论衡·对作》云：

> 或曰：圣人作，贤者述。以贤而作者，非也。《论衡》《政务》，可谓作者。曰：非作也，亦非述也，论也。论者，述之次也。五经之兴，可谓作矣。《太史公书》、刘子政《序》、班叔皮《传》，可谓述矣。桓君山《新论》、邹伯奇《检论》，可谓论矣。

“圣人作，贤者述”，“作”的代表有五经，“述”的代表有《太史公书》即《史记》，刘向的《新序》、班彪的《史记后传》也属于“述”。桓谭《新论》属于“论”，是专门辨别是非黑白、“辩照然否”之书。之所以要作《新论》是时势使然。《论衡·对作》云：

> 圣人作经，贤者传记，匡济薄俗，驱民使之归实诚也。案《六略》之书万三千篇，增善消恶，割截横拓，驱役游慢，期便道善，归正道焉。孔子作《春秋》，周民弊也。故采求毫毛之善，贬纤介之恶，拨乱世，反诸正，人道浃，王道备，所以检押靡薄之俗者，悉具密致。夫防决不备，有水溢之害；网解不结，有兽失之患。是故周道不弊，则民不文薄；民不文薄，《春秋》不作。杨、墨之学不乱儒义，则孟子之传不造；韩国不小弱，法度不坏废，则韩非之书不为；高祖不辨得天下，马上之计未转，则陆贾之语不奏；众事不失实，凡论不坏乱，则桓谭之论不起。故夫贤圣之兴文也，起事不空为，因因不妄作。作有益于化，化有补于正，故汉立兰台之官，校审其书，以考其言。

“圣人作经，贤者传记”的目的是“驱民使之归实诚”，是因为现实缺少“实诚”。孔子作《春秋》的目的是“周民弊”，之所以“采求毫毛之善，贬纤介之恶”就是要“拨乱世，反诸正”，使“人道浃，王道备”。孟子主张仁政，四处宣扬其理论，就是因为有杨朱之学、墨翟之论扰乱人心，混淆是非。如果不是韩国弱小，法度破坏，韩非也不会著书立说。汉高祖以武力夺得天下也要以武力治理天下，引起究竟是“马上之计”治国还是以仁义德政治国的讨论，于是有了陆贾的《新语》。桓谭为什么要写《新论》？是因为社会上流传着许许多多违背圣人之道、违背生活常识、早已被圣人和生活经验已有知识证明是错误的看法，人们颠倒黑白、积非成是，危害一天大于一天，所以作《新论》。《新论》之作，就像“贤圣之兴文”一样，“起事不空为，因因不妄作”，其褒贬善恶、明辨是非，在汉代地位来说，桓谭在董仲舒之上。《论衡·案书》云：

仲舒之言道德政治，可嘉美也。质定世事，论说世疑，桓君山莫上也。故仲舒之文可及，而君山之论难追也。

从思考问题的方法和影响来说，桓谭作《新论》和孔子作《春秋》的学术理路相同。《论衡·案书》云：

案孔子作《春秋》，“采毫毛之善，贬纤介之恶”。可褒，则义以明其行善；可贬，则明其恶以讥其操。《新论》之义，与《春秋》会一也。

将《新论》和《春秋》等量齐观，对桓谭评价不可谓不高。

王充不仅在学术上推崇桓谭，在能力上，认为桓谭具有宰相之才。《论衡·定贤》云：

世间为文者众矣，是非不分，然否不定，桓君山论之，可谓得实矣。论文以察实，则君山汉之贤人也。陈平未仕，割肉闾里，分均若一，能为丞相之验也。夫割肉与割文，同一实也。如君山得执汉平，用心与为论不殊指矣。孔子不王，素王之业在于《春秋》。然则桓君山不相，素丞相之迹存于《新论》者也。

“素王”是指没有王的权力但在人们心目中享受着王的威权的人。孔子生前潦倒，但在后世学者心目中比那些帝王更有影响力，是真正的圣王。桓谭虽然没有当过丞相，但论学问论才干论品质，完全可以和陈平相提并论，是一个没有丞相地位但比丞相更加受人尊敬、有着更大影响的人，“挟桓君山之书，富于积猗顿之财”，一部《新论》，足以傲视海内！

在中国古代思想史上，王充是最富于批判精神的思想家，订是非、疾虚妄、说常理、明常识，用身边日常生活知识、平时的切身感受，驳斥各种奇谈怪论、歪理邪说，是王充的思想特点。反对天人感应、反对鬼神迷信、否定长生不死、主张今胜于昔的历史观以及对经学家们神化孔子的批判，是王充思想的根本主张，具有鲜明的朴素唯物主义的历史属性。所有这些，都受到桓谭的影响。如王充认为天就是一个自然的客观存在，没有意志，和人世变换没有关系，什么符瑞、灾异、风水、占卜、祭祀、魇胜、解除、遣告、求雨、拜龙等等，都是荒诞无稽之说。“天道无为，故春不为生，而夏不为长，秋不为成，冬不为藏。阳气自出，物自生长；阴气自起，物自成藏”。① 天地生万物，是个自然的过程，不存在一个最高主宰在那里有意地安排，天道和人事没有任何的联系，不存在天人感应的问题，“人不晓天所为，天安能知人所行？”②“人不能以行感天，天亦不随行而应人”。③ 这就从根本上摧毁了天人感应的神学依据。针对流行的求雨止雨的种种方术，王充批评说：“久雨不霁，试使人君高枕安卧，雨犹自止。止久至于大旱，试使人君高枕安卧，旱犹自雨。何则？旸极反阴，阴极反旸。”④至于天气寒冷和变暖与政治更是没有任何关系，没有任何神秘意志，天根本不会遣告人哪些能做哪些不能做，“夫天道，自然也，无为。如遣告人，是有为，非自

① 《论衡·自然》，北京大学历史系《论衡》注释小组：《论衡注释》，中华书局，1977 年（下同），第三册（下同），第 1038 页。

② 《论衡·变虚》，第一册，第 275 页。

③ 《论衡·明雩》，第三册，第 871 页。

④ 《论衡·顺鼓》，第三册，第 901 页。

然也”。① 至于什么凤凰麒麟等吉鸟瑞兽根本就是谎话:“人不能知鸟兽,鸟兽亦不能知人,两不能相知。”②祭祀选择黄道吉日更是可笑之举,“百祀无鬼,死人无知。百祀报功,示不忘德。死如事生,示不背亡。祭之无福,不祭无祸。祭与不祭,尚无祸福,况日之吉凶,何能损益?”③祭祀不过表示生者对死者的怀念、对大自然的感恩,和祸福没有任何关系,但是人们总是认为祭祀可以求得幸福。果真如此,农民就不需要努力农耕,商人也不需要走南闯北贱买贵卖去赚钱,帝王们也不需要去学习圣王之道去励精图治,只要专心祭祀就是了,“如祭祀可以得福,解除可以去凶,则王者可竭天下之财,以兴延期之祀,富家翁妪可求解除之福,以取逾世之寿”④。道理如此简单明了,但是世上就是有人执迷不悟,继续做那些愚蠢荒唐的事情。

以天命观为基础,王充对人死之后灵魂是否存在也就是形神关系问题作出自己的分析。认为“人,物也,禀天地阴阳之气而生”,从这个基本点出发,王充论证人的生死关系,指出人的生死是一个自然过程,生不能成仙,死不能成鬼。有生才有死,生死是辩证统一体,世界上没有生才没有死,只要有生就有死。世间万物,只有天地没有生,也就没有死,其他都有生死。王充从元气本原论的前提出发,认为“人之所以生者,精气也,死而精气灭。能为精气者,血脉也。人死血脉竭,竭而精气灭,灭而形体朽,朽而成灰土,何用为鬼?”⑤精气由肉体产生,肉体腐朽死亡,精气自然消失。人们不理解这个道理,认为人有灵魂,人死之后,肉体归于大地,灵魂

---

① 《论衡·遣告》,第二册,第 827 页。
② 《论衡·指瑞》,第三册,第 980 页
③ 《论衡·讥日》,第四册,第 1359 页。
④ 《论衡·解除》,第四册,第 1438 页。
⑤ 《论衡·论死》,第三册,第 1185 页。

在天地间飘荡，认为世上有鬼神。王充用火的生灭现象说明人死不能复生的道理。“天地之性，能更生火，不能使灭火复燃；能更生人，不能令死人复见”，“人之死，犹火之灭也。火灭而耀不照，人死而知不惠，二者宜同一实”，“人病且死，与火之且灭何以异？火灭光消而烛在，人死精亡而形存。谓人死有知，是谓火灭复有光也”。王充风趣地说，如果人死之后真的变成鬼，现实世界也就不成其为人的世界，而成为鬼的世界，“计今人之数，不若死者多。如人死辄为鬼，则道路上，一步一鬼也”。[①] 那么人们为什么会认为世界上有鬼呢？而且有的人以自己亲身经历说得活灵活现？王充认为一方面是受了既有观念的影响，另一方面是对各种现象不理解，更主要的是因为“人病则忧惧，忧惧则鬼出”。人生病以后，害怕死亡，就疑神疑鬼，“畏惧则存想，存想则目虚见”。[②] 病重之时，内心恐惧，受平时各种观念影响，出现各种幻觉，就会出现逝去家人的幻象，把幻象当真实，就以为鬼是真的存在。所有这些辉煌的思想观点，都可以看见桓谭的身影。王充对桓谭评价如此之高，就是因为认同、接受、发展了桓谭的思想主张。

东汉以降，《新论》广为流传，无论是文史学者、经学家，还是释道传人，对《新论》多有引用。如郦道元之《水经注》、刘勰之《文心雕龙》、颜之推之《颜氏家训》、僧佑之《弘明集》、道宣之《广弘明集》等等，都广泛关注，或者引以为理论依据，或者以之为注释历史的典籍。至唐代，诸多内容被收入类书之中，方便学者们使用。各家各派，各取所需。这透露两个信息：一是《新论》内容“杂”，因为“杂”，和官方意识形态存在距离，不为官方重视；又因为对达官显贵们的价值观念和生活方式多有批评，也不为那些所谓的正统士

① 《论衡·论死》，第三册，第 1191、1195、1189 页。

② 《论衡·订鬼》，第三册，第 1273 页。

大夫们所珍视，仅仅是以实用主义的态度视之为“致用”之书。二是从魏晋时期开始，《新论》就一直处于被肢解的过程中。而在以简牍为载体的时代，错简本来就经常发生，摘录者如果不注意文本的完整性，散佚在所难免。由此，可以推论，唐代以后，《新论》逐渐散佚。但是，《新论》完本虽然不存，桓谭思想依然影响着此后思想的进程。

用现代学术眼光研究桓谭，以笔者所见，始于20世纪50年代，由侯外庐先生首开端绪。侯外庐先生在《中国思想通史》第二卷讨论王充“异端”思想渊源时，首次分析了桓谭的思想特征，揭示了桓谭对王充的影响①。从此以后，桓谭作为个性鲜明、见解卓越的思想家才正式被纳入思想史、哲学史研究者的视野。孙叔平先生《中国哲学史稿》、祝瑞开先生《两汉思想史》等哲学史、思想史著作列有桓谭专章，苏诚鉴先生《桓谭》一书是以流畅笔法叙述桓谭生平、思想的第一部著作。钟肇鹏、周桂钿先生的《桓谭王充评传》是大陆学者第一部全面系统论述桓谭生平事迹和思想的著作。台湾学者董俊彦先生《桓谭研究》在系统分析桓谭思想如政治、军事、教育、音乐以及人物评价思想的同时，以上海人民出版社出版的严辑本为底本，详细校勘《新论》。吴则虞先生的《桓谭〈新论〉》则是第一部按照现代学术理念对《新论》辑本进行重新分类的专著，对于了解桓谭对相关问题的论述方便许多。安徽大学桓谭《新论》注释小组的《桓谭及其新论》则是第一部也是迄今为止唯一的《新论》选注之作。

---

①　侯外庐：《中国思想通史》第二卷，北京：人民出版社，1957年，第248-312页。

六　如何阅读《新论》

传世《新论》因是辑本，语句残断，涉及内容广泛，理解起来颇有困难，因此阅读《新论》、了解其思想的历史价值，首先要了解两汉转折的历史过程，了解桓谭生活的时代，把握西汉末、东汉初知识分子命运和价值观的变迁，把握桓谭的价值追求，才能对《新论》在中国文化史上的地位有准确把握。

桓谭生活的时代，是儒家学说对政治影响最为全面、最为深刻的时期，也是儒生仕途最为通畅的时期。西汉从元帝开始进入真正意义上的独尊儒术时期，重用、优待儒生，儒生"能通一经者皆复"，就是免除徭役赋税。太学"设员千人，郡国置《五经》百石卒史"。到成帝末年，"或言孔子布衣养徒三千人，今天子太学弟子少，于是增弟子员三千人"。① 王莽依靠儒生抬高身价，秉政之后向儒生开放仕途，"起明堂、辟雍、灵台，为学者筑舍万区，作市、常满仓，制度甚盛。立《乐经》，益博士员，经各五人。征天下通一艺教授十一人以上，及有《逸礼》、古《书》、《毛诗》、《周官》、《尔雅》、天文、图谶、钟律、月令、兵法、《史篇》文字，通知其意者，皆诣公车。网罗天下异能之士，至者前后千数"②。无论是今文经还是古文经，无论何门何派，莫不蜂拥而至，匍匐于王莽脚下。史称"王莽居摄篡弑之际，天下之士，莫不竞褒称德美，作符命以求容媚"③。"求容媚"的目的就是官禄，为了利禄，放弃人伦底线，不顾道德操守，制造符命、制造谎言，为王莽歌功颂德，把刘汉王朝曾经给过他

① 《汉书》卷88《儒林传》，第3596页。
② 《汉书》卷99上《王莽传上》，第4069页。
③ 《后汉书》卷28上《桓谭传》，第956页。

们的好处完全抛到九霄云外！因此之故，刘秀对症下药，一方面对儒生广开仕途，一方面严格“吏化”儒生，不合格者立即罢黜；同时亲执经筵，把儒生们的思想统一到汉家统治的轨道上来，重新树立汉家统治的神圣性！儒生们为了利禄，自然是唯刘秀马首是瞻，不再分析现实、批评现实。而桓谭则是一个另类，不是一味地顺从刘秀，时时不忘分析现实、批评现实的责任，对刘秀利用谶纬神化汉家统治的作为持批评态度，以至于在朝堂之上公开顶撞刘秀，落得个悲剧性的下场！这对于桓谭固然是悲剧，但是就学术而言，则给我们留下了时代的正义之声，体现了一个思想家的操守！

思想的价值就在于对历史、对现实、对人生的分析批判，反思自己，反思社会，以天下为己任。早年的桓谭，因其家世，游走于达官显贵之间，出入于宫廷之中，也曾醉心于文学创作，也曾想以其才艺扬名立万；在经历了时代巨变，看到王莽在复古旗号下的“新政”给社会带来的灾难，看到众多儒生对王莽的阿谀奉承，才反思儒学与现实政治之间的关系，才反思自己的追求，而有了批评现实的勇气，希望刘秀以王莽为鉴戒，认为重视儒学、重视儒生是对的，但不能相信谶纬迷信。上已指出，桓谭早年还没有怀疑、否定谶纬的自觉，曾经受命宣传王莽的功德，直到王莽完全暴露其贪婪虚妄的本质之后，才逐步地疏远王莽、批评王莽，承担起思想家的责任，反思自己的学术与行为，分析历史经验教训。这在儒生们纷纷怀携图书、云集太学、峨冠博带、醉心于皇恩温暖的时候，是十分难能可贵的。这是阅读《新论》要注意的第一点。

其次，注意《新论》的求实创新性，用常识、常理，从实践层面分析流行的思想观念。桓谭把自己的《新论》和陆贾《新语》、刘向《新序》相提并论，其“求新”意识突出。陆贾《新语》主旨是总结秦朝灭亡教训，阐述新的治国之道，宣传儒家仁政德治和黄老无为思想，是刘邦集团闻所未闻之论，故名为《新语》。刘向《新序》系统总结学术思想，提出自己观点，在今文经学笼罩一切的情况下，具有开学术风气之新的特点。也就是说陆贾和刘向的“新”是因为他们所谈的问题都是当时知识分子没有谈过的话题，而桓谭《新论》所谈的内容都是当时士人普遍关注的话题，如赋的创作、琴的由来和功能、谶纬学说、神仙思想、天人关系、形神关系等等。桓谭的“新”则是对这些流行观念从日常生活体验和生活知识方面提出批评，提出自己的新见解。如盖天说和浑天说，桓谭通过日影变化，说明盖天说不成立；从眼见为实的日常生活常识出发，质疑龟鹤长寿；以烛火为喻论证形神关系；通过汉高祖相信天命、讳疾忌医的事实以及历史上一个又一个迷信长生而导致短命的事实，说明天命观念、长生不老的荒诞。所有这一切，就具体观点内容来看，在科学昌明的今天，已经不证自明，没有什么深刻之处，但在当时来说，无疑充满着创新性。而从方法论来说，桓谭从常理、常识、常情观察问题、分析问题则无疑有着现实意义。

现代社会依然存在诸多违背常理、常识、常情的行为和观念，如在弘扬优秀传统文化的旗帜之下，大力提倡忠孝之道，把传统纲常伦理编成什么“新三字经”、“新弟子规”灌输给中小学生；提倡传统妇道、要求女性严守三从四德甚至把“女四书”搬出来宣讲；把传统风水迷信披上科学的外衣以什么科学预测、实现人与自然和谐的名义大加宣传，认为是中国古代的科学发现。更有甚者，有所谓的专家学者、理论家认为中国传统文化才是引领世界文化发展的正确选择！很显然，只要从常理、常识、常情的角度对这些主张稍加分析，就不难发现其荒诞和可笑，是违反历史发展规律、违反科学原则的虚妄之论。遗憾的是，人们眩于那些高大上的宣传光环，往往忽视这些体现在日常生活中的常理、常识和常情，忘记了分析而后信的常识。这一点，是要向桓谭学习的。

七　点校说明

一、本书以严可均辑《全后汉文》之《新论》为底本，综合上海人民出版社标点本、台北文史哲出版社董俊彦《校补》本、中华书局朱谦之《新辑本》，参考社会科学文献出版社吴则虞整理本，在参考学界研究成果的基础上，按照严可均辑本篇目顺序，调整内容，重新标点、分段。为便于理解文意，语义不连之残文短句，编为附录，置于书尾，以备检索。

二、根据丛书体例要求，注释简明扼要，通俗易懂，不作考证。只在必要的情况下，涉及历史典故人物时，作出必要说明，因而注释内容繁简不一。

三、散见于各种典籍的《新论》原文，或者因为抄录者的笔误，或者因为所见原文的不同，或者因为摘录者只求文意一致不注意字词的差别，字词之异，所在多有，各家辑本已经一一校出，本书为免重复不再一一出校，择善而从，读者可根据书尾所附参考书以求其详。

四、书末附有《后汉书・桓谭传》、主要参考资料，以便读者了解桓谭事迹及现代学者研究状况。

《新论》注释

本造第一

秦吕不韦请迎高妙，作《吕氏春秋》①。汉之淮南王聘天下辩通，以著篇章②。书成，皆布之都市③，悬置千金，以延示众士④，而莫能有变易者，乃其事约艳，体具而言微也⑤。贾谊不左迁失志，则文彩不发⑥。董仲舒专精于述古，年至六十余，不窥园中菜⑦。淮南不贵盛富饶，则不能广聘骏士，使著文作书⑧。太史公不典掌书记，则不能条悉古今⑨。扬雄不贫，则不能作《玄》《言》⑩。谭见刘向《新序》⑪、陆贾《新语》，乃为《新论》⑫。

［**注释**］①吕不韦：生年不详，卒于公元前235年。其籍贯有两说：《战国策·秦策五》谓河南濮阳人，今河南濮阳市西南；《史记·吕不韦列传》谓阳翟人，今河南禹州市。商人出身，因帮助在赵国当人质的秦国王子异人当上秦王，即庄襄王（前249—前247年在位），任丞相，封文信侯，食邑洛阳十万户。庄襄王死，其子嬴政年少继位，吕不韦为相国，称仲父，掌握秦国军政大权。执政期间，吕不韦积极推进统一进程的同时，招来士人三千多人，组织编撰《吕氏春秋》，作为治国指导理论。嬴政亲政以后，吕不韦被免官、削爵、赐死。

②淮南王：刘安，刘邦少子淮南王刘长之子。文帝时，刘长自恃与汉文帝刘恒关系密切，骄横不法，被废自杀。文帝封刘安为淮南王，封邑六安（今安徽六安市）。刘安喜好文学，招集士人，编写图书，分为外篇、内篇、中篇，外篇即传世的《淮南子》，又称《淮南鸿烈》，从道家角度分析历史和现实，表达其对汉武帝独尊儒术的不满，实际上在淮南国形成了一个以新道家思想为核心的政治集团，后以谋反罪被诛。中篇、内篇是各种长生不老、炼丹成仙的方术，称为《淮南枕中书》，后失传。聘天下辩通：即聘请天下学问渊博、知识通达、明辨是非的人。　③都市：都城中的市场，这里指城中人流密集的地方。　④延：邀请，展开。示：公布。延示众士：公示全文，邀请士人纠正错误。《史记·吕不韦列传》载吕不韦将新编《吕氏春秋》书稿悬挂咸阳市门，旁边放置黄金，布告天下，能改动一字者，给予黄金千斤，结果无人更改一字。这是成语“一字千金”的由来。淮南王刘安没有“布之都市，悬置千金，以延示众士”的举动，桓谭这样说是为了增强自身说服力，也许另有所据。　⑤约：简约。艳：文字优美。体具：完备的编纂体例。言微：含义精深的语言。这句意思是说：人们不能改变，是因为这两部书有充分的依据、完备的思想、系统的体例、微妙的语言、深刻博大的道理。　⑥贾谊：西汉前期政论家，洛阳人，年少高才，学通诸子，汉文帝时召为博士，升太中大夫，上书陈述时弊，建议汉文帝改正朔、易服色、兴礼乐、削弱诸侯王国势力，抑制私营工商业，重视解决工商业主兼并农民问题，深得文帝赏识，但遭到元老重臣排挤，出任长沙王太傅，转任文帝少子梁怀王太傅，抑郁不得志，曾作《吊屈原赋》《鹏鸟赋》等抒发愤懑之情，名重一时。其《过秦论》为千古名篇，自名其文集为《新书》。公元前169年，梁怀王坠马而死，贾谊认为是自己没尽到师傅责任的结果，自责抑郁而终，年仅33岁。后人收集其作品为《贾谊集》。左迁：贬官，指贾谊出任长沙王太傅。桓谭认为，贾谊是因为仕途失意激发了文学才华，而留下政论著作《新书》以及一系列文学名篇。　⑦董仲舒：河北广川（今河北衡水市）人，汉代儒学的代表人物，潜心学术，埋头读书，曾三年不看园林景色，著有《春秋繁露》一书传世。董仲舒根据时代政治需要，以春秋公羊学为基础，糅合先秦诸子，改造先秦儒学，形成汉代新儒学，和公孙弘共同建议汉武帝“罢黜百家，独尊儒术”，把儒家学说作为官学教育的唯一内容，完成了儒学由私学到官学、由学

说到统治术的转变。述古：阐述古人思想。　⑧淮南：即淮南王刘安。贵胜富饶：地位尊贵，财富丰盈。广聘骏士：大规模地聘请才俊。　⑨太史公：即司马迁，汉武帝时人。其先自西周以来世代任太史令，尊称太史公，掌管国家图书档案和天文历法，编著我国第一部纪传体通史《太史公书》，即传世的《史记》，记述自传说中的五帝到汉武帝时代的历史变迁。典掌书记：掌管图书档案。条悉古今：分门别类地排列古今历史，这里指撰写《太史公书》。　⑩扬雄：字子云，西汉末期文学家、思想家，蜀（今成都）人，西汉成帝、哀帝、平帝时为郎官，王莽时为大夫，在天禄阁校书，职闲俸低，生活贫困，支持王莽代汉而又保持一定距离，作《太玄》《法言》两书表达其哲学思想。《玄》《言》即《太玄》《法言》的简称。　⑪刘向：约生于公元前77年，卒于公元前6年，刘邦弟弟楚元王刘交四世孙，文献学家、经学家，曾系统校阅当时传世文献，编著我国第一部目录学著作《别录》，另著《说苑》《新序》《列女传》等书。　⑫陆贾：生卒年不详，以儒生身份追随刘邦打天下，刘邦称帝后，上书十二篇，总结秦朝灭亡原因，阐述逆取而顺守之理，建议刘邦改变秦朝治国方针，行仁政，与民休息，获得刘邦和大臣们的赞同，奠定了西汉前期统治思想的基础，后汇集为《新语》一书。连上句是说：《新论》的命名是效法刘向的《新序》和陆贾的《新语》。

余为《新论》①，术辨古今②，亦欲兴治也③。何异《春秋》褒贬邪④？今有疑者⑤，所谓蚌异蛤、二五为非十也⑥。庄周寓言⑦，乃云“尧问孔子”⑧，《淮南子》云“共工争帝，地维绝”，亦皆为妄作⑨。故世人多云：短书不可用⑩。若其小说家，合丛残小语，近取譬论，以作短书，治身治家，有可观之辞⑪。然论天间莫明于圣人⑫，庄周等虽虚诞，故当采其善，何云尽弃邪？⑬

[注释]①余：桓谭自称。　②术：治国谋略。术辨古今：分析讨论古今治国之术的短长得失。　③欲：希望。兴：表达、阐发。治：治国之道。

④《春秋》:孔子编撰的鲁国编年体史书,记述鲁隐公元年至鲁哀公十四年(前722—前481年)共12位国君242年历史,文字简约。后世学者以为孔子是故意用极为简洁的文字表达自己的思想评判,以隐晦的笔法寓褒贬于叙事之中,为尊者讳、为贤者讳,被称为春秋笔法,遂从不同角度加以补充、阐释,流传下来的有战国学者公羊高、谷梁赤、左丘明的注释,分别称为《春秋公羊传》《春秋谷梁传》《春秋左氏传》。《公羊传》《谷梁传》注重阐发《春秋》的微言大义,《左氏传》补充相关史实,后世简称春秋三传,均被列为儒家经典。连上句的意思是说:我桓谭所写的《新论》,辨析古今治国之术,是为了实现天下大治,和孔子编撰《春秋》、褒贬历史没有什么不同,体现了桓谭的自信。 ⑤疑者:怀疑桓谭论述的人。 ⑥蚌、蛤:水生蚌壳类生物,名称不同,实物一样。连同上句,意思是说:那些怀疑我的人,是只看到《新论》和《春秋》形式上的差异,没有看到内容本质的一致,就像说蚌不是蛤、二五不等于一十那样浅薄可笑。 ⑦庄周:人名,战国时宋国蒙(今河南省商丘市东北)人,道家学派的代表,文学家、思想家,其著作汇集为《庄子》,大多以寓言的形式表达其思想主张。寓言:文体的一种,把作者的观点寄托在故事里,使得深奥的道理通过简单的故事间接体现、表达出来。 ⑧尧:传说中的圣王。尧远在孔子之前,不存在对话的可能,所以称为"寓言"。今本《庄子》中无"尧问孔子"一语。⑨共工:传说中的神话人物。地维:系地的绳子。绝:断。妄作:虚构的事。传说上古时代,共工与颛顼争夺帝位,共工失败,一怒之下,撞断撑天的柱子和系地的绳子,致使天塌于西北,地陷于东南。见《淮南子·天文训》。⑩短书:见解短浅的书,指儒家经传以外的小说、评论、杂记之类的书。古代用竹简记录文字,不同内容所用竹简长度不同,经书用二尺四寸长竹简,其他著述用一尺二寸长竹简,故称短书。结合上一句,这段话的意思是说:人们因为《庄子》之"尧问孔子"、《淮南子》之"共工争帝"的不可信,就一概否认"短书"即儒家经典以外诸书的作用。 ⑪小说家:汉儒划分的先秦思想流派之一,指基层官吏搜集的街谈巷议、道听途说。这一句是说:小说家言虽然来自百姓的即兴发挥,见识浅陋,但也在一定程度上反应社会问题和百姓心声,对于治国理政仍有借鉴之处。 ⑫天间:天地之间。意思是说:对自然界和人世间事情的了解没有比圣人更高明的了。 ⑬虚诞:没有事实依据,荒唐不

合理。意思是:《庄子》《淮南子》的记述尽管有虚构之处,但是还应当采纳书中合理的部分,怎么能全部抛弃呢?

王霸第二

夫上古称三皇五帝①,而次有三王五霸②,此皆天下君之冠首也③。故言三皇以道治,而五帝用德化④;三王由仁义,五霸用权智⑤。其说之曰⑥:无制令刑罚谓之皇⑦,有制令而无刑罚谓之帝⑧,赏善诛恶,诸侯朝事,谓之王⑨,兴兵约盟,以信义矫世,谓之霸⑩。王者,往也,言其惠泽优游,天下归往也⑪。五帝以上久远,经传无事⑫,唯王霸二盛之美,以定古今之理焉⑬。

[注释]①夫:语首助词,引出下文。三皇五帝:传说中的远古帝王,说法不一。三皇有六说:伏羲(xī)、神农、黄帝;天皇、地皇、泰皇;伏羲、神农、祝融;伏羲、女娲、神农;天皇、地皇、人皇;伏羲、神农、燧(suì)人。通行的三皇指伏羲、神农、燧人。五帝有三说:伏羲(太皞)、神农(炎帝)、黄帝、尧、舜;黄帝、颛顼(zhuān xū)、帝喾(kù)、尧、舜;少昊、颛顼(高阳)、高辛、尧、舜。一般的五帝多指黄帝、颛顼、帝喾、尧、舜。　②而次:而后。三王:指夏禹、商汤、周文王和武王,即夏、商、周三代开国之君。霸:一作伯,伯、霸兼通,下文同。五霸:春秋时代的五个霸主,说法不一,有三说:齐桓公、晋文公、秦穆公、楚庄王、宋襄公;齐桓公、晋文公、秦穆公、楚庄王、吴王阖闾;齐桓公、晋文公、秦穆公、吴王阖闾、越王勾践。通行说法为齐桓公、晋文公、秦穆公、楚庄王、宋襄公。　③冠首:领袖,最受敬仰的意思。这句的意思是说:这些都是人君中最为后世崇敬的君王。　④故:过去、昔日。以道治:用圣王之道治理天下,这里的"道"指顺乎自然、顺应民心。德化:以圣人的德行教化民众。　⑤由仁义:用仁义治理民众,以身作则,做天下楷模,使天下民众自觉顺从。用权智:凭借自己的权势和智谋,驱使天下民众服从。　⑥其:代词,有的人。说:解

释。之：指上文的“皇”、“帝”、“王”、“霸”，即人们对“皇”、“帝”、“王”、“霸”治国之道的区别作出具体分析。　⑦制令：制度和政令。刑罚，惩治罪犯的刑具。意思是说：三皇时代，不需要制度政令和刑罚，就能实现天下大治。⑧这句话的意思是：有制度政令，人们自觉遵守，不需要刑罚强迫，是五帝之治。　⑨诛：惩罚。朝事：按时入朝述职，尽心职守。意思是：按制度政令惩恶赏善，公正廉明，诸侯群臣遵守臣子之道，按时入朝，恪尽职守，是三王之治。　⑩兴兵：举兵。约盟：订立盟约。矫世：矫正世俗。这句指以兵力做后盾，邀集诸侯，订立盟约，讲信守义，矫正背信弃义的行为，是霸者之道。⑪这是就为王之道而言的，王者行仁政，百姓受惠，就自动归往。　⑫经传：圣人之书为经，解释经文之书为传。无事：没有记载。这句意思是：三皇五帝时代久远，无论是经书本身还是对经书的解释，都没有具体记载其事迹。⑬王霸：三王五霸。唯：通惟，只能。二盛：三王之盛和五霸之盛。义：义理、原理。这句话意思是：只能根据知道较多的三王五霸的理论确定古今治国之理。

夫王道之治①，其德能载②，包含以统乾元也③。王道之治，先除人害而足其衣食④，然后教以礼仪而威以刑诛⑤，使知好恶去就⑥。是故大化四凑⑦，天下安乐，此王者之术⑧。霸功之大者⑨，尊君卑臣⑩，权统由一⑪，政不二门⑫，赏罚必信⑬，法令著明，百官修理⑭，威令必行⑮，此霸者之术⑯。王道纯粹，其德如彼⑰。霸道驳杂，其功如此⑱。俱有天下，而君万民⑲，垂统子孙⑳，其实一也㉑。

[注释]①治：治理，指三王治国之道。　②其德能载：能以仁德容纳所有人和事，即以德承载治理天下的事务。　③乾元：天下。　④除：消除。人害：对臣民有危害的事。足：充足。足其衣食：使衣食充足。　⑤教以礼仪：教育臣民遵守礼仪。　⑥好恶（hào wù）：喜爱、厌恶。去就：主动离开和自动接近，这里有“不该做什么，该做什么”的意思。连上句的意思是：用礼仪教导民众，用刑罚惩罚民众，使民众知道好坏标准，对不好的事远远避开，对好

事主动去做。　⑦是故:因此。大化:普遍的感化。四凑:四方百姓自动归心。　⑧术:统治方法。　⑨霸功:霸道的功能,指霸道特长。　⑩尊君:使君主地位尊崇、权力集中。卑臣:使群臣地位卑下,自觉服从。　⑪权统由一:权力集中于君主一人。　⑫二门:两个途径,意思是政令内容的制定、发布途径,全部统一于国君,不能有别的权力中心,不能有不同声音。　⑬信:守信用,说到做到。赏罚必信:严格执行法令规定的奖赏和惩罚制度。⑭百官修理:所有官吏都自觉按照规定程序和职责范围行事,有条不紊。⑮威令:国家权威和政令。这句意思是:必须按规定的权威和政令执行。⑯霸者之术:取得霸业的方法。　⑰王道纯粹:指王者纯粹依靠仁义德教治理天下。德:治国之德。彼:指示代词,指代上面所说的人和事。　⑱驳杂:兼收并蓄。指为了实现霸业,一切主张、手段都可以使用,既有仁义之道,也可以采用法、术、势的理论和方法。　⑲君:动词,君临,统治,做万民之君。⑳垂统子孙:将功业传于子孙后世。　㉑实:实质、结果、目的。这句话是对以上论述的总结,意思是说:王道也好,霸道也好,治理天下的主张和方法虽然不同,但在本质上是一样的,都是为了君临天下、传之子孙。

子贡问蘧伯玉曰①:"子何以治国?"答曰:"弗治治之。"②儒者或曰:"图王不成③,其弊可以霸④。"此言未是也⑤。传曰:"孔氏门人⑥,五尺童子⑦,不言五霸事者⑧,恶其违仁义而尚权诈也。"⑨

[**注释**]①子贡:孔子学生。蘧伯玉:春秋时卫国贵族,名瑗,字伯玉。其父亲蘧庄子是卫国大夫,和孔子友善,孔子周游列国居卫国时,常住在蘧伯玉家里。　②弗:不。治:治理,这里指治国措施。"弗治治之"的意思是:以无为的方式取得大治的效果。　③图:追求、图谋。　④弊:弊端,指王政所不愿意采用的统治手段。连上句是说:成为圣王的愿望不能实现,就退而求其次,还可以成就霸者之业。　⑤未是:不对,不正确。　⑥孔氏门人:孔子之学的传人。　⑦五尺:儿童代称。先秦时代以身高表示年龄,一尺约合23.2厘米,七尺为成年,五尺指少年。　⑧五霸事:春秋五霸功业,这里指五霸成

就功业的方式。　⑨恶：厌恶。这段话的意思是：孔子门徒主张王道，就是未成年的儿童都不愿谈论五霸的事迹，因为霸道违背仁义德治，推崇阴谋权术。

汤、武则久居诸侯方伯之位，德惠加于百姓①。文王修德②，百姓亲附，是时崇侯虎与文王列为诸侯，德不及文王，常嫉妒之，乃谮文王于纣曰③："西伯昌圣人也④，长子发、中子旦皆圣人也，三圣合谋，君其虑之！"乃囚文王于羑里⑤。

[**注释**]①方伯：一方诸侯之长。德惠：行德政、施恩惠。这句意思是：商汤王和周武王在取代夏桀、商纣王之前，都长期是一方诸侯的领袖，深得百姓的拥护。　②文王：周文王姬昌。　③谮：暗地里进谗言。纣：商朝最后一位国王。　④西伯：西方诸侯之长。昌：姬昌。　⑤羑里：地名，今河南汤阴县内。

惟四月，太子发上祭于毕①，下至孟津之上②。此武王已毕三年之丧③，欲卒父业④，升舟而得鱼，则地应也⑤；燎祭而降乌，天应也⑥。二年，闻纣杀比干、囚箕子⑦，太师、少师抱乐器奔周⑧。甲子，日月若连璧⑨，五星若连珠⑩，昧爽⑪，武王朝至于商郊牧野⑫，从天以讨纣，故兵不血刃而定天下。

[**注释**]①惟：语首助词。毕：星宿名，主管军事，武王准备出兵伐纣，祭祀毕星，请求保佑。　②孟津：地名，今河南孟州市南。　③毕：结束。三年之丧：按礼制，父母之丧，三年为期，故周文王去世，武王服丧三年。　④卒：完成。　⑤升舟而得鱼：传说武王伐纣，帅军渡河到河中心时有鱼跳进武王船中。按古人理解，鱼鳞形状像兵器，象征军事。按五行观念，殷商属金白色，鱼跳进武王船中，是地神支持武王的表示，寓意伐纣符合天意，必定顺利成功。　⑥燎祭：燃火祭天。降乌：天降神乌，祭祀时有火自天而降。按《尚

书·周书》《史记·周本纪》等记载，传说武王祭天时，有火从天而降，到武王住所化作赤乌。按五行，赤色是周人天命之色，赤色胜白色，表示武王伐纣是按照天命行事。　⑦比干、箕子：商王宗室，二人见纣王无道，曾屡次上谏，被迫害，比干被纣王剖腹剜心而死；箕子被囚，后佯狂避祸，二人被后世视为大贤。　⑧太师、少师：主管国家典籍、礼乐之官。　⑨日月若连璧：天文现象，太阳和月亮同时升起。连璧，一作合璧，根据天象，以连璧为是。　⑩五星若连珠：天文现象，指金、木、水、火、土五颗行星同时出现在一个方位。日月连璧、五星连珠很少见，古人视为祥瑞。　⑪昧爽：天将明未明之时。　⑫牧野：地名，今河南卫辉市境内。

所谓霸功者，法度明正，百官修治，威令流行者也。魏文侯师李悝①，著《法经》②，以为王者之政，莫急于盗贼，故其律始于《盗》《贼》。盗贼须劾捕，故著《囚》《捕》二篇。其轻狡、越城、博戏、假借、不廉、淫侈、踰制③为《杂律》一篇，又以《具律》具其加减，所著六篇而已。卫鞅受之，入相于秦④。是以秦、魏二国，深文峻法相近⑤。

明镜，龟策也⑥。章程，斛斗也。铨衡，丈尺也⑦。治狱如水。

［**注释**］①魏文侯：战国魏国国君，公元前445—公元前396年在位。李悝：前期法家代表。魏文侯任用李悝为相，主持变法，使魏国成为战国前期强国。　②《法经》：李悝写的书，我国第一部法学著作，共有《盗》《贼》《囚》《捕》《杂》《具》六篇。　③轻狡、越城、博戏、假借、不廉、淫侈、踰制：《杂律》规定的法条分类。　④卫鞅：即商鞅。商鞅是卫国宗室，本名卫鞅，接受李悝思想主张，携带《法经》一书入秦，辅佐秦孝公变法有功，依法治国，被封于商，史称商君，又称商鞅。相：辅佐。　⑤深文峻法：法条细密，刑罚严酷。　⑥龟策：占卜记录。古人用龟甲占卜，请示神意，记录在册，考察是否应验。这句是说：以记录的神意作为反省的镜子，指帝王要按照天意自我反省。　⑦章程：规

章制度。斛斗：容器，十斗一斛。铨衡：对官吏能力、政绩、品行的考核制度。这两句意思是说：国家规章制度、考核标准要明确可行，像斛斗、尺丈那样清楚。

魏三月上祀，农官读法①。法曰："耒无十其羽，锄无泥其涂。春田如布平以直，夏田如鹜，秋田惕惕，如寇来不可测，冬田吴越视②。上上之田收下下，女则有罚；下下之田收上上，女则有赏③。"

[**注释**]①上祀：农历三月上旬巳日的劝农祭祀。农官：负责农事之官。读法：宣读法令。　②耒：木质翻地农具。羽：箭羽。锄：除草和平整土地的农具。田：有二意，一是农田、农耕，引申为和农耕有关的事务。二是田猎，在狩猎过程中练兵，是西周统治宗族专有的讲武活动，一年四季，各有内容，分别称为春蒐、夏苗、秋狝、冬狩。战国时期，兵农合一，受田民隶属于国家，要随时应征，农耕和讲武并重，这里的"田"是官府组织行为，有着农事、狩猎、讲武的多重功能。春田：主要指农耕。如布平以直：田土平、阡陌沟洫直。这里的"直"指田亩排列和田间道路沟洫系统。其时田亩是长条亩制，即一步（六尺一步，一尺约合23.2厘米）宽、若干步长为一亩（西周时期一步宽一百步长为一亩，战国时期亩制或一步宽一百二十步、一百八十步、二百四十步长为一亩，或四百八十步长为一亩，等等，因时间和国别不同），一百亩并置，是为一个授田和耕作单位。百亩之间有陌道，千亩之间有阡道，另有排水系统称之为沟洫。春天如布平以直：是对土地和阡陌系统的质量要求。夏田：夏季田间管理，猎捕危害农作物的动物。鹜：野鸭，飞翔迅疾。如鹜：比喻迅速。秋田：即秋狝，以猎杀动物为主。惕惕：谨慎郑重貌。冬田：即冬狩。秋、冬是农闲季节，农民的主要任务是狩猎和练兵，军事要求突出，所以明确规定"秋田惕惕，如寇来不可测，冬田吴越视"。　③上上、下下：土地等级。女：通汝。国家根据质量把土地分为上中下三等，各有产量标准，下等田产量达到上等者奖，上等田产量和下等相当则罚。

求辅第三

龙无尺水，无以升天①；圣人无尺土，无以王天下②。尧能则天者，贵能臣舜禹二圣③。

［注释］①尺水：一尺深的水，指很少的水。这句话意思是：即使是真龙，也要有一定的水才能升天。　②尺土：一尺见方的土地，指很小的土地。王：做天下之王。这句话的意思是说：没有相应的土地，即使圣人也不能称王天下，说明辅佐的重要。　③则天：以天为准则。

国之废兴，在于政事；政事得失，由于辅佐。辅佐贤明，则俊士充朝而理合世务①，辅佐不明则论失时宜，而举多过事。治国者，辅佐之本②，其任用咸得大才③。大才乃主之股肱羽翮也④。王公大人⑤，则嘉得良师明辅⑥；品庶凡民⑦，则乐畜仁贤哲士⑧，皆国之柱栋而人之羽翼⑨。昔殷之伊尹⑩，周之太公⑪，秦之百里奚⑫，虽咸有大才，然皆年七十余，乃升为王、霸师⑬。

［注释］①俊士：品行高尚、才干优秀的人。理：治理。　②这句是说：选择好辅佐是治理国家的根本。　③其：指治国。咸：皆。大才：才能杰出的人。　④股肱(gōng)：原意是大腿和胳膊，这里指得力的助手。羽翮(hé)：翅膀。这句意思是：杰出人才是国君的膀臂和羽翼。　⑤王公大人：泛指君主、大臣等高层统治者。　⑥嘉：乐于，意思是以得到优秀的老师、杰出的辅佐为最大的快乐。　⑦庶：普通。品庶凡民：指普通官吏和平民，这里泛指普通百姓。　⑧畜：养。仁贤：有道德有才能的人。哲士：明哲之士，懂得治国道理的人。　⑨柱栋：支柱、栋梁。而：这里用同“与”。羽翼：翅膀。　⑩伊尹：人名，本是商汤王王后陪嫁的奴隶，后来辅佐商汤王伐夏桀、建立商朝，有

大功，被尊为阿衡，相当于后世的宰相。　⑪太公：即姜太公，名尚，字牙，又名吕尚，号太公望，传说七十多岁在渭水之滨钓鱼，不置鱼饵、直钩垂钓，民间有“姜太公钓鱼，愿者上钩”的谣谚，被周文王礼请至帐下，拜为军师。姜尚辅佐周文王、武王伐纣，建立周朝，受封于齐，建都临淄即现在山东淄博，是齐国的第一代封君。　⑫百里奚：春秋时期秦穆公丞相，辅佐秦穆公建立霸业。百里奚本来是虞国大夫，晋献公灭虞，被俘为奴，作为秦穆公夫人的陪嫁来到秦国，以为奇耻大辱，逃亡到宛（今河南南阳），被楚人捕获。秦穆公听说百里奚大贤，用五张公羊皮将其买回秦国，委以重任，成就霸业。　⑬王霸：王指商汤王、周文王、周武王，霸指秦穆公。这句意思是说：伊尹、姜尚、百里奚都是在七十多岁高龄时辅佐君王成就王业和霸业，说明才干发挥与否不在年龄大小，关键在于君主能否识才用才。

以贤代贤谓之顺，以不肖代不肖谓之乱。王者易辅，霸者难佐①。昔秦王见周室之失统②，丧权于诸侯，自以当保有九州③；见万民碌碌，犹群羊聚猪，皆可以竿而驱之，故遂自恃④，不任人⑤、封立诸侯⑥。及陈胜、楚、汉⑦，咸由布衣⑧，非封君有土⑨，而并共灭秦，遂以败也⑩。高帝既定天下⑪，念项王从函谷入⑫，而己由武关到⑬，推却关⑭，修强守御⑮，内充实三军⑯，外多发屯戍⑰，设穷治党与之法⑱，重悬告反之赏⑲。及王翁之夺取⑳，乃不犯关梁阸塞㉑，而坐得其处㉒。王翁自见以专国秉政得之㉓，即抑重臣㉔，收下权㉕，使事无大小深浅皆断决于己身㉖。及其失之㉗，人不从大臣生焉㉘。更始帝见王翁以失百姓心亡天下㉙，既西到京师，恃民悦喜，则自安乐㉚，不听纳谏臣谋士，赤眉围其外而近臣反㉛，城遂以破败。由是观之，夫患害奇邪不一㉜，何可胜为设防量备哉㉝？防备之善者[34],则唯量贤智大材[35],然后先见豫图[36],遏将救之耳[37]。

[注释]①王者:以仁德感化天下、使万民自觉归附的人。霸者:以权谋治天下的人。 ②秦王:秦始皇。周室:指周天子。这句的意思是:秦始皇见周王丧失统治天下的能力。 ③九州:古人把天下划分为九个州,有三说:《尚书·禹贡》为冀、豫、雍、扬、兖、徐、梁、青、荆州;《周礼·夏官·职方氏》没有徐州、梁州,有幽州、并州;《尔雅·释地》无青州、梁州,有幽州、营州。古人认为,中国漂浮于水上,四周被水包围,故称之为九州岛,这里泛指天下、中国。 ④自恃:只依靠自己。 ⑤不任人:不把权力交给他人,指不信任臣下。 ⑥封立诸侯:分封诸侯。连上句意思是:秦始皇统一六国之后,废除西周的分封制,实行郡县制,大权独揽,宗室子弟也不得参与国家事务。 ⑦陈胜:字涉,出身庸工,率先举起武装反秦大旗,是秦末农民起义领袖,司马迁《史记》有《陈涉世家》。楚:即西楚霸王项羽。项羽是楚国宗室之后,封邑在下相(今江苏省宿迁市宿城区),秦朝统一,逃亡到吴地(今江苏苏州、浙江湖州一代),后起兵反秦,是推翻秦朝的主帅,自封为西楚霸王。汉:指汉高祖刘邦,做过泗上亭长,和项羽一起攻入关中,秦朝灭亡后,被项羽封为汉王,建都汉中(今陕西汉中市)。 ⑧咸:皆。布衣:指普通平民。古代是等级社会,不同等级的人穿不同颜色和质地的衣服,平民只能穿粗麻布做的衣服,故称布衣。 ⑨封君:诸侯。 ⑩遂以败:指秦朝因此而败亡。 ⑪高帝:即汉高祖刘邦。 ⑫念:想起。项王:西楚霸王项羽。函谷:函谷关,在今河南省灵宝县西南,是当时东西交通最重要的关隘。 ⑬武关:地名,在今陕西省商县西北。公元前 207 年刘邦奉楚怀王命经由武关进入咸阳,俘秦王子婴。 ⑭推:推想。却:止,这里引用为“扼守”的意思。关:险要关口。意思是说:刘邦分别从自己和项羽从武关、函谷关进入关中灭秦的经验想到扼守关口的重要性。 ⑮修强守御:整修关隘,加强防守力量。 ⑯三军:古时国家军队设上、中、下三军,这里是国家军队的代称。 ⑰内:对内。外:对外,指边防。屯戍:驻兵防守。 ⑱穷治:彻底查办。党与:同党羽。这句是说:彻底追究同党责任。 ⑲重悬:悬重赏。告反:揭发别人阴谋造反行为。这句意思是:

对揭发他人谋反的人给予重奖。　⑳王翁：即王莽，汉元帝皇后王政君侄子，利用当时社会矛盾，以各种手段骗取王政君的支持，一步一步登上权力顶峰，最后代替汉朝，于公元 9 年建立新朝，公元 23 年被农民起义推翻。　㉑关梁阸塞：关隘、桥梁、渡口。连上句是说：等到王莽夺得汉朝政权，并没有攻打险关要塞，意思是指关梁要塞并没能保住汉家江山。　㉒坐得其处：坐在朝堂之上就得了想要的位置，即得到汉家江山。　㉓自见：见于自己的经验。专国秉政：独揽国家大权。连上句意思是：鉴于自己运用独揽国家大权的方式取得帝位的经验。　㉔抑：抑制，限制。意思是限制重臣权力。　㉕收下权：把臣下权力收归自己。　㉖深浅：即轻重，意思是无论大小事务、轻重缓急，都由自己决断，不信任臣下。　㉗其：王莽。失之：指丧失政权，失掉天下。㉘人：这里指推翻王莽统治的人。生：产生。这句意思是：推翻王莽统治的人并不是王莽时时提防的大臣，而是那些贩夫走卒，说明大权独揽、抑制臣下不一定能巩固统治。　㉙更始帝：即刘玄，西汉皇室贵族。公元 23 年，绿林农民起义军拥立刘玄为帝，改元“更始”。刘玄进入长安后，生活腐化，残杀农民起义军领袖，背离了起义群众。　㉚京师：指长安。恃：自以为。连上两句意思是：到京师以后，以为百姓拥戴自己，而忘乎所以，醉心于享乐。　㉛赤眉：樊崇领导的农民起义军，以赤色染眉，故名。由于刘玄背离起义群众，不愿和赤眉军合作，并派兵袭击赤眉军后方，赤眉军于公元 24 年分两路攻入长安，刘玄投降。近臣反：指刘玄的亲信赵萌、张卬等人投降赤眉军，共攻长安。㉜奇邪：稀奇古怪，出乎意外的意思。这句是说：国君遭受的祸害往往是料想不到的，并非人君设想的那样来自于某一方面。　㉝胜：能够。这句是说：哪里是依靠所谓完备的预防措施能够避免的，即防不胜防。　㉞善者：指好的防备方法。　㉟则：就。唯：只有。量：考察任用。　㊱先见：尽早发现问题。豫图：先做好准备。　㊲遏：制止。连前句意思是：唯一有效方法是考察任用那些道德高尚、才干超群的人，才会提前发现问题，制定应对方案，避免祸乱，保护国家。

维针艾方药者①，已病之具也②，非良医不能以愈人③。材能德行者，治国之器也，非明君不能以立功④。

医无针药，可作为求买[⑤]，以行术伎，不须必自有也[⑥]。君无材德，可选任明辅[⑦]，不待必躬能也[⑧]。由是察焉[⑨]，则材能德行，国之针药也，其得立功效，乃在君辅。[⑩]传曰："得十良马，不如得一伯乐[⑪]；得十利剑，不如得一欧冶。"[⑫]多得善物，不如少得能知物[⑬]。知物者之致善珍，珍益广，非特止于十也。[⑭]

［**注释**］①维：通唯、惟，语首助词。针、艾：针灸疗法所用的针和艾草。方药：药方和药物。　②已：停止，这里是"治疗"的意思。具：工具、材料。③以：用。愈：痊愈。愈人：治好人的疾病。连上句意思是：针药都是治病的工具，但是仅有针药是不够的，还要有医术高明的医生才能治好疾病。④器：器具，这里比喻治国的才干和品质。这句意思是：群臣百姓再有才干能力，国君看不见，不任用，也发挥不了作用，无法为国家建功立业。　⑤作为：制作。求买：购买。　⑥行：施展。伎：通技。术伎：指医术。自有：自备。连上句意思是：对于医生来说，没有针、药等工具、药材可以制作、购买，只要懂得使用和治疗的技术方法就行了，不一定都要自己准备。　⑦明辅：贤明的辅佐。　⑧不待：不须。这句是说：不一定非要自己什么都懂、亲自去做。⑨是：此。焉：句中语气助词，表示停顿。　⑩以上五句意思是：由此看来，辅佐的才能和德行，好比是治理国家的针和药，能否发挥作用，就在于君主是否任用和如何任用。　⑪伯乐：先秦时期善于相马的人。　⑫欧冶：欧冶子，春秋时吴国善于铸剑的工匠。连上句意思是说：得到十匹宝马不如得到一个伯乐，因为伯乐可以发现更多的宝马；得到十把宝剑不如得到一个欧冶子，因为欧冶子能铸造更多更好的宝剑。　⑬善物：好的东西。能知物：能够识别事物的人。这句意思是：与其追求更多的宝物，不如追求能够识别宝物的人。⑭致：招致，搜罗。善珍：好的珍贵的东西。益：更加。特：独，只。非特：不仅。止于：限于。这句意思是说：有能够识别宝物的人搜罗珍宝，珍宝则越来越多，远远不止于十件八件那样屈指可数。

凡人性难极也，难知也。故其绝异者，常为世俗所遗失焉。①贤有五品②：谨敕于家事，顺悌于伦党，乡里之士也③；作健晓惠，文史无害④，县廷之士也⑤；信诚笃行，廉平公，理下务上者⑥，州郡之士也⑦；通经术，名行高，能达于从政，宽和有固守者⑧，公辅之士也⑨；才高卓绝，竦峙于众⑩，多筹大略⑪，能图世建功者，天下之士也⑫。居家循理，乡里和顺，出入恭敬，言语谨逊，谓之善士。⑬

[注释]①这句大意是：认识人的品性才干本来就是很困难的事情，要认识不同常人的人更困难，所以那些才干超群、品德出众的人常因为无人了解而被忽略。　②品：等级、层次。贤有五品指下文的五个层次。　③敕：告诫，整饬。顺悌：顺从年长的人，友爱年轻人。伦党：邻里乡党。乡里：基层行政单位，若干里为乡。乡里之士：乡里的优秀人才，可以做乡里榜样。　④作健晓惠：做事迅速，理解力强。文史无害：准确理解法律，正确处理公务。文：法律、公文。史：通事，日常公务。　⑤县廷之士：县级优秀人才，可以做一个县的榜样。　⑥信诚笃行：遵守规定，严格执行。廉平公，理下务上：廉洁奉公，公正地对待下级，尽心上级交办的公务。　⑦州郡之士：州郡级人才，州郡效法的榜样。　⑧通经术，行名高：通晓儒家经典，身体力行，受到社会一致称赞。能达于从政，宽和有固守：能熟练地运用于国家政务之中，宽厚温和，又坚守原则。　⑨公辅之士：才干能担任公卿之职，辅佐国君。　⑩竦峙：引领、耸立，一作疎殊，意思相近。竦峙于众：超越众人，使天下人效法。⑪多筹大略：能够集思广益、提出大的治国方略。　⑫天下之士：全国人的榜样，可以做帝王之师，教导辅佐帝王治理天下。　⑬这段话的意思是：那些能够按照事理治家、使乡邻和睦、恭敬待人、言语谨慎的人，是一般意义上的善士，可以引导人们向善。

言求取辅佐之术①，既得之②，又有大难三，而止善二③。为世之事④，中庸多，大材少⑤，少不胜众，一口不能与一国讼[6]，持孤特之论[7]，干雷同之计[8]，以疏贱之处[9]，逆贵近之心[10]，则万不合[11]，此一难也。夫建踔殊[12]，为非常[13]，乃世俗所不能见也[14]；又使明智图事[15]，而与众平之[16]，亦必不足[17]，此二难也。既听纳有所施行[18]，而事未及成，谗人随而恶之[19]，即中道狐疑[20]，或使言者还受其尤[21]，此三难也。智者尽心竭言，以为国造事[22]，众间之则反见疑[23]，壹不当合[24]，遂被谮想[25]，虽有十善，隔以一恶去[26]，此一止善也。材能之士，世所嫉妒，遭遇明君，乃壹兴起，既幸得之[27]，又复随众[28]，弗与知者[29]，虽有若仲尼[30]，犹且出走[31]，此二止善也。是故非君臣致密坚固[32]，割心相信[33]，动无间疑[34]，若伊、吕之见用[35]，傅说通梦[36]，管、鲍之信任[37]，则难以遂功竟意矣[38]。又说之言，亦甚多端[39]，其欲观使者，则以古之贤辅厉主[40]；欲间疏别离[41]，则以专权危国者论之。[42]盖父子至亲[43]，而人主有高宗、孝己之谗[44]，及景、武时，栗、卫太子之事[45]；忠臣高节，时有龙逢、比干、伍员、鼂错之变[46]。比类众多，不可尽记[47]。则事曷可为邪？庸易知邪？虽然，察前世已然之效[48]，可以观览，亦可以为戒。维诸高妙大材之人[49]，重时遇合[50]，皆欲上与贤侔而垂荣历载[51]，安肯毁明废义，而为不轨恶行乎[52]？若夫鲁连解齐、赵之金封[53]，虞卿捐万户与国相[54]，乃乐以成名肆志[55]，岂复干求便辟趋利耶[56]？览诸邪背叛之臣，皆小辨贪饕之人也，大材者莫有焉[57]。由是观之，世间高士材能绝异者，其行亲任亦明矣[58]，不主乃意疑之也[59]。如不能听纳，施行其策[60]，虽广知得[61]，亦终无益也[62]。

[注释]①言:论说。辅佐:指辅助君王治国的人。术:谋略、方法。②既:已经。　③大难三:有三大难处不能发挥贤辅的作用。止:阻止。止善二:有两种情况不能使好的建议得到实行。　④为世之事:为官府办事的人,这里泛指官吏。　⑤中庸:才能一般的人。连上句意思是:才干一般的人多,杰出的人少。　⑥胜:制服。讼:争论是非。　⑦孤特之论:少数人的独特见解,指"大材"之人与众不同的见解。　⑧干:触犯,冒犯。雷同之计:众口一词的意见,这里指普通人没有远见的主张。　⑨以:凭。疏贱之处:疏远低贱的地位。　⑩逆:违背。贵近之心:地位高贵、君主宠信的人的意志。⑪合:指意见相合。　⑫踔(chuō):超越。建踔殊:建立特殊的功绩。　⑬为非常:做出非凡的事情。　⑭世俗:普通人,这里指思想平庸、没有见解的人。连上句的意思是:建立特殊功业,做常人做不到、想不到的事情,不是那些平庸之辈能够理解的。　⑮使:让。明智:聪明而有远见的人。图事:谋划、处理政事。　⑯而:却。与:给与,交给。平:同评。　⑰不足:不能成功。⑱听纳:听取、采纳。　⑲谗人:背后说人坏话的人。随而恶之:跟着中伤他。⑳中道:中途,指事情正在进行中。狐疑:多疑、动摇。　㉑言者:指为君主出谋划策的人。尤:怨恨,怪罪。连上句的意思是:虽然接受了建议,但是在实行过程中不断地有人攻击诽谤,使君王发生怀疑动摇,以至于提出建议的人受到责备。　㉒造事:做事,服务。　㉓间:离间,挑拨。见疑:受到怀疑。㉔壹不当合:偶尔一次做的不妥当,或不合君主的心思。　㉕谮:诬陷,被诬陷有别的想法,和君主有二心。　㉖隔:遮盖,抹煞。去:离开,去除。这句意思是:虽然有十件事都做得很好,仅仅因为一件事没做好或者令君主不满意,所做的一切全部作废。　㉗幸:幸运、侥幸。　㉘复:重新。随众:听从众人的意见。　㉙弗与知者:不采纳智者的主张。　㉚虽:即使。若:象,如同。仲尼:孔子。　㉛犹且:尚且,这里当依然讲。　㉜致密坚固:指关系密切牢固。　㉝割心:剖心,指推心置腹,毫无保留。　㉞动无间疑:对才能之士的任何举动都不怀疑。　㉟伊:伊尹。吕:吕尚。　㊱傅说(yuè)通梦:传说商朝高宗曾梦见一个有才干的人,便按照梦中形象到处寻求,结果找到了傅说,即封他为国相。在他的辅佐下,国家治理得欣欣向荣。　㊲管:管仲。鲍:鲍叔牙。管仲和鲍叔牙同朝为官,彼此欣赏友善。在争夺君位的斗争中,管仲

辅佐公子纠，鲍叔牙辅佐公子小白，小白胜出，公子纠被杀，管仲被囚。小白继位之后，史称齐桓公。为了酬谢鲍叔牙的辅佐之功，也是为了发挥鲍叔牙的才干，齐桓公任命鲍叔牙为相，鲍叔牙则推荐被囚狱中的管仲为相，自己做管仲副手。管仲改革国政，使齐国成为春秋五霸之首，被齐桓公尊为仲父。以上五例都是“君臣致密坚固”的范例。　㊳遂功：完成功业。竟意：完全实现抱负。　㊴说：劝说、游说。端：头绪，情况。意思是劝说的言辞，也有多种情况。　㊵观：考查。使者：使用的人。贤辅：有才能的辅佐。厉：严格要求。连上句意思是：如果想考查即将使用的人，就用古代的贤辅严格要求他。㊶间疏别离：离间，疏远君臣关系。　㊷专权危国者：独揽大权，危害国家的馋臣。论：评论，判别。连上句是说：如果想疏远君臣关系，就用独揽大权、危害国家的馋臣来评论他。　㊸盖：语首助词，引出以下议论。至：极，最。㊹高宗：即商王武丁。孝己：人名，殷高宗之子，遭后母谗言，忧苦而死。㊺景：汉景帝。武：汉武帝。栗：指栗太子，景帝立栗姬之子刘荣为太子事。《汉书·景帝纪》云景帝曾经立栗姬的儿子荣为太子，后因景帝七年正月出现日食，“废皇太子荣为临江王”，实际上是朝廷权力之争导致栗太子被废。卫太子之事：即汉武帝立卫皇后之子刘据为太子，后发生巫蛊事件，刘据自杀，见前注。　㊻高节：指古代有高尚节操的人。龙逢：即关龙逢，夏朝末年人，因进谏夏桀王而被杀。比干：人名，商朝末年贵族，因劝谏商纣王而被剖心。伍员：即伍子胥，春秋时楚国贵族，其父兄因谗言被楚王杀害，后入吴国辅佐吴王阖闾，举兵入楚报杀父之仇，后屡次劝谏吴王夫差，引起夫差不满，又因太宰嚭污蔑说有异心，被夫差赐属镂剑自杀而死。晁错：景帝做太子时任景帝老师，号称智囊，景帝继位后任御史大夫。当时宗室诸侯王势力发展迅速，随时有叛乱的可能性，严重威胁王朝统一。晁错建议景帝削减诸侯王国封地，削弱王国势力，史称“削藩”。吴王刘濞制造舆论，说晁错在景帝身边离间刘氏宗室亲情，必须清除掉晁错，刘氏宗室才能稳定，遂联合楚王、胶西王、胶东王、淄川王、济南王、赵王，以“清君侧”的名义起兵，史称“七国之乱”。和晁错素来不合的爰盎认为只要杀掉晁错，七国自然退兵。景帝听从爰盎建议，派人在晁错上朝途中将穿着上朝服装的晁错绑到东市杀害。变：事变，变故。㊼比类：同类的事。　㊽曷：何，怎么。庸：难道。虽然：即使如此。察：考察。

已然之效：已经造成的后果。 ㊾维：同唯，语首助词。诸：众多。 ㊿重时遇合：碰到有利时机，遇上圣明君主。 51与贤侔：和贤人一样。垂荣历载：流芳百世。 52安：何，怎么。不轨恶行：违背正道的坏事。 53若夫：至于。鲁连：鲁仲连，战国时齐人，著名谋士。解：放弃。鲁连因抗秦有功，赵国平原君要赏给他千金，齐国要给他封地，他都没有接受。 54虞卿：战国时人，著名谋士，因游说赵王，被赵王封为万户侯，当了国相。后因秦国要杀魏齐，虞卿就与魏齐一起逃出赵国。捐：丢弃。虞卿和鲁仲连都被看作是“义士”。 55肆志：实现自己的志向。 56岂：难道。干求：追求。便（pián）辟：善于逢迎拍马。 57小辨：小聪明。饕：传说是一种贪吃的恶兽。小辨贪饕之人：耍小聪明而又贪得无厌的人。莫有：无有。 58亲：近，符合。任：任用。这句是说：他们的品行值得信用，则是很明显的了。 59不主：昏庸无能的君主。乃：却。意：同臆，猜想。 60策：计策，办法。 61知：了解。得：得到。 62终：终究。连上句是说：即使了解和得到许多贤才也不会有什么益处。

前世俊士①，立功垂名②，图画于殿阁宫省③。此乃国之大宝，亦无价矣④。虽积和璧，累夏璜⑤，囊隋侯，箧夜光⑥，未足喻也⑦。伊、吕、良、平⑧，何世无之？但人君不知，群臣勿用也⑨。

［注释］①俊士：才德出众的人。 ②垂名：名传后世。 ③图：指画像。宫省：宫禁。汉宣帝时，曾把一些功臣的像画在麒麟阁上。 ④无价：价值昂贵，无法估算，形容极其珍贵。 ⑤和璧：美玉名，即和氏璧。相传春秋时楚国人卞和曾于山中得到未经雕琢的璞玉，先后献给两任楚王，因楚王不识货，先后被以欺君罪名砍去双脚，最后经过雕琢，制成玉璧，成为美玉的代称。夏璜：宝玉名，环形为璧，半璧为璜。 ⑥隋侯：即随侯，宝珠名，即随侯之珠。传说随侯姬姓，被周天子封于东方的随地，被称为随侯，曾救治一条受伤的大蛇，后来这条大蛇衔一颗宝珠报答他。夜光：传说中产于南海的夜明珠。箧：竹篾编制的容器，这里和“囊”都用作动词，作收藏解。 ⑦未足喻：不足以相比。 ⑧伊、吕、良、平：指商朝的伊尹、周朝的吕尚、汉朝的张良和陈平。

⑨用:这里是推荐的意思。

传记言:魏牟北见赵王①,王方使冠工制冠于前②。问治国于牟③。对曰:"大王诚能重国若此二尺纵,则国治且安。"④王曰:"国所受于先人⑤,宗庙、社稷至重⑥,而比之二尺纵,何也⑦?"牟曰:"大王制冠,不使亲近而必求良工者⑧,非为其败纵而冠不成与?⑨今治国不善,则社稷不安,宗庙不血食⑩。大王不求良士而任使其私爱⑪,此非轻国于二尺纵之制耶⑫?"王无以应⑬。

[**注释**]①传记:史传统称。魏牟(móu):战国时期谋士。北见:往北到赵国朝见赵王,事见《战国策·赵策四》。　②方:正在。冠工:制帽子的工匠。　③于:向。这句是说:向魏牟请教治国方略。　④诚:果真。重国:重视国事。若:好比。纵:丝带,这里指制帽子的材料。这句意思是说:大王如果能像重视这二尺丝带那样重视国家大事,不仅能治理好国家而且能够长期稳定。　⑤受:继承。于:从。先人:祖先,先王。这句是说:国家是从先王那儿继承来的。　⑥宗庙:祭祖的庙堂。社稷:地神和谷神。"宗庙"、"社稷"都可以用作国家的代称。至重:最为重要。　⑦之:代词,指代上文说的国家。这句是说:把国家比作二尺长的丝带,这是什么缘故呢?　⑧不使亲近:不用亲近的人。良工:手艺高超的工匠。　⑨为:因为。其:代词,指代上文的"亲近"。败:坏,糟蹋。与:同欤(yú),疑问语气词。这句是说:不是因为怕亲近的人糟蹋了丝带而做不成帽子吗?　⑩不血食:指宗庙无人祭祀。古时祭祖要杀猪宰羊,取血,整只摆在几案上,称作"血食"。　⑪任使:任用。私爱:个人感情所喜爱的人。　⑫轻:看轻。于:比。耶:疑问语气词。这句是说:这不是把制作帽子的丝带看得比国家大事还重又是什么呢?　⑬无以应:没有话来回答。

朝九州之俊①。昔尧试舜于大麓者②,乃领录天下之事③。如今之尚书官矣④，宜得大贤智，乃可使处议持平焉⑤。昔周公光崇周道，泽被四表⑥。夫圣人乃千载一出，贤人君子所想思而不可得见者也。殷之三仁，皆暗于前而章于后⑦，何益于事？何补于君？⑧

[注释]①九州：天下。俊：人才。　②大麓：山川林野。《尚书·舜典》云“纳于大麓，烈风雷雨弗迷”。《史记·五帝本纪》记载“舜入于大麓，烈风雷雨不迷”。意思是：尧为了考察舜的能力，在雷雨交加的时候把舜置于荒山野林之中，结果舜没有迷失方向。　③领录：代理，汉代职官任用方式。这句意思是：代行统治天下的职权。　④尚书：汉代中央掌管机要文书的官署，分若干曹，处理机要文书。这里指掌管核心权力。　⑤这句意思是：应该由那些品德出众、智慧过人的人掌管国家机要，才能公正地处理事务。　⑥周公：姓姬名旦，辅佐周文王、周武王推翻商纣王，建立周朝，制礼作乐，确立了周朝的国家制度和治国方针，受封于鲁，都曲阜，被后世儒者尊为圣人。光崇：广大。四表：四方，指天下，意思是使全天下人都受到恩泽。　⑦殷之三仁：商朝末年贵族微子、箕子、比干，他们生前默默无闻，死后声名显赫，被后世作为大仁大义的榜样。　⑧这几句的意思是：商纣王时虽然有微子、箕子、比干这样的贤人，但是不能任用他们、反而迫害他们，他们虽有才干也无补于国政，从反面说明国君选拔辅佐的重要。

夫畜生贱也①，然有尤善者，皆见记识②。故马称骅骝、骥騄，牛誉郭椒、丁栎③。故犬道韩庐、宋猔④。薛翁者，长安善相马者也⑤。于边郡求得骏马，恶貌而正走，名骥子⑥。骑以入市，去来人不见也⑦。后劳问之⑧，因请观马⑨。翁曰：“诸卿无目⑩，不足示也⑪。”

[注释]①畜生：家畜的泛称。　②见：被。识记：标记专门名称。连上句意思是：畜生虽然低贱，但是优秀家畜仍有专门名称，登记在册，区分高下和特长，方便使用。　③骅骝、骥騄：宝马的名称。郭椒、丁栎：牛的名称。牛

誉郭椒、丁栎：能称为郭椒、丁栎的牛是最好的牛。 ④韩庐、宋猉(què)：良犬名。 ⑤善相马者：善于识别马优劣的人。 ⑥恶貌：样子难看。而：却。正走：善跑。名骥子：指薛翁于边地所得宝马名称。 ⑦不见：看不见，人们不去注意。 ⑧劳问：多次询问。 ⑨因：趁此。 ⑩诸：众多、各位。卿：对人的尊称，这里相当于“先生”。无目：没有眼力。 ⑪足：值得。示：给人看。

动如雷震①，住如岳立②，攻如奔电，取如疾风③，前轻后重④，内实外虚⑤。周亚夫严猛哮吼之用⑥，可谓国之大将军。切直忠正⑦，则汲黯之敢谏诤也⑧。

[注释]①动如雷震：比喻行动时像雷霆那样摧枯拉朽、不可抗拒。②住如岳立：静下来时像巍然耸立的山岳不可动摇。 ③攻如奔电，取如疾风：进攻时像疾风扫落叶那样迅速利落，使敌人无处可逃。 ④前轻后重：开始时看上去力量一般，越往后力量越大。 ⑤内实外虚：指外表虚弱，内部强大，以虚弱的假象掩盖强大的实力。这几句表达的是桓谭心目中将帅的军事素养和能力。 ⑥周亚夫：沛(今江苏沛县)人，周勃之子，西汉著名军事将领，以军令严明、公正无私、善于用兵著称。公元前158年，匈奴入侵，周亚夫驻守细柳(今陕西咸阳西南)，汉文帝入营劳军，也必须遵守军法，下车慢行，成为依法治军的典范；景帝时，平定吴王刘濞为首的七国叛乱；后任丞相。严猛：严厉威猛。哮吼：声音洪亮，这里指治军威武严厉。 ⑦切直：耿直。忠正：忠诚，刚正。 ⑧汲黯(jí àn)：人名，字长孺，濮阳人，汉武帝的大臣，曾多次上书批评汉武帝的失误，以清正廉明著称。谏诤：劝谏，争辩。

捕猛兽者，不使美人举手；钓巨鱼者，不使稚子轻预①。非不亲也，力不堪也。奈何万乘之主而不择人哉？②

[注释]①稚子：儿童。预：参与。 ②这句的意思是说：人们不让美人和孩童参加捕猎猛兽和捕捞大鱼活动，不是和他们不亲，不爱他们，而是因为

他们没有这个能力。做任何事情不能只凭亲缘关系，而要根据能力，作为一国之主，要根据能力才干用人，不能任人唯亲。

言体第四

凡人耳目所闻见，心意所知识，情性所好恶，利害所去就，亦皆同务焉。①若材能有大小，智略有深浅②，听明有闇照③，质行有薄厚④，亦皆异度焉⑤。非有大材深智，则不能见其大体。⑥大体者，皆是当之事也⑦。夫言是而计当⑧，遭变而用权⑨，居常而守正⑩，见事不惑，内有度量⑪，不可倾移而诳以谲异⑫，为知大体矣。如无大材，则虽威权如王翁⑬，察慧如公孙龙⑭，敏给如东方朔⑮，言灾异如京君明⑯，及博见多闻，书至万篇，为儒教授数百千人，只益不知大体焉⑰。

[**注释**]①这四句的意思是：一般说来，根据耳闻目睹去理解人和事；根据内心好恶，追逐有利的人和事，远离有害的人和事，都是人的共同本性，没有什么差别。 ②智略：见识、谋略。 ③听明：指耳听目看，这里指对看到和听到的现象、事物的理解分析能力。闇：同暗，不清楚。照：分明，清楚。④质行：资质品行。厚薄：差异。 ⑤异度：程度不同。这几句意思是说：人的能力有大小，思考问题有远近深浅，对问题的分析认识有不同，品质也有差异，但都是程度的不同，没有根本区别。 ⑥大体：治国方针和根本措施。这句意为：不是才干超群、智慧出众的人，是看不到治理国家的根本方略的。⑦是：正确。当：合适、得当。是当之事：指正确而合适的政策方针和实施措施。 ⑧言是：所言正确。计当：具体措施周密适当。 ⑨遭变：遇到突然事故。权：权变，指随机应变，灵活处置。连上句意思是：虽然有正确的思想和适当的措施，当事情发生变化的时候，不能拘泥于既定的方案，而要灵活应对。 ⑩居常：按照正确的方针。守正：坚守原则。这句是说：在平时始终坚

持正确的治国理论和方法。 ⑪惑：迷惑、糊涂，不知道如何应对。度量：思考，指清晰明确的应对方案。连上句是说：遇事不糊涂，胸中有主见。 ⑫倾移：改变，动摇。诳：欺骗，蒙蔽。谲(jué)异：非同寻常的变故，这里指故弄玄虚、假象。这句是说：不被那些虚假的表象欺骗迷惑而动摇。 ⑬王翁：指王莽。桓谭和王莽关系较深，虽然不满王莽的专权和一系列改制行为，但并不把王莽代汉看作篡弑，故称王莽为“王翁”。 ⑭察慧：明辨、聪明。公孙龙：姓公孙，名龙，字子石，战国时赵国人，以善辩著称，名家代表人物，有《公孙龙子》一书传世。 ⑮敏给：言辞敏捷。东方朔：姓东方，名朔，字曼倩，景帝、武帝时人，知识驳杂，长于辞赋，以诙谐滑稽、行为怪诞、应对敏捷著称。 ⑯京君明：即京房，西汉今文易学的代表人物之一，汉元帝时立为“易经”博士。灾异：自然灾害等异常现象。先秦时期有阴阳家把自然灾害和某些不常见的自然现象与现实政治牵强附会地联系在一起，根据自然灾变评论时政得失，西汉后期尤其盛行。京房以讲灾异著称，屡次上疏，以灾异推论时政得失，弹劾宦官石显专权，后下狱被迫害而死。 ⑰儒：指大儒，儒学名家。益：更加。连上句意思是：就是那些远近闻名、著书立说、有成百上千门徒的儒学大师，不过是更加表明其不知大体而已。

夫言行在于美善，不在于众多。出一美言善行，而天下从之①；或见一恶意丑事，而万民违之②，可不慎乎？肃侯游大陵，出于鹿门③，大戊午扣马曰④：“耕事方急，一日不作，百日不食。”肃侯下车谢，赐大戊午金百镒⑤。秦惠文王剖贤人之腹，刑法大坏⑥。郢王好细腰，而宫人饿⑦。故《易》曰：“言行，君子之枢机。”枢机之发，荣辱之主，所以动天地者也⑧。

[**注释**]①从：依从，服从，顺从。意思是：即使说一句好话、做一件好事，天下百姓都会顺从。 ②或：如果，有时。见：通现，出现。违：反对。意思是：如果表现出坏思想、坏主张，做坏事，平民百姓也会反对。 ③肃侯：战国

时赵国国君，公元前349—公元前326年在位。大陵、鹿门：地名，均在赵国都城邯郸附近。　④大戊午：赵肃侯时赵国丞相。扣马：牵着马，这里指大戊午拉着赵肃侯的马，劝阻肃侯出游。　⑤镒：重量单位，每镒一斤。　⑥秦惠文王：秦国国君，公元前337—公元前311年在位。惠文王继位之初曾车裂商鞅，但继续商鞅之法，法制严明，“剖贤人之腹”可能是指车裂商鞅事，系误传，和“刑法大坏”无关，谓之导致“刑法大坏”系批评秦惠文王刑罚残酷之词。⑦郢：今湖北江陵，春秋时楚国以郢为都，故楚国又称郢。郢王：楚灵王。细腰：纤细的腰身。楚灵王喜欢细腰的士臣，群臣每天一餐以瘦身，宫女们更是忍饥挨饿，减肥瘦腰，以致于发生被饿死的事情。　⑧引自《易经·系辞上》。枢：本指门窗的枢轴。机：本指弓弩发射的机关，这里指使用弩机的人。枢机：引申为掌握权力的人。这几句是说：君王一言一行，决定着人的生死荣辱，是惊天动地的大事，不是什么小事。

夫帝王之知大体者，则高帝是矣①。高帝曰：“张良、萧何、韩信，此三子者②，皆人杰也③。吾能用之，故得天下。”此其知大体之效也。王翁始秉国政，自以通明贤圣，而谓群下才智莫能出其上④。是故举措兴事⑤，辄欲自信任⑥，不肯与诸明习者通共⑦。苟直意而发⑧，得之而用，是以稀获其功效焉，故卒遇破亡⑨。此不知大体者也。

[注释]①高帝：汉高祖刘邦。　②张良：字子房，城父（今安徽亳州）人，原韩国宗室，秦朝隐匿民间，为韩国复仇，后追随刘邦，成为汉初杰出谋略家，运筹帷幄之中，决胜千里之外，是刘邦最重要的军事谋臣。萧何：沛（今江苏沛县）人，汉初著名的政治家，汉高祖的相国。楚汉战争时期，受刘邦之命治理关中，保障后方稳定。刘邦称帝以后，萧何依据秦律制定汉律，稳定社会秩序，发展经济，为西汉王朝的建立和巩固起了重要的作用，是刘邦的第一功臣。韩信：汉初军事家，淮阴（今江苏淮安）人，初属项羽，后归刘邦，被任为大将，先率军平定三秦即关中地区，后在刘邦与项羽正面作战时，率军平定北方的赵、魏、燕以及东方的齐国，最后与高祖合兵大败项羽于垓下，先被刘邦封

为齐王，后改封淮阴王，后贬为淮阴侯，后以谋反罪被杀。　③人杰：才能杰出的人。张良、萧何、韩信被称为汉初三杰。　④秉：执掌。以：认为。王莽喜好儒学，尤其喜好古文经，以为自己是当世圣贤，无人能及。这几句意思是说：王莽自开始掌权，就以为自己熟悉儒家经典，才干知识在群僚百官之上。⑤举措：举动。兴事：办事。　⑥辄：每，总是。　⑦诸：众多，泛指他人。明习者：通晓经学、熟习事理的人。通共：共同商量，取得共识。连上句意思是：做任何事情只相信自己，从不和那些有知识、有经验、明事理的人商量。⑧苟：随便，任意。这句话是说：只是凭主观意愿，一意孤行，想到什么就做什么。　⑨卒：最终，所以很少收到成效，最后国破身亡。

高帝怀大智略，能自揆度①，群臣制事定法，常谓曰："庳而勿高也，度吾所能行为之。"②宪度内疏③，政合于时④，故民臣乐悦，为世所思⑤。此知大体者也。王翁嘉慕前圣之治⑥，而简薄汉家法令⑦，故多所变更，欲事事效古⑧，美先圣制度⑨，而不知己之不能行其事。释近趋远⑩，所尚非务⑪。故以高义退致废乱⑫。此不知大体者也。

[注释]①怀：胸怀。揆(kuí)度：估量。自揆度：自我估量，指刘邦有自知之明。　②庳：低。度(duó)：考虑。意思是说：制定法律政令的要求不要过高，要考虑具体理解和执行能力，按照能办到的标准去制定。这本来是刘邦对叔孙通制定朝仪的要求。《汉书·叔孙通传》谓刘邦称帝之初，朝廷没有礼仪制度，群臣经常酒后争功，"醉或妄呼，拔剑击柱"，毫无君臣尊卑可言，刘邦不快，又无可奈何。叔孙通提出制定朝仪，"臣愿颇采古礼与秦仪杂就之"。刘邦君臣起自草莽，文化水平有限，担心过于繁琐，说"可试为之，令易知，度吾所能行为之"。桓谭把刘邦的话扩大为法律政令的泛指。　③宪度：法令制度。内疏：指法条规定详细但执行并不严格。　④政合于时：政策法令适合当时社会的实际情况。　⑤思：怀念。连上句意思是说：无论是平民百姓

还是大臣官僚都很欢迎，为后世所怀念。　⑥嘉慕：赞美羡慕。前圣：传说中的圣王。　⑦简薄：轻忽怠慢，指王莽不重视汉朝的法令制度。　⑧效古：效法古代。　⑨美：赞美，称颂。先圣：即前圣。　⑩释：舍弃。趋：向往，追求。意思是：舍弃眼前的经验一味地追求遥远的传说。　⑪尚：推崇，重视。非务：不是应当做的事，意思是追求那些当前不应该做的事情。　⑫高义：理论高远，指唱高调。退：达不到。致废乱：导致国家混乱失败。意思是理论虽然高远美妙，但是无法达到，结果导致国家政事混乱，王朝败亡。

高祖欲攻魏①，乃使人窥其国相及诸将率左右用事者，知其主名②，乃曰："此皆不如吾萧何、曹参、韩信、樊哙等③，亦易与耳④。"遂往击，破之。此知大体者也。王翁前欲北伐匈奴，及后东击青、徐众郡赤眉之徒⑤，皆不择良将，而但以世姓及信谨文吏⑥，或遣亲属子孙、素所爱好⑦，咸无权智将帅之用，猥使据军持众⑧，当赴强敌。是以军合则损⑨，士众散走。咎不在择将⑩，将与主俱不知大体者也⑪。

[注释]①魏：指魏豹，战国时魏国宗室之后，秦末追随陈胜反秦，被立为魏王，后投项梁、项羽麾下，被项羽封为西魏王，刘邦定三秦后，归附刘邦。汉高祖三年（前204年），魏王豹借探亲为名到魏地，叛汉归楚，高祖派兵讨伐，豹被虏而亡。　②窥（kuī）：暗中观察了解。将率：即将帅。主名：指为魏王豹领兵作战和出谋划策的人的名字、家世。　③曹参：汉初政治家，沛人，曾为沛县狱吏，随从刘邦起兵，屡立战功。汉朝建立，为齐相，后继萧何为惠帝丞相，继续执行刘邦、萧何制定的治国方针，实行黄老无为政治，促进了当时生产的恢复。樊哙：沛人，刘邦的大将，因军功封为舞阳侯，任右丞相。后参与吕后篡权被杀。　④与：对付。易与耳：容易对付。　⑤青：青州，汉时区域，相当于今山东北部、东部。徐：徐州，汉时区域，相当于今江苏淮河以北和山东东南部地区。　⑥世姓：世家大姓，这里指王莽认定的王氏同族。王莽

自认是黄帝之后，规定“姚、妫、陈、田、王氏凡五姓者，皆黄、虞苗裔，予之同族也。《书》不云乎？‘惇序九族。’其令天下上此五姓名籍于秩宗，皆以为宗室。世世复，无有所与。”信谨文吏：恭顺听话而谨小慎微的文职官员。　⑦素：平时，一向。素所爱好：平时喜欢的人。　⑧猥（wěi）使：胡乱地委派，指委派那些没有领兵能力、素质低下的人领兵作战。　⑨是以：因此。军合：双方军队相遇，这里指遇到敌军。损：失败。　⑩咎（jiù）：过失、错误。　⑪意思是王莽和受命领兵的人都不知大体。将：将领。主：指王莽。俱：皆、都。

维王翁之过绝世人有三焉①：其智足以饰非夺是②，辨能穷诘说士③，威则震惧群下④，又数阴中不快己者⑤。故群臣莫能抗答其论⑥，莫敢干犯匡谏⑦，卒以致亡败⑧。其不知大体之祸也。

［注释］①绝：超过。这句意思是说：王莽有三项超过常人的地方。②饰非夺是：文饰错误，强词夺理，以是为非。这句话意思是：王莽知识渊博，智力出众，善于颠倒黑白。　③辨：通辩。穷诘：竭力追问。说（shuì）士：能言会道的游说之士。这句话意思是：善于辩驳，即使是那些专职的游说之士也会被追问的无话可说。　④威：权威，意思是大权独揽，掌握群臣生杀大权，使百官畏惧。　⑤数：屡次，经常。阴中：暗地里中伤、陷害。不快己者：使自己不满意的人。　⑥抗答：抗衡、辩驳。　⑦干犯：冒犯。匡谏：匡正，规劝。　⑧卒：终于。致：导致。

王翁刑杀人，又复加毒害焉①。至生烧人，以醯五毒灌死者肌肉；及埋之，复荐覆以荆棘②。人既死，与木土等③，虽重加创毒，亦何损益？成汤之省纳④，无补于士民，士民向之者，嘉其有德惠也⑤。齐宣之活牛，无益于贤人，贤人善之者，贵其有仁心也⑥。文王葬枯骨，无益于众庶，众庶悦之者，其恩义动人也⑦。王翁之残死人，观人五藏，无损于生人。生人恶之者，以残酷示之也⑧。维此四事，忽微而显著，纤细而犹大⑨。故二圣以兴，一君用称⑩，王翁以亡。知大体与不知者远矣。

[**注释**]①复加毒害：又用毒虫毒物残害。 ②生烧人：把人活活烧死。醢五毒：把五种毒虫磨成酱。五毒：蝎子、蛇、蜈蚣、壁虎、蟾蜍。荆棘：带刺的荆条。王莽杀人之后还不解恨，把五毒粉碎后灌在死者尸体里，把尸体捆在荆条内埋葬，表示对死者痛恨之深，同时也表现了王莽内心的恐惧和残忍。③土木等：和泥土朽木一样。 ④成汤：周成王、商汤王。省纳：自我反省，听取不同意见。 ⑤向：向往，归附。嘉：赞赏。这句意思是：商汤王、周成王是否接受臣下意见对于那些普通民众来说没有直接影响，但是人们仍然自动追随他们，是因为他们的德行给大家做出了表率，给大家带来恩惠。 ⑥齐宣：齐宣王，齐国国君，公元前319—公元前301年在位。活牛：使牛活。事见《孟子·梁惠王上》：孟子言齐宣王云："有牵牛而过堂下者。王见之曰：'牛何之？'对曰：'将以衅钟。'王曰：'舍之，吾不忍其觳觫，若无罪而就死地。'对曰：'然则废衅钟与？'曰：'何可废也？以羊易之。不识有诸？'曰：'有之。'曰：'是心足以王矣。百姓皆以王为爱也，臣固知王之不忍也'。"齐宣王以羊代替牛"衅钟"即以血涂抹新铸造的钟，钟是国家重器，新钟铸成要举行祭祀仪式，宣王不忍心看到牛临死前觳觫的样子而用羊代替，朝堂上下认为宣王是舍不得用牛做祭品。孟子认为宣王不是舍不得牛而是因为有不忍之心才这样做的，这是仁心的体现，可以称王天下。 ⑦文王：周文王。商纣王无道，平民冻饿而死，抛尸荒野，文王伐纣之后收而葬之，这对那些活着的平民没有实际好处，但是人们仍然欢欣鼓舞拥护文王，是因为被文王仁爱之心所感动。⑧恶：憎恶。连上句意思说：王莽肢解死人，既不能增加死人的痛苦，也无损于活人，只体现了自己的残忍，令活人憎恶。 ⑨维：通唯。意思是：这四件事情看上去具体细微，但包含着深刻而远大的道理。 ⑩二圣：商汤王和周文王。一君，指齐宣王。

更始帝到长安，其大臣辟除东宫之事，为下所非笑，但为小卫楼，半城而居之①，以是知其将相非萧、曹之俦也②。

举网以纲③，千目皆张④；振裘持领，万毛自整⑤。治大国者，亦当如此。

［注释］①刘玄在宛（今河南南阳）被立为帝，后迁洛阳，王莽死后迁长安，整修宫殿。当时长安城内建筑破坏有限，朝廷百官和后宫嫔妃也大都完整地保留下来，但是更始君臣大都出身民间，不了解、不习惯朝廷礼仪和宫廷制度，不住正殿，选偏在城东面的一座矮小狭窄的楼房作住所和处理朝政的地方，被朝廷旧官讥笑。　②萧、曹之俦：萧何、曹参之辈。　③纲：指渔网上的总绳。　④目：指网眼。连上句是说：撒网时只要抓住纲绳，整个网眼自然会张开。　⑤振：抖动，整理，这里指理顺。裘：皮衣。意思是：提着衣领抖动皮衣，所有皮毛便自然齐整顺滑。

见征第五

圣王治国，崇礼让①，显仁义②，以尊贤爱民为务③，是为卜筮维寡④，祭祀用稀⑤。王翁好卜筮，信时日⑥，而笃于事鬼神⑦，多作庙兆⑧，起九庙，以铜为柱甍⑨，大金银错镂其上⑩，举火夜作，燃炭干墙⑪。洁斋祀祭⑫，牺牲肴膳之费⑬，吏卒辨治之苦⑭，不可称道⑮。为政不善，见叛天下⑯。及难作兵起⑰，无权策以自救解⑱，乃驰之南郊告祷⑲，抟心言冤⑳，号兴流涕㉑，叩头请命㉒，幸天哀助之也㉓。当兵入宫日，矢射交集，燔火大起㉔，逃渐台下㉕，尚抱其符命书及所作威斗㉖，可谓蔽惑至甚矣㉗。

［注释］①崇礼让：推崇礼节谦让。　②显仁义：宣扬仁义德政。③务：要务，重要的事，把尊敬有道德才干的人、慈爱贫民当作执政的核心任

务。　④是：这样。卜筮：即占卜，古代用龟甲、筮草占卜，预测行事吉凶。维：以，因而。　⑤用稀：很少使用。连上句的意思是说：圣王以仁德治国，深得民心，绝少通过占卜、祭祀来请求神明帮助。　⑥信时日：相信良辰吉日。古人迷信时辰，大小事情都要通过占卜选择吉日。　⑦笃：虔诚。事：侍奉。⑧庙兆：指庙宇，祭坛。　⑨九庙：祭祀列祖列宗的宗庙，王莽为表示自己是受天命称帝，处处表示敬天，同时表示不忘列祖列宗在天之灵的保佑而建庙祭祀。柱甍：立柱。　⑩大：多，用大量金银做装饰。　⑪燃：为赶进度，夜里燃火照明，烧炭烘干墙体。　⑫洁斋：指沐浴斋戒，不荤食，穿上整洁的衣服，表示对神明的虔诚。　⑬牺牲：指祭祀用的牛、羊、猪。肴膳：美味佳肴。⑭辨：通办。辨治：采购筹办。　⑮不可称道：难以详细叙述，指数量多，无法说清。　⑯见叛天下：遭到全国上下一致反叛。　⑰难作：大难发生，指爆发农民起义。　⑱权策：权谋策略。　⑲南郊：指长安城的南郊，是西汉皇帝祭天的地方。告祷：向天祈祷。绿林赤眉起义爆发，如燎原之势，新莽统治土崩瓦解，众叛亲离，王莽黔驴技穷，怀抱祭器在南郊祈求上天保佑。　⑳抟心言冤：捶胸顿足地向上天喊冤，表明自己是真心按照天意办事。　㉑号兴：嚎啕大哭。　㉒叩头请命：不停地磕头请求天命保佑。　㉓幸：希望、侥幸。哀：怜悯。这句话意思是：希望得到上天的怜悯和帮助。　㉔燔（fán）：烧。燔火：烈火。　㉕渐台：台名，在未央宫西南太液池中，高二十余丈，王莽被斩于此台。　㉖符命书：指孟通和哀章先后献的“告安汉公莽为皇帝”及“赤帝行玺某传予黄帝金策书”等骗人的谶纬图书，王莽就是以此作为取代汉家政权的神学根据，打着受上天命令改汉朝为新朝。威斗：形状像北斗，长二尺五寸，王莽经常带在身边，传说有驱妖压邪的作用。　㉗蔽惑：自我蒙蔽、自我迷惑。

传记言淳于髡至邻家①，见其灶突之直，而积薪在旁②，谓曰：“此且有火灾③。”即教使更为曲突④，而远徙其薪⑤，邻家不听。后灾，火果及积薪而燔其屋⑥。邻里并救击⑦，乃灭止。而烹羊具酒，以劳谢救火者，固不肯呼淳于髡饮饭[8]。智者讥之云[9]:“教人曲突远薪,固无恩泽,焦头烂额,反为上客[10]。”盖伤其贱本而贵末也[11]。岂独夫突薪可以除害哉[12]?而人病国乱,亦皆如斯[13]。是故良医医其未发[14],而明君绝其本谋[15]。后世多损于杜塞未萌,而勤于攻击已成[16];谋臣稀赏,而斗士常荣[17]。犹彼人,殆失事之重轻[18]。察淳于髡之预言,可以无不通[19]。此见微之类也[20]。

[注释]①淳于髡(kūn):战国时齐人,滑稽多辩,曾多次讽谏齐威王改革内政。 ②灶突:烟囱。灶突之直:采用直立式烟囱,直接从灶膛接出,火苗容易从烟囱喷出引发火灾。积薪:柴草堆。 ③且:将、可能。 ④更为曲突:改成弯曲的烟囱。 ⑤徙:迁移。意思是:移开柴草,远离锅灶。 ⑥意思是:火果然蔓延到柴草堆并烧到房子。 ⑦并:并力、合力。 ⑧具酒:摆酒席。呼:请。 ⑨智者:明智的人。讥之:讥笑失火者的行为。 ⑩焦头烂额:指帮助邻家救火而被烧伤的人。 ⑪伤:痛心。意思是:为那个失火人家本末倒置的行为感到痛心。 ⑫岂:难道。独:只、仅。意思是:这难道仅仅是指改灶迁薪可以免除灾祸这件事情吗? ⑬斯:指示代词,指上句“岂独夫突薪可以除害哉”。意思是:从曲突徙薪的典故可以明白人病国乱的道理。 ⑭医:治疗。未发:指疾病尚未发生之前。这句意思是:高明的医生是在疾病还没发生之前就开始医治,即治病于未病。 ⑮绝:杜绝。本谋:造成祸乱的根本原因。意思是:明君治国从根本上消除发生变乱的可能性。 ⑯损:亏,受损,这里引申为“做得不够”。杜塞:杜绝。这句意思是:后代国君大多在防患于未然方面做得不够,只能忙于消除已经造成的不良后果。 ⑰稀赏:很少受到赏识。常荣:尊宠显荣。连上句意思是:出谋献策的人很少受到奖励,而参加作战的将士却经常受到尊崇。 ⑱彼人:上文失火的人家。殆:将,似。失:失去,违背。这句是说:就像那个失火的人家那样,不知道事情的轻重本末。 ⑲察:明白。意思是说:明白了淳于髡改灶迁薪的道理,没有什么不能理解的事情。 ⑳见微:发现问题的征兆。

博士弟子韩生居东寺①，连三夜有恶梦，以问人。人教使晨起，厕中祝之三旦②，而人告以为咒诅③，捕治，数日死。待诏景子春素善占④，坐事系⑤。其妇朱君至狱门，通言遗襦裤⑥。子春惊曰："朱君来言与？朱为诛；裤而襦，中绝者也。我当诛断也。"后遂腰斩。阳城子张明衡，蜀郡人，王翁时与吾俱为讲乐祭酒⑦，及寝疾，预买棺椁，多下锦绣，立被发冢⑧。

[注释]①博士：官名，在太学教授学生，备朝廷顾问。东寺：官署名。②祝：祷告。因做噩梦，在厕所祷告化解噩梦。旦：早晨。三旦：连续三个早上。　③咒诅：当时鬼神迷信盛行，以为用咒语诅咒他人可致死。　④待诏：官名，没有具体职务，等待诏命任职，故名。占：占卜。素善占：一向长于占卜。　⑤坐事：因故下狱。　⑥遗（wèi）：送。襦裤：指上衣和裤子。　⑦各家辑本均作"王翁与吾"，从文意看，应作"王翁时与吾"。　⑧冢：坟墓。立被发冢：刚埋下即被盗墓者发掘。

东方朔短辞薄语，以谓信验①。人皆谓朔大智，后贤莫之及②。谭曰："鄙人有以狐为狸③，以瑟为箜篌。此非徒不知狐与瑟，又不知狸与箜篌，乃非但言朔，亦不知后贤也。"④

[注释]①短辞薄语：文辞粗俗，道理浅显。东方朔长于猜谜、射覆等民间游戏，在汉武帝身边时常借各种机会表演，吸引朝臣注意，人们认为非常灵验。　②莫之及：莫及之，否定句宾词前置。连上句意思是：东方朔的猜谜、射覆等民间游戏，十分应验，留下种种传闻，受到后人的追捧，认为有大学问大智慧，无人能及。　③鄙人：粗鄙之人，指见识浅陋的人。狸：猫科动物，所指宽泛，一般指豹猫，或者有明显条纹的野猫。　④箜篌：七弦弹拨乐器，形状和琴相近，比琴稍小，一般人容易将二者混淆。桓谭认为，不能根据表象判

定事物属性，从外形上看，狐和狸、箜篌和琴相近，但二者本质相去甚远。那些把东方朔的短辞薄语奉为大学问大智慧的人，就是只看表象不看实际，不过是连狐和狸、琴和箜篌都分不清的鄙人之见而已。

余前为典乐大夫①，有枭鸣于庭树上，而府中门下皆为忧惧②。后余与典乐谢侯争斗，俱坐免去③。余从长安归沛④，道疾⑤，蒙絮被绛罽襜褕⑥，乘骍马⑦，宿于下邑东亭中，亭长疑是贼，发卒夜来攻⑧。余令吏勿斗，乃相问解而去⑨。此安静自存也⑩。

［**注释**］①典乐大夫：主管音乐的官员。 ②枭：一作鸟，以枭是，猫头鹰。府中门下：指典乐大夫所属吏员。枭昼伏夜出，白天很少活动，古人认为枭在白天出现是反常现象，预示要发生不祥的事情，故而担心害怕。 ③典乐：官名，典乐大夫属官。谢侯：人名。连上句是说：枭出现之后，自己和谢侯相互争斗都被免官，看上去应验了枭的预示。桓谭举这个例子只是说明枭的出现和自己被免职只是巧合，并不相信枭的出现所预示的凶兆。 ④沛：地名，今江苏沛县。 ⑤道疾：途中生病。 ⑥绛：大红色。罽：粗毛毯。襜褕：汉代平民穿的短衣便服。这句指蒙着破旧的被子，盖着大红色的粗毛毯，穿着短服。 ⑦骍马：红色的马。 ⑧宿：投宿。下邑：县名，今安徽砀山境内。亭：和乡平级的治安管理机构，有亭长一人，亭卒若干人。 ⑨相问解而去：亭长和亭卒了解情况而后离开。 ⑩安静自存：内心坦荡，镇静地处理突发情况，保存自己。

谴非第六

王者初兴，皆先建根本，广立藩屏，以自树党而强固国基焉①。是以周武王克殷②，未下舆而封黄帝、尧、舜、夏、殷之后，及同姓亲属、功臣、德行③，以为羽翼④，佐助鸿业⑤，永垂流于后嗣⑥。百足之虫，共举一身，安得不济⑦？乃者强秦罢去诸侯⑧，而独自恃，任一身，子弟无所封，孤弱无与⑨，是以为帝十四岁而亡⑩。汉高祖始定天下，背亡秦之短计⑪，导殷、周之长道⑫，裒显功德⑬，多封子弟，后虽多以骄佚败亡⑭，然汉之基本⑮，得以定成，而异姓强臣⑯，不能复倾。至景、武之世，见诸王数作乱⑰，因抑夺其权势，而王但得虚尊，坐食租税⑱，故汉朝遂弱⑲，孤单特立，是以王翁不兴兵领士，而径取天下。⑳又怀贪功独专之利，不肯封建子孙及同姓戚属，为藩辅之固，故兵起莫之救助也㉑。传曰㉒："与死人同病者，不可为医㉓；与亡国同政者㉔，不可为谋。"王翁行甚类暴秦，故亦十五岁而亡。

[**注释**]①藩屏：屏障，这里指保卫自己的屏障。意思是说：那些成就王业的人，在创业之初，就树立党羽，作为保障，增强、巩固治国的基础。　②是以：以是的倒装，因此。　③舆：车辆。这句意思是说：武王刚刚取得胜利，还没下车就分封黄帝、尧、舜、夏、商后裔和功臣，分封宗室以及那些品行优秀的人为诸侯，表明自己以仁德治天下。　④羽翼：辅佐。　⑤鸿业：伟大功业。⑥后嗣：后继者。　⑦百足：比喻支持者众多，意思是说支持的人众多，屏障坚固，统治当然稳定。　⑧强秦：指秦始皇。罢：废除。罢去诸侯：废除分封制，统一实行郡县制。　⑨独自恃：只相信、依靠自己。这几句意思是：秦始皇只相信自己，大权独揽，宗室子弟没有任何封地，没有途径参与政事，宗室势力孤单弱小。　⑩帝：称帝、统治。十四岁而亡：公元前 221 年秦始皇统一六国，公元前 206 年秦王子婴投降刘邦，一般计作 15 年，此处谓 14 年，是指秦朝实际统治时间。　⑪背：相反。短计：没有远见、见识浅近之计。这句意思是指汉高祖刘邦反秦之道而行之。　⑫导：选择、遵循。长道：长治久安之道，指商周分封制。　⑬裒：褒的通假，奖励。　⑭多封子弟：刘邦曾分封宗室子弟以及皇子为王，其地位和西周的诸侯相当，史称诸侯王，后来大多因为

谋反或者骄奢淫逸被废。　⑮基本：指汉朝统治的基础和根本。　⑯异姓：指吕氏。强臣：强有力的功臣，指周勃等开国元老。　⑰诸王数作乱：指景帝时期吴王刘濞等七国发动的叛乱、武帝时期淮南王刘安之乱。　⑱虚尊：只有尊贵之名，无尊贵之实。景帝、武帝平定叛乱之后，在制度上剥夺了诸侯王的治国权力，诸侯王只能享受封国内的租税，不准过问军民政务。　⑲汉朝：这里指皇室。　⑳连上句的意思是：汉武帝过分限制诸侯王权力，背离了刘邦行分封的初衷，使诸侯王完全丧失辅佐中央的功能，皇室孤立，致使王莽不费一兵一卒，取代汉家天下。　㉑藩辅：屏障，辅佐。这句话是指王莽代汉以后，没有吸取汉朝孤立而亡的教训，贪功专权，不分封同姓亲戚为王以辅佐，结果是步汉朝后尘而亡。　㉒传曰：俗语说。　㉓意思是：医生和病人患同样的病，医者不能治自己的病，也就不能医治其他患者。　㉔同政：共同的执政思想和方法。

夫猎射禽兽者，始欲中之，恐其创不大也①；既已得之，又恶其伤肉多也②。鄙人有得脡而美之③，及饭，恶与人共食，即小唾其中④。共者怒，因涕其酱，遂弃而俱不得食焉⑤。彼亡秦⑥、王翁欲取天下时，乃乐与人分之；及已得而重爱不肯与，是惜肉唾脡之类也。

[注释]①中：射中。创：创伤。射猎时，担心猎物逃掉，不考虑箭伤大小，只想一箭致死。　②恶：厌恶，下句意同。抓住猎物之后，又埋怨创伤太大，对皮肉伤害太多。　③鄙：野人，这里泛指小气自私的人。脡：一作脡，生肉酱。美之：以之为美。　④饭：动词，吃饭。唾：吐唾液。意思是：怕一起吃饭的人吃他的生肉酱，故意吐唾液在里面。　⑤涕其酱：擤鼻涕在酱里。⑥亡秦：指秦始皇、秦二世。

昔齐桓公入谷①，问父老曰②：“此何谷？”答曰：“谓臣愚，名为愚公谷。”出见一故墟③，道路皆蒿草，寥郭狼藉④，而问之。或对曰："郭氏之墟也。"⑤复问："郭氏曷为墟？"⑥曰："善善而恶恶焉。"⑦桓公曰："善善恶恶乃所以为存，而反为墟，何也？"曰："善善而不能用，恶恶而不能去⑧。彼善人知其贵己而不用，则怨之；恶人见其贱己而不好，则仇之。⑨夫与善人为怨，恶人为仇，欲毋亡，得乎？"乃者王翁善天下贤智材能之士，皆征聚而不肯用，使人怀诽谤而怨之。⑩更始帝恶诸王假号无义之人，而不能去，令各心恨而仇之。⑪是以王翁见攻而身死，宫室烧尽；更始帝为诸王假号而出走，令城郭残⑫。二主皆有善善恶恶之费⑬，故不免于祸难大灾。卒使长安大都，坏败为墟，此大非之行也。

［**注释**］①谷：山谷。　②父老：有威望、能教化基层民众的老年人。③故墟：旧的城址。④寥郭：通寥廓，空旷无人的样子。狼藉：杂乱无序。⑤郭氏：齐国贵族，衰落之后，城邑荒废。　⑥曷：通何，为什么成为废墟。⑦意思是奖励好的，批评坏的。前一个善、恶均作动词。　⑧去：去除。这句意思是：虽然知道人的优劣高下，但是既不使用品质优秀、才干突出的人，也不清除品质恶劣、能力低下的人。　⑨这句意思是：好人知道他尊重自己但不被使用而心生不满，坏人知道他鄙视自己而仇恨他。　⑩征聚：征召、集中在一起。王莽执政之初，为收揽人心曾召天下儒生，但是不给予实际权力，拒绝、残害不同意见的人，只听阿谀奉承之词，导致人心离散。　⑪心恨而仇：更始帝不满意那些身居王位而不尽忠的大臣，又不能废除他们，导致他们心生怨恨。这两句是批评王莽和刘玄不愿意用那些德才兼备的人，也不能制止那些心怀险恶的人。　⑫假号：把名号给与他人。这里指刘玄迁都长安之后大封亲信为王，把权力交给别人，致大权旁落，不久内乱迭生，兵败赤眉，成为赤眉阶下囚。　⑬费：通非。意思是说：王莽和刘玄都有善善而不愿使用、恶恶而不能去除的错误。

北蛮之先[1]，与中国并，历年兹多[2]，不可记也。仁者不能以德来，强者不能以力并也[3]。其性忿鸷[4]，兽聚而鸟散[5]，其强难屈，而和难得，是以圣王羁縻而不专制也[6]。昔周室衰微，夷狄交侵[7]，中国不绝如线[8]，于是宣王中兴[9]，仅得复其侵地。夫以秦始皇之强，带甲四十万，不敢窥河西[10]，乃筑长城以分之[11]。汉兴，高祖见围于平城[12]。吕后时为不轨之言[13]。文帝时匈奴大入，烽火候骑，至雍甘泉[14]。景、武之间，兵出数困，卒不能禽制[15]。即与之结和亲，然后边竟得安[16]，中国以宁。其后匈奴内乱，分为五单于[17]，甘延寿得承其弊[18]，以深德呼韩邪单于[19]，故肯委质称臣[20]，来入朝见汉家[21]。汉家得以宣德广之隆，而威示四海，莫不率服，历世无寇。

[注释]①蛮：先秦时期对南方部族的统称，后用作周边少数民族的泛称。北蛮：泛指北方游牧民族。　②并：兼并，这里指军事冲突，意思是说北方游牧民族和中原王朝的争战年年都在发生。　③这两句意思是：中原王朝再行仁政也不能用德义感化他们、使他们主动归附，再强大也无法用武力统一他们。　④忿鸷：容易发怒。鸷是指马腿弯曲的样子，马发怒时曲腿踢人，用来形容游牧民族性格易怒，是民族歧视性用语。　⑤这句是说：像禽兽那样聚散无常，凭本能需要，没有什么规矩。　⑥羁：马笼头。縻：牵牛的绳索。羁縻在这里引申为控制、笼络。对北方少数民族，既不能武力征服，也无法实行仁义教化，而采用控制笼络方针，保持边地平安。专制：把游牧民族置于中央政权直接统治之下。　⑦夷狄：先秦时期对东方和北方非华夏部族的统称。　⑧比喻南方和北方部族连续不断地侵扰中原。　⑨宣王：周宣王。在位期间化解内部矛盾，抵御周边各族袭扰，使衰落的周王朝一度复兴，史称宣王中兴。　⑩河西：黄河以西，指河西走廊地区，当时处于匈奴控制之下。窥：悄悄地观望。按《史记·秦始皇本纪》，秦始皇统一后，以蒙恬为将，率兵十万，把匈奴赶往河套以北地区，修筑长城，加强边防。这里谓四十万，系夸

大之词。　⑪战国时代赵国、燕国、秦国都曾修筑长城防御北边的匈奴等游牧民族，秦始皇统一后，以原秦、赵、燕三国长城为基础，修筑西起临洮东至辽东的新长城，作为北方游牧民族和中原的分界线。　⑫平城：地名，现在山西大同。刘邦称帝，于公元前201年率兵三十万进攻匈奴，中了匈奴诱敌深入之计，被匈奴围于平城附近白登山七日之久，最终突围脱险。　⑬不轨之言：不合伦常之言。匈奴首领冒顿依仗兵强马壮，曾写信给吕后，以吕后丧夫、自己丧妇为由，轻蔑和挑衅地要“以其所有易其所无”，也就是要娶吕后为妻，实现胡汉合一。吕后虽然愤怒，为避免战事，依然好言抚慰，婉拒冒顿的狂妄要求，后来冒顿意识到自己无礼，回书致歉。　⑭烽火：边防报警信号。候：候望、观察用的土台。骑：报信的骑士。雍：地名，今陕西凤翔。甘泉：甘泉山，位于长安西北。　⑮卒：最终。禽：通擒，抓获。景帝时积极防御，汉武帝大规模用兵，击溃匈奴主力，但也有胜有败，最终并没能把匈奴制服。　⑯和亲：西汉高帝刘邦开始实行的民族政策。竟：境的假借。刘邦因不能以武力征服，改用婚姻的方式结好匈奴，选宗室之女以公主的身份嫁给匈奴单于，成为以后历朝民族政策之一。　⑰汉武帝后期，匈奴在汉朝持续军事打击下，内部矛盾重重，开始分裂，宣帝时，分裂为五部，有五个单于。　⑱甘延寿：西汉中后期人，出身北方边地，长于骑射，熟悉匈奴事务，曾经利用匈奴分裂的机会打败郅支单于。　⑲深德：厚重的仁德。呼韩邪：匈奴首领之一。这句意思是：呼韩邪单于被甘延寿厚重的仁德所感动。　⑳委：托付、给予。质：客人所奉礼品。委质称臣：把自己当作物品奉献给主人，与主人结成君臣关系，无条件忠于主人。　㉑入朝：朝觐称臣。元帝时，呼韩邪请求内附称臣，与汉和亲，为汉守边，元帝将王昭君嫁给呼韩邪。

安危尚未可知，而猥复侵刻匈奴①，往攻夺其玺绶，而贬损其大臣号位②，变易旧常，分单于为十五，是以恨恚大怒③，事相攻拒。王翁不自非悔④，乃遂持屈强无理⑤，多拜将率，调发兵马，运徙粮食财物，以弹索天下⑥。天下愁恨怨苦，因大扰乱，竟不能挫伤一胡虏⑦，徒自穷极竭尽而已。《书》曰:“天孽可避,自作孽不可活。”⑧其斯之谓矣⑨。夫高帝之见围,七日不食⑩,及得免脱,遂无愠色⑪,诚知其往攻非务⑫,而怨之无益也。今匈奴负于王翁⑬,王翁就往侵削扰之,故使事至于斯,岂所谓“肉自生虫,而人自生祸”者邪!其为不急⑭,乃剧如此⑮,自作之甚者也。

[**注释**]①猥:苟且、草率。这里指王莽称帝,汉匈关系处于微妙状态,匈奴各部对新莽政权持观望态度,王莽为了满足个人虚妄的权势欲,草率地改变对匈奴政策。 ②玺:匈奴单于的玺印。绶:系玺印的带子。王莽为了突出自己地位,贬低匈奴单于,改匈奴单于为降奴服于,收回汉朝政府颁赐的单于印绶,改赐服于印绶,引起匈奴各部不满,挑起民族矛盾。 ③恨恚:愤怒和怨恨。王莽为了表示自己是上天任命的唯一的至高无上的天下之主,要让匈奴臣服在自己脚下,感激涕零地享受赏赐恩惠,同时对匈奴分而治之,分匈奴为十五部,任命十五个部落首领为单于,违背旧制,制造分裂,不仅导致匈奴各部之间相互攻击,而且导致匈奴各部的一致怨恨。 ④自非悔:反省自己错误。 ⑤屈强:理屈词穷,强词夺理。 ⑥率:通帅。弹索:搜索殆尽,弹通殚,竭尽。这句话意思是:任命众多将帅,征发大量军队兵马,搜尽天下粮草。 ⑦胡虏:对匈奴的蔑称,胡是对北方游牧民族的泛称,虏为蔑称。⑧孽:灾害。原文出自《尚书·太甲》,意思是上天降下来的灾祸是可以逃避的,自己造成的灾祸是无法逃避的。 ⑨斯:指示代词,指王莽发兵进攻匈奴的一系列错误行为。 ⑩七:一作十,以七是,形近而误。 ⑪愠色:不高兴、愤怒的表情。 ⑫往攻:进攻匈奴。非务:不是应该和必须做的事情。连上句意思是:刘邦发自内心地知道进攻匈奴本来就不是一件非做不可的事情。⑬指王莽分匈奴为十五单于、改名降奴服于招致匈奴的不满。 ⑭不急:无关紧要的事情。 ⑮剧:剧烈,急迫。这里指不应该做的事。

夫灾异变怪者①,天下所常有②,无世而不然。逢明主贤臣、智士仁人，则修德善政③、省职慎行以应之④，故咎殃消亡，而祸转为福焉⑤。昔大戊遭桑榖生朝之怪，获中宗之号⑥。武丁有雊雉升鼎之异，身享百年之寿⑦。周成王遇雷风折木之变，而获反风岁熟之报⑧。宋景公有荧惑守心之忧，星为徙三舍⑨。由是观之，则莫善于以德义精诚报塞之矣⑩。故《周书》曰："天子见怪则修德，诸侯见怪则修政，大夫见怪则修职，士庶见怪则修身。神不能伤道，妖亦不能害德。"⑪及衰世薄俗⑫，君臣多淫骄失政，士庶多邪心恶行⑬，是以数有灾异变怪⑭。又不能内自省视，畏天戒，遏绝其端，其命在天也⑮。而反外考谤议，求问厥故⑯，惑于佞愚，而以自诖误⑰，而令患祸得就，皆违天逆道者也。

[注释]①异、怪：寻常少见的事物。　②天下所常有：古往今来，经常发生。　③修德善政：加强自己品德修养，改善统治措施。　④省：反省。省职：反省职责履行情况。慎行：行为谨慎。应之：应对灾异。　⑤这几句意思是说：当发生一些奇怪的现象时，明君贤臣反省自己，检讨错误，灾异自然消除，转祸为福。　⑥大戊：即太戊，商王名。桑：桑树。榖(gǔ)：楮树，其皮纤维较长，可做织布原料。传说太戊即位时有桑、榖同时生于朝堂，七天就长得很粗壮，被认为是天降灾异的不祥之兆。太戊接受国相尹陟建议，修德理政，桑、榖枯萎而死，国事兴盛，被谥为中宗。　⑦武丁：商王名。雉：野鸡。雊：野鸡的叫声。传说武丁祭祀成汤时曾有野鸡落在祭祀用的鼎里，站在鼎的边缘上鸣叫，是短命的征兆。而武丁尽心国事，天下归心，结果活了近百岁。⑧周成王：周武王之子，少年即位，大风吹断树木，是饥荒之兆，但是成王尽心国政，年年丰收。　⑨宋景公：宋国国君，公元前516—公元前453年在位。荧惑：火星别名，古人以金木水火土为五大行星，火星为五大行星之一，因隐现不定，令人迷惑，故名荧惑。心：星宿名，二十八宿中的苍龙七宿的第五宿。按照分野说，心是宋国分野，荧惑守心，即荧惑迫近心宿，象征宋君不祥。《史

记·宋微子世家》景公三十七年(前480年)荧惑守心,专门负责观察星象的子韦建议说可以把不祥转移给国相、平民。宋景公拒绝了这一建议,认为国相是自己的左膀右臂,治国离不开大臣;国君为了私利让平民受难,君也就不成其为君。子韦认为,景公言行符合人君之道,上天一定会听到,会让荧惑自动离开,也就是灾祸离开宋国。后来荧惑果然离开三舍之远。舍:距离单位,三十里一舍,这里比喻火星自行离开心宿。　⑩是:指示代词,指上述灾异。这句意思是说:由上述事例来看,诚心诚意地按照圣王之德要求自己、做好自己该做的事情,是杜绝灾异的最好办法。　⑪传世《尚书·周书》《逸周书》均无此语。这句话的意思是说:看到灾异怪变现象不必惊慌,做好自己应该做的事情,天子反省是否以德治天下,诸侯反省自己治国施政是否得当,大夫反省本职工作是否做好,士和普通民众则反省自己有无不合规范的行为。君臣百姓各司其职、各守本分,自然逢凶化吉;要相信神不会伤害依王道行事的人,妖魔也危害不到品德高尚的人。　⑫衰世薄俗:指风俗败坏,统治衰亡。⑬这两句意思是:指上层沉溺于享受、不问政务,下层官吏整天想着用旁门左道满足个人欲望,平民百姓也不顾道德伦理,这里指政治腐败,社会风气堕落。　⑭是以:以是,因此。意思是:所以屡屡出现灾异现象。　⑮这几句话意思是:君臣不能发自内心地反思自己的行为,对上天的警告也没有畏惧之心,认为一切都是上天注定的。　⑯考:追究。谤议:批评。厥故:真实原因。连上句意思是:那些腐败昏庸的国君大臣,当发生怪异现象和批评意见时,不是在内心反省自己行为是否符合君臣之道,不考虑臣下的批评是否有道理,以为是故意诽谤,追究提意见者的动机,迫害那些提意见的人。　⑰惑于佞愚,而以自诖误:被奸佞之徒的愚蠢看法所迷惑,自我耽误。

或言:“往者公卿重臣缺,而众人咸豫部署云①:‘甲乙当为之。’后果然。彼何以处知,而又能与上同意乎?孔子谓子贡‘億则屡中’②。今众人能与子贡等乎?”余应曰:“世之在位人率同辈③,相去不甚胶著,其修善少愈者④,固上下所昔闻知也。夫明殊者视异⑤,智均者虑侔⑥,故群下之隐⑦，常与上同度也。如昔汤、武之用伊、吕⑧，高宗之取傅说⑨，桓、穆之授管、宁、由、奚⑩，岂众人所识知哉？彼群下虽好意措，亦焉能责斯以可居大臣辅相者乎？”

［注释］①豫：参与。咸豫：一起参与。　②子贡：孔子学生，善于经商。億：通臆，预料。中：准确。億则屡中：每次预料都很准确。　③人率同辈：在位的人大体上都是同辈人，指见识差不多。率：大体。　④修善少愈者：品德修养稍微突出的人。逾：逾越，超出。　⑤意思是：见解独到的人看法与众不同。　⑥意思是：智慧相同的人看法也相似。侔：相同。　⑦隐：推测，判断。⑧汤：商汤王。武：周武王。伊：伊尹。吕：吕尚。　⑨高宗：商王武丁。傅说：即傅悦，武丁的相。　⑩桓：齐桓公，春秋五霸之一。管：管仲。宁：宁戚，春秋时卫国人，家中贫困，为人驾车为生，曾驾车至齐国，一边喂牛，一边扣牛角而歌，桓公以为不是普通人，任命为上卿，和管仲都是齐桓公称霸的核心大臣。穆：秦穆公。由：由余，本是晋国人，见解出众，能力超群，后降西戎，得到戎王信任，代表戎王出使秦国，秦穆公以为贤，使用离间计使由余归秦，任命为客卿，成为秦穆公讨伐西戎的主要谋臣。奚：百里奚。

国家设理官、制刑辟①，所以定奸邪②，又内置中丞、御史，以正齐毂下③。故常用明习者④，始于欲分正法⑤，而终乎侵轻深刻⑥，皆务酷虐过度⑦。欲见未尽力而求获功赏⑧，或著能立事，而恶劣弱之谤⑨，是以役以棰楚⑩，舞文成恶⑪，及事成狱毕，虽使皋陶听之⑫，犹不能闻也⑬。至以言语小故⑭，陷致人于族灭⑮，事诚可悼痛焉⑯。渐至乎朝廷，时有忿悁⑰，闻恶弗原⑱，故令天下相放俱成惑⑲，讥有司之行深刻⑳，云下尚执重㉑，而令上得施恩泽㉒。此言甚非也。夫贤吏正士为上处事㉓，持法宜如丹青矣㉔。是故言之当必可行也㉕,罪之当必可刑也㉖,如何苟欲阿指乎㉗？如遭上忽略,不宿留,而听行其事㉘,则当受强死也㉙。哀帝时㉚,待诏伍客以知星好方道㉛,数召㉜,后坐帝事下狱㉝,狱穷讯得其宿与人言㉞,“汉朝当生勇怒子如武帝者”㉟。刻暴以为先帝为“怒子”,非所宜言㊱,大不敬㊲。夫言语之时,过差失误,乃不足被以刑诛㊳。及诋欺事,可无不至于罪㊴。《易》言:“大人虎变,君子豹变。”㊵即以是论谕人主㊶,宁可谓曰:“何为比我禽兽乎?”㊷如称君之圣明与尧舜同,或可怒曰:“何故比我于死人乎?”世主既不通,而辅佐执事者㊸,复随而听之㊹,顺成之,不亦重为矇矇乎㊺？

[**注释**]①设:设置。理官:职掌刑法的官吏。制:制定。刑辟:刑罚。②所以:以此,根据。定:限定,判定,制止。　③内:指宫禁,朝廷。置:设置。中丞、御史:都是御史大夫属官,负责监察官员违法行为。御史中丞:御史大夫副手。正齐:整顿,使百官行为统一。毂(gǔ):车轮中心的圆木,即车轴,这里比喻国家权力中心。毂下:指朝廷、天子脚下。这句是说:又在宫廷内设立中丞、御史,负责监察百官、整顿朝廷秩序和京师治安。　④明习者:指明了、懂得、熟悉法律的人。连同上句是说:国家制定法律、设立官员,目的是制止犯罪。为了做到执法公平,在朝廷设立御史大夫、御史中丞、御史等官员监察百官,使用那些通晓法律的人担任。　⑤正法:准确理解法律内容。　⑥终乎:终于,结果。侵:侵害。深刻:苛刻,严峻。连上句是说:开始时主观上是想使法律能够得到准确的理解和施行,结果却总是执法严酷,轻罪重判。⑦务:致力。过度:超过制度规定。　⑧见(xiàn):通现,实现。求获功赏:取得成绩,得到奖赏。　⑨著:显著、显示。立事:办事。恶:厌恶。劣弱之谤:能力低下的评价。　⑩是以:因此。役:事役、职责。以:用。棰楚:原指木棍和荆杖,这里泛指刑具。这句意思是:专门以严刑逼供为职责。　⑪舞文:舞弄文墨,指书写文书时编造情节。成恶:定成恶罪。　⑫虽:即使。皋陶

(gāo yáo):传说中的东夷族领袖,曾被舜任命为掌管刑法的大臣,并由他创立了系统的刑罚制度。听:审查。　⑬犹:依然。闻:搞清楚,判明。以上三句意思是:等到案件定了以后,就是让皋陶来审查,也不能判明案情的真相了。　⑭言语小故:言论方面的小过失。　⑮陷:陷害。致:致使。族灭:即灭族,一人犯罪,全族连坐。　⑯诚:真,的确。悼痛:悲痛,痛心。　⑰时:时常,时刻。忿悁(juàn):怨恨。　⑱恶:坏事,弊病。弗原:不追究。　⑲放:通仿,仿效。惑:迷惑、混乱。　⑳讥:谴责。有司:指执法的官吏。　㉑云:有人说。下:臣下。尚:崇尚,提倡 。执重:执法严厉。　㉒上:指君上。恩泽:恩惠。"渐至乎朝廷……得施恩泽"是说:全国上下都仿效这种坏的做法,令人疑惑不解,以为是执法官吏故意严酷执法,以便国君有借口大赦、显示宽大仁德。　㉓贤吏正士:贤明、正直的官吏。处事:处理案件。　㉔宜:应当。丹青:红色和青色。这里指处理问题应依据法制,是非分明。　㉕当(dàng):适当,符合。这句指言语符合事实。　㉖罪之当:罪名符合案情。㉗苟欲:随心所欲。阿:阿谀、奉迎。指:通旨。阿指:迎合君主的旨意。㉘不宿留:不扣押留置。听:听任。　㉙强死:指死于非命。连同上两句是说:如果碰到皇上粗心大意,不仔细察看,作出错误裁决,也不扣压留置,作进一步审查,而是原样下达,听凭下面执行,当事人只有冤屈而死。　㉚哀帝:即刘欣,公元前6—公元前1年在位。　㉛知星:会占星望气之术,推测吉凶。星,一作皇,以星是。方道:方士长生不老的道术。　㉜数召:被多次召见。　㉝坐:因为。帝事:和帝王有关的事。　㉞狱:这里指狱吏。穷讯:审讯手段无所不用。宿:以前,平时。宿与人言:以前和人讲过的话。　㉟勇怒子:勇猛暴怒之人,武帝即汉武帝刘彻,勇猛暴怒之人严刑苛法、不以仁德治国,说刘彻是勇怒子等于说刘彻是暴君。　㊱非所宜言:不是应当说的话。㊲大不敬:重罪名,专指对皇帝的不尊敬,有大逆不道的意思。　㊳乃:语气副词,表示强调。不足:不够。刑诛:刑罚惩处。连上句意思是:说话的时候,偶然有失误不当,还够不上犯罪,用不着动用刑罚惩处。　㊴及:至于。诋:辱骂,诬蔑。连上句意思是:平时言语失误不构成犯罪,但是一旦和"诋欺"即诽谤欺骗君主扯上关系,就没有什么不能入罪的,再小的过失都是犯罪。㊵虎变、豹变:虎、豹身上的花纹斑驳灿烂,任何变化都是美丽的,比喻改革旧章，自我创新。原文出自《易经·革卦》："大人虎变，其文炳也。君子豹变，其文蔚也。"在这里比喻变化莫测。 ㊶是：此，这个。谕：通喻。 ㊷宁：难道。何为：为何。 ㊸世主：君主。既：已经。通：通晓，洞察。辅佐：君主大臣。执事：指办事官吏。 ㊹复：再，又。随：随顺，附和。 ㊺重：更加。矇（méng）：糊涂，昏乱。连同上两句是说：顺着君主的意图去办，这不是糊涂而又昏乱吗？

九江太守庞真案县令高曾受社祭膰①，有生牛肉二十斤，劾以主守盗②，上请逮捕③。诏膰不赃④。天下缘是⑤，诸府县社腊祠祭灶⑥，不但进熟食，皆复多肉、米、酒、脯、腊诸奇珍⑦，益盛，是故诸郡府至杀牛数十头。⑧

［注释］①案：审理。高：县令名。受：收受。社：社神，这里指祭祀社神。膰（xī）：祭祀用过的肉。受社祭膰：贪占祭祀社神的肉。 ②劾：弹劾，告发。主守：主持、负责，指主持祭社。主守盗：指监守自盗。 ③上：上书。连上句意思是说：九江太守庞真上书朝廷以监守自盗的罪名逮捕高。 ④不赃：不算作赃物。连上文是说：贪占祭祀社神牛肉二十斤，和贪污一般财物不同，不作盗窃论处。 ⑤缘：援引、因此。是：这个，指高案，后人援以为例。 ⑥诸府县：各郡府县廷。社：祭祀社神。腊：腊日，祭祀百神。灶：灶神。 ⑦脯：脯肉，风干的生肉。腊：腌制的肉。 ⑧连上文的意思是说：因为诏书明确"膰不赃"，郡县守令在举行一般性常规祭祀时故意铺张，本来象征性地使用祭品就行了，结果不仅使用熟食，而且用生牛肉，有的郡一次就杀了好几头牛，目的是中饱私囊。

余前作王翁掌教大夫时①，有男子毕康杀其母，有诏燔烧其子尸，暴其罪于天下②。余谓此事不宜宣布，上封事云③："昔宣帝时，公卿大夫朝会廷中，丞相语次云：'闻枭生子④，子长，且食其母，乃能飞，宁然邪⑤？'时有贤者应曰：'但闻乌子反哺其母耳⑥。'丞相大惭，自悔其言之非也。群士皆少丞相，而多彼贤人。贤人之言，有益于德化也⑦。是故君子掩恶扬善，鸟兽尚与之讳，而况于人乎？不宜发扬也。"

[注释]①掌教大夫：桓谭曾任王莽掌乐大夫，负责宫廷音乐，掌教大夫是掌乐大夫之误。　②暴：暴露、宣布。处死之后再焚烧其尸体，同时将其罪行公布天下，以示其罪大恶极。　③封事：即奏章，上书言事的一种，将所说内容写下来，按照规定式样密封，然后上呈，以免所言事情泄露，称之为封事。④枭：猫头鹰，传说食母，用来比喻恶人。　⑤宁然耶：是真的吗？耶：疑问助词。　⑥乌：即乌鸦，传说乌鸦幼鸟知道给母喂食，常用来比喻孝行。⑦少：批评。多：赞成。德化：道德教化。这句话意思是：大家都批评丞相而赞成那位贤人，因为贤人之语有益于教化百姓。

楚之郢都①，车毂击②，民肩摩，市路相排突③，号为朝衣新而暮衣蔽④。楚庄王为车，锐上斗下，号曰"楚车"。董贤女弟为昭仪⑤，居舍号曰椒风⑥。

王莽时置西海郡⑦，令其吏皆四百石亲事，二岁而迁补。

[注释]①郢：楚国都城，今湖北江陵，是长江流域当时最为繁华的都会。②毂：代指车辆。　③市路相排突：市场路旁烟囱排成行。　④号：号称。意思是：人们这样形容郢的拥挤繁华，早上穿新衣服上街到了晚上就被拥挤撕扯得破烂不堪。　⑤董贤：哀帝男宠，因为相貌得到哀帝宠爱，官至大司马，王莽主政后自杀。昭仪：汉代后宫嫔妃名称，汉代皇帝嫔妃共分十四等，昭仪是第四等。　⑥椒风：嫔妃居室的别称，用香料涂墙，故名。椒：香料的一种，这里代指香料。　⑦西海：今青海湖，平帝元始四年（4 年）王莽设置西海郡，治所在今西宁西北青海湖附近。

启寤第七

颜渊所以命短①，慕孔子，所以殇其年也②。关东鄙语曰③：“人闻长安乐，则出门西向而笑。知肉味美，则对屠门而大嚼④。”此犹时人虽不别圣，亦复欣慕共列⑤。如庸马与良骏相追⑥，衔尾至暮，良马宿所鸣食如故，庸马垂头不复食，何异颜、孔优劣！

[注释]①颜渊：名回，字子渊，鲁国人，孔子学生，小孔子30岁，安贫乐道，以好学大贤著称，先孔子而亡，后世称之为“复圣”。 ②殇：早亡，这里指短命。连上句意思是说：颜渊仰慕孔子太过，以至于伤身早亡。 ③关东：函谷关以东，这里泛指东方。鄙语：民间俗话。 ④西向而笑：面向西方，面露笑容，像真的居住在长安那样快乐。屠门：屠户之门，卖肉的店铺。对屠门而大嚼：对着肉铺，做出咀嚼的动作，像真的吃肉那样满足。这两句谚语意在说明人对美好生活和事物都有向往羡慕之心。 ⑤别圣：普通人和圣人的区别。这句意思是说：普通人虽然分不清常人和圣人的差异，但还是充满着对圣人的羡慕。 ⑥庸马：普通的马。衔尾：紧紧地跟在后面。

张子侯曰：“扬子云西道孔子也①，乃贫如此。”吾应曰：“子云亦东道孔子也。昔仲尼岂独是鲁孔子？亦齐、楚圣人也。”② 夫不翦之屋③，不如阿房之宫④，不琢之椽⑤，不如磨砻之桷⑥，玄酒不如苍梧之醇⑦，控揭不如流郑之乐⑧。孔子匹夫耳，而卓然名著⑨，至其冢墓，高者牛羊鸡豚而祭之，下及酒脯寒具，致敬而去。⑩

[注释]①张子侯：人名，具体事迹不详。西道孔子：扬雄是成都人，以博学著称，当时人用西道孔子即西方孔子称赞他博学多识。 ②东道孔子：东

方的孔子。这句意思是说：扬雄学问博大，不仅是西方的孔子，也是东方的孔子，是当时全国的孔子，就像当年人们既把孔子当作齐鲁的孔子，也当作晋国、楚国的孔子一样。　③不翦之屋：没有修剪的茅草屋，相传是尧舜时代的房屋样式，原始而美好。　④阿房之宫：秦始皇在渭水南岸所修建的宫殿群，极为奢华壮丽，前殿名为阿房，故名阿房宫。《史记·秦始皇本纪》记载阿房宫"东西五百步，南北五十丈，上可以坐万人，下可以建五丈旗。周驰为阁道，自殿下直抵南山。表南山之颠以为阙。为复道，自阿房渡渭，属之咸阳，以象天极阁道绝汉抵营室也"。　⑤琢：雕琢。椽(chuán)：架屋顶的木条。⑥磨砻：精心加工的意思。桷(jué)：方形的椽子。　⑦玄酒：即水。上古无酒，祭祀以水代酒，故称玄酒。苍梧：一作苍吾，地名，在今广西壮族自治区东南边境。醇(chún)：酒味浓厚，这里指美酒。　⑧控：古乐器。控揭：这里指一种粗糙而未经加工的音乐。流郑：指声音抑扬婉转的郑卫地区的民间音乐。　⑨卓：一作晫，以卓是。　⑩鲁哀公十六年(前479年)孔子去世，享年七十三，学生服丧三年，子贡服丧六年，有一百多家自发居住在孔子墓周围，形成孔里。这里是说孔子死后，社会各阶层无论贫富贵贱都自发地到孔子墓地祭祀，祭品高低不等，有的以精美的祭器摆着牛、羊、猪、鸡，有的以粗陋的器皿装些普通的酒水，但他们都是诚心诚意地表示对孔子的敬意。

孔子以四科教士①，随其所喜②，譬如市肆，多列杂物，欲置之者并至③。圣人天然之姿④，所以绝人远者也⑤。

谚言："三岁学，不如一岁择师。"⑥子贡对齐景公曰⑦："臣之事仲尼，譬如渴而操杯器就江海饮，满腹而去，又焉知江海之深也？"⑧昔颜渊有高妙次圣之才⑨，闻一知十。

惟人心之所独晓，父不能以禅子，兄不能以教弟也。⑩圣贤之材不世，而妙善之技不传。

吴之习水若鱼鳖[11]，蜀之便山若禽兽[12]。

[注释]①四科教士：孔子从文、行、忠、信四个方面培养学生。语出《论语·阳货》："子以四教，文行忠信。" ②其：指求学的人。 ③置：购买。置之者并至：购买的人都能买到。连上句意思是：孔子从文、行、忠、信四个方面教育学生，就像市场陈列的货品一样，应有尽有，凡是需要的人都能得到满足。 ④圣人：指孔子。 ⑤绝：独一无二，超绝。 ⑥一作"三岁择师"，以一岁是。这里比喻选择老师的重要。 ⑦子贡：孔子学生，姓端木，名赐，字子贡，又作子赣，善言谈、经商、从政，曾做过鲁国、卫国的相。 ⑧这句话比喻孔子学问渊博，如江海那样不可测探、不可穷竭。 ⑨次：差次，稍差一些。 ⑩禅：传授。这句意思是说：想法藏在心里的时候，只有自己明白，别人难以知晓，即使亲如父子兄弟也无法了解。 ⑪吴：吴地，长江下游地区。这句是说：吴地多水，吴人耕渔并重，人人熟悉水性。 ⑫蜀：指蜀地。蜀地多山，蜀人自幼生活在崇山峻岭之中，翻山越岭像飞禽走兽一样轻捷。连上一句的意思是说：环境影响着人的能力习惯。

祛蔽第八

余尝过故陈令同郡杜房[1]，见其读《老子》书[2]，言："老子用恬淡养性[3]，致寿数百岁[4]；今行其道[5]，宁能延年却老乎[6]？"余应之曰："虽同形名[7]，而质性才干乃各异度[8]，有强弱坚脆之姿焉[9]，爱养适用之[10]，直差愈耳[11]。譬犹衣履器物[12]，爱之则完全乃久[13]。"余见其旁有麻烛[14]，而灺垂一尺所[15]，则因以喻事[16]。言："精神居形体，犹火之然烛矣[17]。如善扶持，随火而侧之[18]，可毋灭而竟烛[19]，烛无，火亦不能独行于虚空，又不能后然其灺[20]。灺，犹人之耆老[21]，齿堕发白，肌肉枯腊[22]，而精神弗为之能润泽内外周遍[23]，则气索而死[24]，如火烛之俱尽矣。人之遭邪伤病而不遇供养良医者，或强死[25]，死则肌肉筋骨，常若火之倾刺风而不获救护[26]，亦道灭[27]，则肤余干长焉[28]。

[**注释**]①尝：曾经。过：访问。故：以前，原先。陈令：陈县县令。②《老子》：又名《道德经》，道家学派代表著作。老子：姓李名耳，又名老聃，春秋末年楚国苦县（今河南鹿邑）人，道家学派创始人，《史记》有传。《老子》书是老子后学整理老子思想而成，唐玄宗定名为《道德真经》，被视为道教四大真经之首。　③恬淡：清心寡欲。养性：养生。　④致：达到。寿：寿命。在西汉时期，老子已被作为长寿的代表之一。《史记·老子韩非列传》载老子曾活了160岁或200岁，都是传说。西汉后期，进一步神化老子，"数百岁"就是神化老子的体现。　⑤道：方法。这句是说：如果按照他的方法去做。⑥宁：难道。却老：防止衰老，即长生不老的意思。　⑦形名：形体和名称，这里指人。　⑧才：同材，身材。干：躯干。质性才干：指人的生理素质和躯干。异度：不相同。　⑨坚脆：结实和脆弱，指体质差异。姿：姿质。　⑩爱养：爱护保养。适用：适当节制。　⑪直差愈耳：只能稍微好些罢了。　⑫履：鞋子。　⑬完全乃久：完好才能长久。　⑭麻烛：用麻杆做的烛芯。　⑮炧(xiè)：烛烬。一尺所：一尺左右。　⑯这句话是说：用来作比喻。　⑰然：同燃。　⑱随火：顺着火势。侧：倾斜转动。　⑲毋：勿，不。竟：终，这里作烧完解。　⑳后：指再次燃烧。这句意思是说：不能使烧剩下的再度燃烧起来。㉑耆(qí)老：古人60岁称耆，这里指衰老。　㉒堕：掉落。枯腊：枯如肉干。㉓弗为之：不再使用（指包括牙齿、头发、肌肉在内的人的形体）。　㉔索：尽，衰落。　㉕邪(xié)：邪气，指当时医学上认为的致病因素。或：或许，可能。强死：夭折，非正常死亡。　㉖常：常态。倾：顷刻，忽然。刺风：大风。㉗道灭：中途熄灭。　㉘肤：这里指烛脂。干：这里指烛干。连同上两句是说：人夭折时，肌肉筋骨还保持常态，这就像烛火忽然遇到大风没有得到救护，即中途熄灭，而烛脂没有烧完，烛干还剩下很长一段。

“余尝夜坐饮内中①，然麻烛，烛半压欲灭②，即自曰敕视③，见其皮有剥乾④，乃扶持转侧⑤，火遂度而复⑥。则维人身，或有亏剥⑦，剧能养慎善持⑧，亦可以得度⑨。又人莫能识其始生时⑩，则老亦死，不当自知⑪。夫古昔平和之世⑫，人民蒙美盛而生⑬，皆坚强老寿，咸百年左右乃死，死时忽如卧出者⑭，犹果物谷实，久老则自堕落矣⑮。后世遭衰薄恶气⑯，娶嫁又不时⑰，勤苦过度，是以身生子皆俱伤⑱，而筋骨血气不充强，故多凶短折⑲，中年夭卒⑳。其遇病，或疾痛，恻怛然后终绝㉑，故咨嗟憎恶㉒，以死为大故㉓。”

[注释]①饮：饮酒。内中：室中。　②然：通燃。半压：指烛烧到一半。③自：自己。敕视：仔细观察。　④剥乾（xì）：剥落，脱落。　⑤转侧：转动倾斜。　⑥度：过，这里指延烧过去。复：重新燃起。　⑦维：同惟。或：有时。亏剥：亏损，伤害。　⑧剧：急，很快，及时。养慎善持：小心保养，仔细调理。⑨得度：度过，这里指亏损的身体重新复原。　⑩始生时：指人刚生下的情形。　⑪这句是说：人到老死的时候也是没有知觉的。　⑫古昔：古时候。⑬这句是说：人要在美好的环境里生活。　⑭卧出：熟睡不醒。　⑮犹：好像。久老：时间久了，果实成熟。　⑯衰薄恶气：浇薄恶浊，指社会道德沦丧，风气败坏。　⑰不时：不合时宜。这里指时间过早。　⑱身：本身。生子：指下一代。俱伤：都受到伤害。　⑲凶：病害。短折：短命夭折。　⑳夭卒：早死，指非正常死亡。　㉑恻怛（cè dá）：痛苦悲伤。终绝：气断而死。　㉒咨嗟（zī jiē）：叹息。　㉓大故：最大的事。

或难曰①：“以烛火喻形神，恐似而非焉。今人之肌肤，时剥伤而自愈者②，血气通行也。彼蒸烛缺伤③，虽有火居之④，不能复全⑤。是以神气而生长，如火烛不能自补完[6]，盖其所以为异也[7]，而何欲同之[8]？”应曰：“火则从一端起，而人神气则于体[9]，当从内稍出合于外[10]，若由外腠达于内[11]，固未必由端往也[12]。譬犹炭火之燃赤，如水过渡之[13]，亦小灭然复生焉[14]。此与人血气生长肌肉等，顾其终极，或为炙，或为灺耳[15]。曷为不可以喻哉[16]！”

[**注释**]①或：有人。难：责难，反驳。　②剥伤：损伤。愈：痊愈，恢复。③蒸烛：即麻烛。　④这句是说：即使有火在烛上燃烧。　⑤复全：恢复完整。　⑥神气：指精神血气。如：至于。补完：补充完好。　⑦盖：语首助词。这句是说：这就是它们(指精神与形体同火与烛)差异的所在。　⑧何：怎么。欲同之：把它们等同起来。　⑨这句是说：人的精神血气都是充满整个形体。⑩内：指身体内部。稍：逐渐。出合：传出波及。外：指身体外部。　⑪若：同而。腠：肌肉的纹理。这句是说：又从外部的肌肉达到身体内部。　⑫固：本来。这句是说：本不像烛火那样一定从头烧到尾。　⑬过渡：经过。之：代词，指炭火。　⑭小灭：暂时熄灭。这里是说炭火暂时由红变黑。然：而。复生：重新燃烧。　⑮顾：但。终极：最后。炙：一作灰，形近通假，以炙是，烤熟的肉，指像烤熟的肉一样烂。以上三句是说：只是到最后，人体腐烂、烛变成灰烬罢了。　⑯曷为：即为何，意思是说为什么不可以用来比喻呢？

余后与刘伯师夜燃脂火坐语，灯中脂索而炷焦秃[1]，将灭息，则以示晓伯师[2]，言人衰老，亦如彼秃灯矣。又为言前燃麻烛事。伯师曰：“灯烛尽，当益其脂[3]，易其烛[4]；人老衰，亦如彼自蹶缵[5]。”余应曰：“人既禀形体而立[6]，犹彼持灯一烛，及其尽极[7]，安能自尽易[8]？尽易之乃在人。人之蹶傥亦在天[9]，天或能为他[10]，其肌骨血气充强，则形神枝而久生[11]，恶则绝伤[12]，犹火之随脂烛多少长短为迟速矣。欲灯烛自尽易以不能，但促敛旁脂以染渍其头⑬，转侧蒸干使火得安居⑭，则皆复明焉。及本尽者，亦无以燃⑮。今人之养性，或能使堕齿复生，白发更黑⑯，肌颜光泽⑰，如彼促脂转烛者，至寿极亦独死耳⑱。明者知其难求⑲，故不以自劳⑳。愚者欺或㉑，而冀获尽脂易烛之力㉒，故汲汲不息㉓。又草木五谷，以阴阳气生于土㉔，及其长大成实㉕，实复入土，而后能生，犹人与禽兽昆虫，皆以雄雌交接相生。生之有长，长之有老，老之有死，若四时之代谢矣㉖。而欲变易其性㉗，求为异道㉘，惑之不解者也。”

［**注释**］①刘伯师：人名，事迹不详。脂火：指油灯。脂索：灯油烧完。炷(zhù)：灯芯。焦秃：枯焦。 ②示晓：指给他看，使他明白。 ③益：增添。④易：更换。 ⑤如彼：像灯烛熄灭那样。蹶(jué)：跌倒。缵(zuǎn)：继续。蹶缵：指灯烛将灭时添油换烛，使它继续明亮。 ⑥禀：承受，依靠。 ⑦及：等到。尽极：完结。这里指油干烛完。 ⑧安能：怎能。自尽易：指灯自己添油，烛自己取换。 ⑨蹶：竭尽，这里喻人衰老。傥(tǎng)通“倘”，倘若。天：指自然。 ⑩或：或许。为：造成。他：别的，另外的。为他造成另外的结果。这里指与“衰老”相对的“生存”。连上句是说：人的衰老如果决定于天，那么天也许能使人继续生存，而人自己在这方面是无能为力的。 ⑪枝：通支，支持。连上句是说：如果人的筋骨血气强健，那形体精神自然能支持得更久。⑫恶：坏，指与“充强”相反的情况。绝伤：损伤断绝。 ⑬促敛：收集，搜括。染渍：浸润。头：指灯芯。 ⑭转动蜡烛，调整形态，始终使火焰能在灯芯上燃烧。 ⑮本尽：根本枯竭。无以：没有办法。意思是：燃烧的根本是油脂，油脂烧完火也就不能继续。 ⑯养性：保养生命。更：变。 ⑰颜：颜面。光泽：光艳润泽。 ⑱极：终。独：只有。 ⑲明者：明白道理的人。 ⑳自劳：妄自费力。 ㉑或：同惑。欺或：糊涂自欺。 ㉒冀：希望。尽脂易烛之力：添油换烛的效果。 ㉓汲汲：不倦的样子。这句是说：因此辛苦不倦地去追求长生不死。 ㉔阴阳气：指气候的寒暖。 ㉕实：果实。连上句是说：犹如

草木五谷生在土中，靠气候寒暖的变化长大起来，结成果实。　㉖四时：指春夏秋冬。代谢：交替。　㉗变易其性：改变那种自然的本性。　㉘异道：怪异、荒唐的方术，这里指长生不老的方法。

齐桓公行①，见麦丘人②，问其年几何，对曰："八十三矣。"公曰："以子寿，祝寡人乎？"③对曰："使主君甚寿，金玉是贱，以人为宝。"④

［注释］①齐桓公：姓姜名小白，春秋时齐国国君，公元前685—公元前643年在位，执政期间，励精图治，先后任命管仲、鲍叔牙为相，改革制度，发展生产，使齐国成为春秋最早的霸主。　②麦丘：齐国地名。　③子：男子尊称。寿：长寿。这句意思是：可以告诉我您长寿的秘诀，祝福我长寿吗？　④意思是使您延年益寿的条件有两点：不把金玉珠宝当宝贝，而把人才当宝贝。《晏子春秋·内篇·谏上》有齐景公和麦丘人关于长寿的对话，内容异于此。桓谭是举例说明长寿的条件因人而异。

昔齐景公美其国①，嘉其乐，云："使古而无死，何若②？"晏子曰③："上帝以人之殁为善④，仁者息焉⑤，不仁者如焉⑥。今不思勉广日学自通⑦，以趋立身扬名⑧，如但贪利长生⑨，多求延寿益年，则惑之不解者也⑩。"

［注释］①齐景公：春秋时齐国国君，公元前547—公元前490年在位。美：赞美。　②使：假使。何若：即如何。　③晏子：姓晏名婴，字平仲，春秋后期齐国著名的政治家，曾任齐景公的相。　④殁(mò)：死。这句是说：上帝认为人死是好事。　⑤息：安息。　⑥如：往。这句是说：坏人也要走上死亡那条路。　⑦勉广日学：每日努力学习，扩充知识。自通：自己成为通达有用的人。　⑧趋：追求。　⑨如：而，却。但：只。贪利：贪图私利。　⑩惑：糊涂。解：挽救。这句是说：那真是糊涂到不可救药的地步了。

庄周病剧①，弟子对泣之。应曰："我今死，则谁先？更百年生，则谁后？必不得免，何贪于须臾？"②

［注释］①病剧：病情严重。 ②须臾：时光短暂。这是庄子劝说其弟子的话，意思是说现在死了就是早死吗？百年之后死就是长寿吗？人早晚都是要死的，早死晚死没有什么实质性差别，不要在意多活几年还是少活几年，表达了庄子对生死的豁达。

余前为王翁典乐大夫①，见乐家书记言②："文帝时，得魏文侯时乐人窦公，年百八十岁，两目皆盲③。文帝奇而问之曰：'何因？能服食而至此邪？'④对曰：'臣年十三失明，父母哀其不及众技事⑤，教臣为乐，使鼓琴，日讲习以为常事。臣不能导引⑥，无所服饵也，不知寿得何力'。"余以为窦公少盲，专一内视，精不外鉴⑦，恒逸乐，所以益性命也。

［注释］①典乐大夫：掌乐大夫别称。 ②乐家：音乐家。书记：关于音乐的书。 ③文帝：汉文帝。魏文侯：魏国国君，公元前445—公元前396年在位，执政期间，用李悝主持变法，魏国成为战国前期最为强大的国家。魏文侯亡于公元前396年，汉文帝于公元前179年继位，窦公在魏文侯时任乐人，起码在文侯去世时已经成年，至文帝继位，至少240岁左右。此言180岁，应是传说，窦公非魏文侯时人。 ④服食：神仙家长生不老的方药，下文"服饵"意思相同。 ⑤众技事：需要其他技能的事。这句意思是：因为失明，别的事情不能做，全心全意学音乐。 ⑥导引：锻炼身体的方法，运动肢体使经络血脉运行舒畅，相当于柔软体操，这里指强身健体、去除疾病的方法。 ⑦内视：养生方法，集中精神思考自己体内气血运行状况。外鉴：和内视相对，指身外事物。这句话的意思是说：窦公之所以长寿是因为能够专心自我省视，不受外部人和事的影响。

余与刘子骏言养性无益[1]。其兄子伯玉曰："天生杀人药,必有生人药也[2]。"余曰："钩吻不与人相宜[3],故食则死,非为杀人生也[4]。譬若巴豆毒鱼,礜石贼鼠[5],桂害獭[6],杏核杀狗,天非故为作也[7]。"

[**注释**]①子骏:刘歆的字。养性:即养生。　②生人药:指使人长生不死之药。　③钩吻:植物名,一名毛莨(gèn),又名断肠草、野葛、黄藤、火把花,有剧毒,人食用肠道腐烂粘连而死,无药可解。　④这句是说:钩吻并不是为了专门杀人而生长的。　⑤礜(yù)石:一种毒砂,煅成粉末可毒鼠。贼:杀害。　⑥桂:指肉桂,可入药。獭:水獭。　⑦这句是说:钩吻、巴豆、礜石、桂、杏仁这些东西能毒死人和动物,并不是上天有意这样安排的。

正经第九

《易》一曰《连山》,二曰《归藏》,三曰《周易》[1]。《连山》八万言,《归藏》四千三百言。《连山》藏于兰台[2],《归藏》藏于太卜[3]。夏《易》烦而殷《易》简,古文《尚书》旧有四十五卷[4],为十八篇。古帙《礼记》有五十六卷[5]。古《论语》二十一卷,与齐、鲁文异六百四十余字[6]。古《孝经》一卷二十章[7],千八百七十二字,今异者四百余字。盖嘉论之林薮[8],文义之渊海也[9]。

[**注释**]①《易》:书名,先秦占卜书的统称,相传共有三部:夏朝的《易》叫做《连山》,商朝的《易》叫做《归藏》,周朝的《易》叫做《周易》,后来把《周易》单称为《易》。　②兰台:国家收藏图书、档案的专门机构。　③太卜:官名,占卜负责人。　④古文《尚书》:用先秦文字抄写的《尚书》。秦朝焚书,禁止私人讲学和收藏诗书百家语,民间收藏的图书大都被烧。西汉初期恢复私人讲学,鼓励私人献书,民间所献图书典籍大都是根据经师记忆用当时通行的隶

书写成。汉武帝时定为官学的儒家经典都是用通行的隶书写定。汉武帝末年，景帝之子鲁恭王刘余扩建王宫时，在孔子故居墙壁里发现《尚书》《左传》《论语》《礼记》《周礼》《仪礼》等儒家经典，全部是用战国文字书写。为示区别，人们把用隶书书写的经典称为今文经，战国文字书写的经典称为古文经，二者文字上有少量不同。下文的古《礼记》、古《论语》的"古"都是古文的意思。　⑤帙：通佚，遗失，这里指遗失的古文《礼记》。　⑥齐、鲁：汉初在鲁地、齐地流行的《论语》文本简称，又称《鲁论》《齐论》，都是今文本。连上句的意思是：古文《论语》和今文《论语》有六百四十余字不同。　⑦《孝经》：成书于战国末年，宣传孝伦理的儒家经典，是汉代士人必读书，古《孝经》即古文《孝经》。　⑧嘉论之林薮：美好理论的总源。　⑨文义之渊海：微言大义的宝藏。

学者既多蔽暗①，而师道又复缺然，此所以滋昏也②。秦近君能说《尧典》③，篇目两字之说，至十余万言，但说"曰若稽古"三万言。刘子政、子骏④、子骏兄弟子伯玉，俱是通人⑤，尤珍重《左氏》⑥，教授子孙，下至妇女，无不读诵，此亦蔽也。⑦

[注释]①蔽暗：不明经术。　②缺然：缺少名师指导。滋昏：更加糊涂昏乱。　③《尧典》：《尚书》第一篇，记述传说中尧舜禅让事迹。　④子政：刘向字，刘向本名更生，成帝即位改名向，官至中垒校尉，古文经学家代表，主持整理国家图书。　⑤通人：通达古今的人，比喻学问渊博。　⑥《左氏》：《春秋左氏传》简称。　⑦桓谭认为《公羊传》《谷梁传》以及其他经典也有其合理性，不能专注于《左传》一部经典，而刘向、刘歆和伯玉只重视《左传》，忽视《公羊传》《谷梁传》的合理性，批评刘向、刘歆虽然号称通人，实际上有未通之处。

《左氏传》遭战国寝藏①。后百余年，鲁人谷梁赤作《春秋》，残略，多有遗文；又有齐人公羊高，缘经文作传②，弥失本事矣③。《左氏传》于经，犹衣之表里，相持而成。经而无传，使圣人闭门思之，十年不能知也。④

[注释]①寝藏：藏于密室，不见流传。　②谷梁赤：姓谷梁名赤；公羊高：姓公羊名高，均为战国时人。经文：《春秋》本文，下一句的“经”义相同。战国部分儒生认为孔子编《春秋》之所以简略，是因为孔子寓评论于叙事之中，简单的行文中包含着政治评判的微言大义，只是后人不理解孔子的思想。公羊高和谷梁赤分别为《春秋》作传，发掘、阐释《春秋》的微言大义，后世分别称之为《春秋公羊传》《春秋谷梁传》，和《春秋左氏传》并称春秋三传。③弥：更加、愈益。弥失一作弥离，均通，意思是距离真相越来越远，批评《谷梁传》《公羊传》凭主观想象解释《春秋》内容，背离《春秋》本义。　④桓谭认为《左传》才真正符合孔子编《春秋》的本义，《左传》和《春秋》就像衣服的表和里一样不可分开，只有通过《左传》才能了解《春秋》，如果没有《左传》即使是圣人用上十年时间关在屋子里什么也不做、专门思考《春秋》本意，也无法理解，更不要说普通人了。

吴之篡弑灭亡①，衅由季札②。札不思上仿周公之摄位③，而下慕曹臧之谦让④，名已细矣⑤。《春秋》之趣，岂谓尔乎？⑥

[注释]①吴之篡弑：指吴国公子光派刺客专诸刺杀吴王僚、自立为王的事件。　②衅(xìn)：征兆、始于。季札：吴王寿梦之子。寿梦有四子：樊诸、余祭、余昧、季札，季札以才识出众、品德优秀享有盛名，寿梦欲传位给季札，樊诸、余祭、余昧也认为季札应该为王，季札谦让不受。寿梦先让樊诸代理国事，寿梦死后，樊诸为王，让位给季札，季札再次拒绝。樊诸就采用兄终弟及的方式先传位给余祭，希望余祭传给余昧，由余昧再传位给季札，最终实现寿梦的遗愿。但是，季札坚决拒绝，逃离吴国。余昧只好作罢，最后传位给自己的儿子僚。樊诸之子光认为按照嫡长子继承制，自己是寿梦长孙，余昧应该传位给自己，于是派刺客专诸刺杀吴王僚，自己夺取王位，就是吴王阖闾。阖

闾死后，传位夫差，夫差听信奸佞，迫害忠臣，最后被越王勾践灭国。 ③摄位：代理君位。成王年幼，周公代理国事，平定管叔、蔡叔和商朝之后武庚发动的叛乱，制定礼乐制度，安定内政，而后还政成王，史称周公摄政。 ④曹臧：曹国国君宣公的两个公子负刍和子臧。曹宣公死后，负刍杀掉太子自立为君，即成公。曹国部分大臣和其他诸侯认为成公是篡弑，要立子臧为君，子臧主动离开曹国。当时人评论子臧之举符合君臣大义。樊诸要让位给季札时，季札曾列举曹成公和子臧的例子说明自己不能接受王位。桓谭认为，季札在余昧去世、僚的王位不稳、自己众望所归的情况下，即使不接受王位，也应该仿效周公摄行国事，而不应该效法子臧的做法，结果发生内乱。所以说季札谦让，埋下了吴国内乱灭亡的种子。 ⑤细：琐碎、微小，这里指季札上述行为缺少远见，留下短见之名。 ⑥趣：旨趣。尔：这个。这句话意思是说：孔子编写《春秋》的旨趣难道就是这个吗？

诸儒睹《春秋》之文，录政治之得失，以立正义①，以为圣人复起，当复作《春秋》也。自通士若太史公，亦以为然②。余谓之否，何则？前圣后圣，未必相袭也。③夫圣贤所陈，皆同取道德仁义，以为奇论异文，而俱善可观④，犹人食皆用鱼肉菜茹，以为生熟异和而复俱美者也⑤。

[注释]①睹：观看，阅读。录：记录，这里指分析。这两句意思是：儒生根据《春秋》所记事实，分析治乱兴衰的道理，明白正确的治国方式。 ②通士：学识渊博、通晓古今、见解深刻的人。太史公：司马迁。 ③意思是：不同时期的圣人有不同的见解，后来的圣人不一定沿袭以往圣人的思想主张。④陈：论述。取：采纳。意思是：圣贤主张虽然都按照道德仁义之道，主张都很完美，但具体内容并不相同。 ⑤和：烹饪出来的味道。生熟异和：鱼肉菜茹等食材的比例和加工方式虽然不同，但烹饪结果同样是美味佳肴。

扬雄作《玄书》①，以为玄者天也、道也②，言圣贤制法作事，皆引天道以为本统③，而因附属万类、王政、人事、法度④。故宓羲氏谓之易⑤，老子谓之道，孔子谓之元⑥，而扬雄谓之玄⑦。《玄经》三篇，以纪天、地、人之道；立三体，有上、中、下，如《禹贡》之陈三品⑧。三三而九，因以九九八十一，故为八十一卦⑨。以四为数，数从一至四，重累变易，竟八十一而遍，不可损益，以三十六蓍揲之⑩。《玄经》五千余言，而传十二篇也。

[**注释**]①《玄书》：即《太玄》，扬雄摹仿《易经》和《易传》的形式编写的哲学书，根据《易传》中的阴阳学说和老子的天道观，结合当时的天文学知识，阐述世界形成和变化的关系，充满着神秘色彩。 ②玄：哲学概念，老子首先提出，又称之为道，指宇宙万物的本原状态。 ③天道：上天制定的法则。本统：准则。 ④万类：宇宙万物的统称。王政：圣王执政的原则和方式。人事：识人用人以及人际关系。法度：国家制度。 ⑤宓羲氏：即伏羲氏，传说中部落酋长，即太昊，相传他画八卦，教民众捕鱼畜牧，传授烹调方法，人类从此吃上了熟食，又名包牺或者庖牺，又作伏牺。 ⑥从现存文献和思想体系看，孔子没有论述过宇宙本原问题，没有讨论"元"的含义。"孔子谓之元"是汉儒的附会，桓谭误认为是孔子思想。 ⑦玄：扬雄借用《老子》的哲学概念。⑧《禹贡》：《尚书》中的一篇，成书于战国，记述天下地理概况，把土壤分为上上、上中、上下、中上、中中、中下、下上、下中、下下九等，是最早的地理学著作。 ⑨《周易》以八卦为基础，八卦两两排列为六十四卦。《太玄》仿照《禹贡》九州分等，以九个卦象为基础，三三排列为八十一卦，其卦名、解释自成系统。 ⑩三十六蓍：三十六根蓍草。揲之：指揲蓍之法。

王公子问："扬子云何人邪？"答曰："扬子云才智开通，能入圣道①，卓绝于众②，汉兴以来，未有此人也。"国师子骏曰③："何以言之？"④答曰："通才著书以百数，惟太史公为广大⑤，其余皆藂残小论⑥，不能比之子云所造《法言》《太玄》经也⑦。《玄经》数百年外，其书必传，顾谭不及见也。世咸尊古卑今⑧，贵所闻，贱所见⑨，见扬子云禄位容貌不能动人，故轻易之。老子其心玄远，而与道合。若遇上好事者⑩，必以《太玄》次‘五经’也⑪。”

谓扬子云曰：“如后世复有圣人，徒知其材能之胜己，多不能知其圣与非圣人也。”

子云曰：“诚然”。

[**注释**]①入：深入，精通的意思。圣道：圣人之道。 ②卓绝：突出、超越，在众人之上。 ③国师：官名。刘歆曾任王莽国师。 ④这句意思是：凭什么这样说呢？ ⑤惟：只有。司马迁著《史记》，分为本纪、表、书、世家、列传，共一百三十卷。广大：数量大、内容广。连上句是说：博学多才的人著书数以百计，只有司马迁写的书最广博。 ⑥蘩残：即丛残，细碎残缺。小论：见识浅显的小文章。 ⑦《法言》：书名，扬雄摹仿《论语》而作，作者在书中批评某些流行说法，表示自己不同流俗。 ⑧咸：皆，都。尊古卑今：重视古人写的书，轻视今人写的书，即厚古薄今。 ⑨这句是说：人们一般都重视耳朵听来的而轻视眼睛看到的。轻易：轻视，瞧不上。 ⑩好事者：懂得、喜欢扬雄学术的人。 ⑪次：动词，列在……之后。五经：即儒家所传的《诗》《书》《易》《礼》《春秋》五部经典。这句是说：《太玄》必定在五经之后成为经典，和五经并列。

王者造明堂、辟雍①，所以承天行化也②。天称明，故命曰明堂。上圆法天，下方法地，八窗法八风③，四达法四时④，九室法九州⑤，十二座法十二月，三十六户法三十六雨，七十二牖法七十二风⑥。为四面堂⑦，各从其色，以仿四方⑧。王者作圆池如璧形，实水其中，以环壅之，故曰辟雍⑨，言其上承天地，以班教令，流转王道，周而复始。

[**注释**]①明堂:帝王宣明政教的地方。辟雍:西周开始设立的王室贵族专用的学校。 ②承天行化:按照天意,推行教化。 ③八风:指八窗对应的八方之风。 ④四达:通向四方的道路。四时:春夏秋冬。 ⑤九州:指天下。 ⑥室、坐:建筑名称。户:门。牖:窗。这里指明堂辟雍的九室、十二座的门窗。 ⑦四面堂:东西南北四个台基上的宫殿式建筑。 ⑧其色:东西南北四种颜色。古人认为四方各有神灵,有专门的名称和颜色,东方青龙,青色;西方白虎,白色;北方玄武,黑色;南方朱雀,红色。后世一直沿用。 ⑨在明堂中间挖环形水道,水道中间台地为玉璧形状,设桥四座,连接内外,水周流不息,故名辟雍。

谶出《河图》《洛书》①,但有兆朕,而不可知②。后人妄复加增依托,称是孔丘,误之甚也。③

[**注释**]①谶:预言吉凶祸福的隐秘文字和图案。《河图》:传说上古伏羲时黄河里出现的图,伏羲据以画八卦。《洛书》:传说大禹治水时在洛水中出现的书,大禹按照书中方案治水成功,就是传下来的《洪范》,见《汉书·五行志上》。“河出图,洛出书”始见于《周易·系辞上》,都是汉代谶纬学家的编造。 ②兆:征兆。殷商时普遍用龟卜问神,按照一定程序将龟甲钻凿后用火烤,根据龟甲上钻凿部位的裂纹判定神意,决定吉凶,这个裂纹称为龟坼,即兆。朕:动物皮毛缝合处的缝隙,指微小的痕迹,引申为征兆。 ③连上句意思是说:《河图》《洛书》仅仅是个征兆,预示的内容人们无法知道,可人们却说是孔子从神明那里得到的圣人之书,实在是没有比这个更加荒谬的看法了。

识通第十

汉高祖建立鸿基①,侔功汤武②。使周相赵③,不如使娶吕后家女为妃④,令戚夫人善事吕后,则如意无毙也⑤。及身病⑥,得良医,弗用⑦,专委妇人⑧,归之天命,亦以误矣⑨。此必通人而蔽者也⑩。

[**注释**]①鸿基：伟大的基业。　②侔（móu）：等同，汉高祖的功绩与商汤、周武王等同。　③周：周昌。赵：赵王刘如意，刘邦少子。使周相赵：派周昌到赵国为相。　④吕后：刘邦皇后，姓吕名雉。家女：吕家女儿。　⑤戚夫人：刘邦宠妃，赵王如意生母。刘邦先立吕后之子刘盈为太子，后宠爱戚夫人，以刘盈性格仁弱为由，欲改立如意为太子，因为大臣和吕后的反对没能实现，导致吕后对戚夫人、如意母子恨之入骨。刘邦知道吕后性格刚毅，手段狠毒，担心自己死后吕后加害如意母子，遂封如意为赵王，命周昌为赵相，保护如意。周昌是刘邦心腹，又曾经力保刘盈太子之位，也深得吕后信赖。刘盈继位后，吕后立即囚禁戚夫人，让戚夫人在宫中舂米。戚夫人把自己获救的希望寄托在赵王如意身上，一边舂米一边面向北方唱“母为虏，子为王”，希望如意能来救自己。吕后决定先除掉如意，以朝廷的名义调赵王进京，周昌识破吕后计谋，阻止赵王进京。吕后又以朝廷名义召周昌入朝。周昌离开，吕后把赵王如意诏到长安。惠帝知道这位母亲大人的目的，就先派人把如意接到身边，兄弟二人同吃同住，吕后迟迟没有加害的机会。一次惠帝早上外出打猎，如意年幼没有起床，独自留在寝宫，吕后心腹趁机毒死如意，对外宣布如意暴病而亡。如意死后，吕后把戚夫人挖眼薰耳，灌以哑药，砍去四肢，靠在墙上，称为“人彘”，专门叫惠帝去看。惠帝知道这个“人彘”的身份以后，哀痛欲绝，说天下还有这样歹毒的母亲，身为人子，实在无颜面对天下群臣！于是称病，不再正常理政。吕后趁机大权独揽。桓谭的意思是说：刘邦保护赵王母子的方式不当，不应让周昌保护赵王，应该让赵王娶吕家女为妻，吕后看在本家女婿份上，赵王不至死于非命。　⑥及身病：到自己生病时。　⑦弗：不。弗用：不接受医生意见，不让医生治疗。　⑧委：托付。这句是指刘邦临死前，不信任任何人，只有吕后一个人在身边。　⑨亦：语气副词，表示强调。以：同已，太。误：过错。连同上句意思是说：刘邦把患病归于天意，这就大错了。《汉书·高帝纪》载刘邦平定英布叛乱时受箭伤病重，吕后请医诊视，医生认为可以医治。刘邦拒绝说“吾以布衣提三尺取天下，此非天命乎？命乃在天，虽扁鹊何益”。意思是自己以一个普通贫民、凭借手中的一把宝剑，得

到天下，靠的是天意，现在生病也是天意，不能违背天意，无需治疗，然后把相国继任人选也一一嘱托给吕后，上句的“专委妇人”就是指相国继任人选而言。　⑩通人：通达事理的人。蔽：昏暗，糊涂。这句是说：再明白事理的人也有糊涂的地方。

汉太宗文帝有仁智通明之德①，承汉初定②，躬俭省约③，以惠休百姓④，救赡困乏⑤。除肉刑⑥，减律法⑦，薄葬埋⑧，损舆服⑨，所谓达于养生送终之实者也⑩。及始从代征时⑪，谋议狐疑，能从宋昌之策⑫，应声驰来即位，而偃武修文⑬，施布大恩⑭，欲息兵革，与匈奴和亲⑮，总摄纪纲⑯，故遂褒增隆为太宗也⑰。而溺于俗议⑱，斥逐材臣⑲，又不胜私恩⑳，使嬖妾慎夫人与皇后同席，以乱尊卑之伦㉑。所谓通而蔽也。

[注释]①汉太宗文帝：即孝文帝刘恒，公元前179—公元前157年在位，庙号太宗，谥号文帝，刘邦之子，曾封为代王，继帝位后，以无为治国，与民休息，开创了历史上艳称的文景之治。仁智通明之德：仁慈聪明，通达事理的德行。　②承：承接。初定：刚刚安定。　③躬：亲身。躬俭：带头勤俭节约。省约：删削繁琐的条文规定。　④休：福、吉。惠休百姓：使百姓受到恩惠。⑤救赡困乏：救助、赡养生活困难的人，这里指文帝减免田租、不兴徭役等一系列减轻徭役赋税、与民休息的举措。　⑥肉刑：泛指摧残身体的酷刑。文帝十三年（前167年）下诏用笞刑代替肉刑，事见《汉书·刑法志》。　⑦减律法：减省法律条文。　⑧薄：简化。薄葬埋：简化丧葬仪式，减少丧葬费用。按礼制，天子驾崩，天下吏民都要服丧三个月到一年不等，服丧期间不准嫁娶宴饮，禁止任何娱乐活动，严重影响百姓日常生产生活。文帝临终遗言丧事从简，平民简单地服丧三天，各级祭祀一律简化，是历史上帝王薄葬的典范。⑨损：减少。舆服：指帝后的车马、服饰、仪仗。　⑩养生送终：终，一作死，均通。养育生者，送别死者。实：实质。这句是说：这才是真正懂得养生送终本

质的行为。　⑪始：当初。代：文帝继位称帝前被封为代王，封国在今山西北部，都城晋阳(今山西阳曲县)。征：征召。吕后死后，大臣议立代王刘恒为帝，派使者往代地迎驾。　⑫策：建议。文帝接到入朝文书时，心存疑虑，因为吕后全族被诛，以周勃为首的开国元勋掌权，多数亲信怀疑朝臣有诈，是以迎立为名行铲除刘氏宗室之实，主张谨慎入京。中尉宋昌分析汉廷形势，认为朝臣是真心拥立，应该迅速入京称帝。　⑬偃：息。武：战争，这里泛指军事活动。文与武相对，指教化，这里包括减轻徭役，与民休息。　⑭施布大恩：普遍地施予恩惠。　⑮和亲：始于刘邦，这里指文帝继续执行和亲政策，即使面对匈奴军事侵扰也尽量避免战争。　⑯总摄：统一掌握。纪纲：一作“纲纪”，指治理国家的大政方针。　⑰遂：就。褒：颂扬。增隆：推崇。⑱溺：沉陷，这里指偏听偏信。俗议：世俗的浅薄议论。　⑲斥逐：排斥驱逐。材臣：有才能的臣子，这里指贾谊。　⑳不胜：不能克制。私恩：私情。㉑嬖(bì)：宠爱，宠幸。慎夫人：汉文帝妃子。同席：同坐，有平起平坐之意。文帝因宠爱慎夫人，忽视“皇后”和“夫人”的身份差别，常使慎夫人和皇后同席。一次文帝携皇后、慎夫人同游上林苑，慎夫人坐席和皇后并列，时任郎中的爰盎上前撤掉慎夫人坐席，惹得慎夫人大哭、文帝大怒。爰盎不为所动，委婉而坚决地指出尊卑有别，如果慎夫人和皇后同席就破坏了尊卑秩序，文帝无奈，只好接受爰盎的做法。

汉武帝材质高妙①，有崇先广统之规②，故即位而开发大志，考合古今③，模范前圣故事④。建正朔⑤，定制度。招选俊杰，奋扬威怒⑥，武义四加⑦，所征者服。兴起六艺⑧，广进儒术⑨，自开辟以来，惟汉家为最盛焉⑩。故显为世宗，可谓卓尔绝世之主矣⑪。然上多过差⑫，既欲斥境广土⑬，乃又贪利，争物之无益者⑭。闻西夷大宛国有名马⑮，即大发军兵，攻取历年⑯，士众多死，但得数十匹耳⑰。又歌儿卫子夫因幸爱重⑱，乃阴求陈皇后过⑲，恶而废退之[20]。即立子夫,更其男为太子[21]。后听谗臣之谮,卫后以忧死,太子出走,灭亡不知其处[22]。信其巫蛊[23],多征会邪僻[24],求不急之方[25]。大起宫室,内竭府库[26],外罷天下[27],百姓之死亡不可胜数。此可谓通而蔽者也。

[注释]①材质高妙:才智过人,品质高超。　②崇:光大、增加。先:祖先。广:扩大。统:统一。规:规划,打算。这句意思是说:具有显荣祖先、扩大疆域、统一天下的抱负。　③开发大志:施展远大志向。考合古今:考察古今,即总结古今的经验教训。　④模范:模仿、学习。故事:过去的事,指成功的治国经验。　⑤建:建立。正(zhēng):正月。朔:古时称每月的第一天为"朔"。建正朔:即实行新历法。秦始皇时以十月为岁首,汉初沿袭秦制,武帝时改以正月为岁首。古人认为这是遵从天命、万象更新的开始。　⑥奋扬威怒:显耀国家的威势和尊严。　⑦武义四加:用武力和仁义征服四方。⑧六艺:有二义,一是儒家教育的六种内容,礼、乐、射、御、书、数;一是指儒家六部经典,《诗》《书》《易》《礼》《春秋》《乐》,这里指后者,指汉武帝独尊儒术。⑨广进儒术:广泛采纳儒家治国思想,推行儒学,指汉武帝接受董仲舒、公孙弘"罢黜百家,独尊儒术"的建议,定儒学为官学。　⑩开辟:开天辟地。惟:同唯,只有。盛:兴盛。　⑪世宗:汉武帝的庙号。卓尔:卓然、卓越。绝世:举世无双。这两句是说:所以他被称为世宗,是一个功业盖世的君主!
⑫然:然而。上:君上,指汉武帝。过差:过失,差错。　⑬斥:开拓。斥境:开拓边境。广土:扩大疆域。　⑭物之无益者:即"无益之物",指对国计民生没有多少用处的东西。　⑮西夷:对西域各国的蔑称。大宛国:西域国名,今新疆西南部,以出产汗血马闻名。　⑯历年:数年。　⑰但:仅仅。耳:而已,指仅仅得到几十匹马。　⑱卫子夫:卫子夫原是汉武帝姐姐平阳公主家的歌女,被武帝看上,入宫为妃,生子刘据,立为皇后。　⑲阴求:暗中寻找。过:过错。陈皇后:卫子夫的前任皇后。　⑳恶(wù):厌恶。之:代词,指陈皇后。　㉑更(gēng):更加,进而。其:代词,指卫子夫。男:指卫子夫之子刘据。这句意思是说:卫子夫已经立为皇后,进而立刘据为太子。　㉒谮:诬

陷。汉武帝宠臣江充和太子刘据、卫皇后有矛盾，江充担心刘据继位后会对自己不利，见卫皇后年老色衰，和武帝逐渐疏远，而武帝晚年体病多疑，遂利用武帝在甘泉宫修养的机会，诬告刘据在后宫埋木头人，诅咒武帝，以早日继承皇位。刘据无法面见武帝说明真相，便发兵杀掉江充。不明真相的汉武帝以为太子谋反，下诏平乱，刘据兵败逃亡自杀，卫皇后也自杀身亡。这是汉武帝晚年发生的重大历史事件，史称“巫蛊之难”或者“巫蛊之祸”。 ㉓巫蛊：在地下埋偶人、诅咒害人的迷信行为。 ㉔征会：征召，聚集。邪僻：心术不正，此处专指装神弄鬼、宣称会长生不老之术的方士。 ㉕求：寻求。不急：无关紧要。不急之方：指和国家大事无关、荒诞不经的鬼神迷信方术。㉖竭：竭尽，耗尽。府库：国库。 ㉗罷：通疲。连上句是说：使国库粮尽财绝，使天下精疲力尽。

张竦知有贼当去，会反支日，不去，因为贼所杀①。桓谭以为通人之蔽也。扬子云为郎，居长安，素贫。比岁亡其两男②，哀痛之，皆持归，葬于蜀，以此困乏。子云达圣道，明于死生，不下季札，然而慕恋死子，不能以义割恩，自令多费而致困贫③。雄为中散大夫，病卒，贫无以办丧事，以贫困故葬长安，妻子弃其坟墓，西归于蜀。此罪在轻财，通人之蔽也。

[**注释**]①去：离开。反支日：和十二地支规定日子禁止和适宜做的事情相反。古人用十天干和十二地支组合排列计算日期，每天规定吉凶行止的具体内容。张竦明知盗贼会危及性命，因为迷信，离家避难和地支规定的内容不合而坚持不走，结果被杀丧命。 ②素贫：向来贫困。 ③义：宜，事宜。意思是：扬雄不顾经济困难，陷于感情不能自拔，没能选择正确做法，不把死去的两个儿子葬在长安，而是送回老家安葬，以至于贫困更加严重。

离事第十一

人抱天地之体，怀纯粹之精①，有生之最灵者也。是以貌动于木，言信于金，视明于火，听聪于水，思睿于土②。五行之用，动静还与神通③。貌恭则肃，肃时雨若；言从则乂④，乂时旸若；视明则哲，哲时燠若；听聪则谋，谋时寒若；心严则圣，圣时风若⑤。金木水火皆载于土，雨旸燠寒皆发于风，貌颜视听皆生于心。五声各从其方⑥：春角、夏徵、秋商、冬羽，宫居中央而兼四季，以五音须宫而成⑦。可以殿上五色锦屏风谕而示之⑧：望视则青、赤、白、黄、黑，各各异类⑨；就视则皆以其色为地，五色文之⑩。世其欲为四时五行之乐⑪，亦当各以其声为地，而用四声文饰之，犹彼五色屏风矣⑫。

[注释]①体：本质。精：精华、精气。《老子》谓“道生一，一生二，二生三，三生万物，万物负阴而抱阳，充气以为和”。后人认为天地万物都是阴阳二气构成；人和天地本质相同，也是由最纯净的阴阳二气构成，因而是万物之灵。　②木、金、火、水、土：即下文的五行，由阴阳衍生出来的五行之气。古人认为，人由阴阳二气构成，阴阳生五行，人的生理构成、言谈举止、思维行事均决定于五行、体现着五行。生长衰老、言而有信、耳聪目明、思维敏捷就分别决定于木、金、火、水、土五行。　③神：表情、神态。　④言：政令。乂：治理。这句意思是：政令顺达则天下大治。　⑤旸：晴天。燠：热天。雨、旸、燠、寒、风：和五行相对应的五种天气。　⑥五声：即下文的五音，宫、商、角、徵、羽。各从其方：以五声代表东西南北中五个方位。　⑦宫：五音之首，其余四音以宫为准，故云五音需宫而成，就像人君居中央而定四方一样。⑧这句意思是说：五音关系，人们可以通过观察五色织锦屏风的差别来理解。⑨望视：远远望去。这句意思是说：在五色之外看，青、赤、白、黄、黑五色分明。　⑩五色：一作“四色”，以五色是。五色文之：指色彩斑斓。　⑪世：世人。四时：一年四季。　⑫这句话是指不同季节演奏不同的音乐，以该季节所属的五行之音为主，其他四音配合、突出该音，五音关系就像上举五个织锦屏风那样。古人认为，音乐是人的心声品性的外化，表达的是人的情性；不同

季节，人的情性不同，所属五行不同，要按照五行要求演奏音乐以陶冶性情。

余前为郎，典漏刻①，燥湿寒温辄异度②，故有昏明昼夜，昼日参以晷景③，夜分参以星宿④，则得其正。通历数家算法，推考其纪，从上古天元以来⑤，讫十一月甲子夜半朔冬至，日月若连璧⑥。

[**注释**]①典：负责、主管。漏：古代计时用的沙漏。刻：沙漏上的刻度。②度：沙漏上的刻度。这句意思是说：因为温度湿度不同，沙子下滑速度有别，刻度显示的时间也会有误差。 ③参：参照、比对。晷：根据日影测定时刻的仪器，又名日晷。景：通影。晷景：日晷的影子。 ④夜分：夜间。星宿：二十八宿之一，朱鸟七宿第四宿，又名七星，古人夜间根据七星位置变动测算时刻。 ⑤天元：周代历法，以十二地支的子月即农历十一月为岁首。⑥日月若连璧：天文现象，日月同时升起于一个方位，古人视为祥瑞。

扬子云好天文，问之于黄门作浑天老工①，曰："我少能作其事②，但随尺寸法度，殊不晓达其意，然稍稍益愈。到今七十，乃甫适知已③，又老且死矣。今我儿子爱学作之，亦当复年如我，乃晓知已，又且复死焉。"其言可悲可笑也。

[**注释**]①黄门：官署名。浑天：浑天仪。老工：资深、年老工师。"黄门作浑天老工"一作"洛下黄闳以浑天之说"，以洛下为地名，黄闳为人名，联系上下文意，以前者是。 ②作其事：指制作浑天仪。 ③甫：开始。连上句意思是说：年轻时只知道按照规定的尺寸去做，不明白其中的道理，后来似乎明白了一些，直到七十岁才真正明白。

通人扬子云因众儒之说天①，以天为如盖转②，常左旋，日月星辰随而东西[3]，乃图画形体行度[4]，参以四时历数昏明昼夜[5]，欲为世人立纪律[6]，以垂法后嗣[7]。余难之曰："春、秋分昼夜欲等，平旦，日出于卯，正东方；暮，日入于酉[8]，正西方。今以天下人占视之[9]，此乃人之卯酉，非天卯酉[10]。天之卯酉，当北斗极[11]。北斗极天枢。枢，天轴也[12]，犹盖有保斗矣[13]，虽转而保斗不移。天亦转，周匝[14]，斗极常在[15]，知为天之中也。仰视之，又在北，不正在人上。而春、秋分时，日出入乃在斗南[16]。如盖转，则北道远南道近，彼昼夜刻漏之数何从等乎？"子云无以解也。后与子云奏事待报[17]，坐白虎殿廊庑下[18]，以寒故，背日曝背[19]。有顷，日光去，背不复曝焉[20]，因以示子云曰："天即盖转而日西行，其光影当照此廊下而稍东耳，无乃是，反应浑天家法焉！"[21]子云立坏其所作[22]。则儒家以天为左转，非也。

[**注释**]①因：因袭、根据。说天：讨论天的形状、天地关系。　②盖：覆在地上的盖子。　③常：永恒、一直。左旋：由左向右旋转。古人以为地是天的中心，天覆盖在地上由左向右旋转，所以有太阳东升西落的循环往复。④形体：天、地的形状。行度：天围绕地旋转的刻度，一周三百六十度。⑤历数：一年经历的天数节气。　⑥纪律：这里指标准。　⑦后嗣：后继者，泛指后人。　⑧春、秋分：春分和秋分。平旦：清晨。卯：卯时。酉：酉时。⑨天下人：一作天下之，以人是，处于天覆盖之下的人。占视：观察推算。⑩人之卯酉：是人以自己为中心观测日月星辰推定的卯时和酉时。天之卯酉：以天为立足点观测日月星辰升降变换测定的卯酉时辰。　⑪北斗极：北斗七星和北极星。意思是说：从天上观察天的旋转，应该以北极星为立足点，观看北斗七星的旋转过程。　⑫天轴：天旋转的轴心。　⑬保斗：圆形盖子中间的把手。　⑭匝（zā）：周匝：围绕轴心，周而复始地旋转。　⑮常：恒。

常在：永恒地处在一个位置上。　⑯斗南：北斗的南方。这一句的意思是：无论是春分还是秋分，太阳升起都在北斗的南方。　⑰待报：等待上奏皇帝。⑱白虎殿：殿名，位于皇城西门附近。廊庑：走廊及附属建筑。　⑲背日曝背：背向太阳，让阳光照射背部。　⑳去：离开。日光去：太阳西下，日光转移，人的背部照不到阳光。　㉑这一句的意思是说：按照盖天说，天覆盖着地从东向西周而复始地旋转，太阳对地的高度是不变的，照在背上的阳光应该随着天的旋转而改变方向，而实际情况并不是这样，这从反面证明了浑天说的正确。　㉒坏其所作：把自己论述盖天说的著作毁掉。

余小时闻闾巷言①："孔子东游，见两小儿辩斗②，问其故。一儿曰：我以日始出时近，日中时远。一儿以日初出远，日中时近。"长水校尉平陵关子阳以为③："日之去人，上方远而四旁近④。何以知之？星宿昏时出东方⑤，其间甚疏，相离丈余⑥。及夜半，在上方，视之甚数，相离唯一二尺⑦。以准度望之，逾益明白⑧。故知天上之远于旁也⑨。日为天阳，火为地阳，地阳上升，天阳下降⑩。今置火于地，从旁与上诊其热，远近殊不同，乃差半焉。⑪日中，正在上覆盖人，人当天阳之冲，故热于始出时。⑫又新从太阴中来，故复凉于其西在桑榆间。⑬大小虽同，气犹不如清朝也。"桓君山曰："子阳之言，岂其然乎！"

［注释］①闾：里中小门。巷：基层民居之间的通道。闾巷言：民众口耳相传之言。　②辩斗：辩论。　③长水校尉：官名，汉武帝时设置的八校尉之一。平陵：地名，汉文帝墓，汉朝移民于帝王陵设县，称为陵县。　④去：距离。上方：人的正上方。四旁：指东西南北四方。　⑤星宿：星名，二十八宿之一，朱乌七宿的第四宿，俗名七星。　⑥疏：疏远，星与星之间距离一丈多远。　⑦视之甚数：看着七颗星，这里指七星之间的距离。连上句意思是说：黄昏时，七星出现在东方，彼此之间距离有一丈多远；夜半的时候，七星出现

在我们上方，七星之间距离只有一二尺，原因就是距离远近不同造成的。⑧准度：观察星宿位置变动的带有刻度的仪器。　⑨天上：星宿在人的正上方。这句意思是：因此知道星宿在人的正上方比在四方远。　⑩天阳：天上的阳气。地阳：地上的阳气。古人认为，天气寒热，是阴阳二气变化的体现，天阳和地阳的交汇导致天气变热。　⑪这句是以人在火堆的不同方位感受说明早上温度低于中午的原因，同样一堆火、同样距离，在上方比在旁边感受的热度要相差一倍。　⑫这一句的意思是说：人们早上感到凉，是因为人位于天阳、地阳交汇处的旁边；中午感到热是因为人们处于天阳、地阳交汇处的中间。也就是说，人们不能用中午比早上热这个经验说明中午太阳距离近于早上。　⑬太阴：极盛的寒阴。这句是对黄昏温度高于早上质疑的回应，意思是说：早晚的太阳和我们的距离相同，之所以早上感觉冷，是因为早上寒气浓重，比在黄昏树荫下的感觉还要凉。

四渎之源①，河最高而长，从高注下，水流激峻，故其流急，为平地灾害。②夏禹之时，洪水浡潏③。王平仲云：“《周谱》言④：‘定王五年，河徙故道。’今所行处，非禹所穿⑤。”关并，字子阳，材智通达。韩牧，字子台，善水事。大司马张戎，字仲功，习溉灌事。议曰：“河水浊，一石水，六斗泥⑥，而民竞决河溉田，令河不通利，至三月桃花水至⑦，则决，以其噎不泄也⑧，可以禁民勿复引河。”

[**注释**]①四渎：长江、黄河、淮河、济水四条河流的简称。　②注：灌注。这句意思是说：黄河源头地势最高，河水从高处倾泄而下，流速湍急，造成危害。　③浡潏：水流涌动的样子，这里指洪水泛滥。　④王仲平：人名，事迹不详。《周谱》：西周世谱，相当于后来的大事纪年，已佚。　⑤行：水道。行处：河水流经之处。穿：开凿。传说大禹采用疏导即开河引水方法治水，黄河是疏通的重点。意思是说：周定王时，黄河曾经改道，因而汉代黄河不是大禹开挖的故道。　⑥这句是说：黄河水含沙量大，最高达到百分之六十。

⑦桃花水：桃花开放时节的汛情。　⑧噎：堵塞。连上句是说：河水因为农民引水灌溉减缓了流速，导致泥沙沉淀，河床淤塞，遇到桃花汛就会决口，夏天汛情大于春天，决口更加严重。

余年十七为奉车郎中，卫殿中小苑西门，虽不见古路车①，亦数闻师之说，但素舆而蒲茵也②。谭谓扬子曰："君之为黄门郎③，居殿中，数见舆辇，玉蚤、华芝及凤皇、三盖之属④，皆玄黄五色⑤，饰以金玉，翠羽珠络，锦绣茵席者也。"

[注释]①路车：车辆的一种，先秦周天子及诸侯乘用的车子，这里专指皇帝所乘车辆。　②素舆：没有装饰的车子。蒲茵：用蒲草编织的垫子。③黄门：官署名，皇宫禁殿大门为黄色，设黄门负责警卫事务，黄门郎即黄门属下的郎官，相当于皇帝的宫廷侍卫。　④舆辇：皇帝专用的车。玉蚤、华芝、凤皇、三盖：皇帝出行仪仗所用之物。　⑤五色：玄、赤、白、青、黄五种颜色。

宓牺之制杵臼①，万民以济②，及后世加巧③，因延力借身重以践碓，而利十倍杵舂④；又复设机关，用驴、骡、牛、马及役水而舂，其利乃且百倍⑤。

[注释]①宓牺：即伏羲。杵臼：舂米工具，以手握杵在石臼中上下舂捣谷物，使谷壳与米分离。把生产实践中的各种发明归功于神话传说中的圣人，是古人的习惯思维。　②万民以济：普通民众因此受到帮助。　③加巧：改进技术。　④延力借身重以践碓：用脚踩横杆一端以身体重量撬动横杆另一端的木杵舂捣石臼中的谷物，即利用杠杆原理改进的脚踏式舂碓，舂米效率提高十倍以上。　⑤役：运用。这句意思是说：后来人们进一步革新技术，利用牲畜和水力舂米，舂米效率提高百倍。

公孙龙，六国时辩士也①，为坚白之论②，假物取譬③，谓白马为非马④。非马者，言白所以名色，马所以名形也，色非形，形非色。人不能屈⑤。后乘白马，无符传，欲出关，关吏不听⑥。此虚言难以夺实也。

[注释]①公孙龙：战国时名家代表人物。辩士：擅长辩论之士。　②坚白：战国名家辩题。公孙龙以“离坚白”命题说明事物的差异性，认为坚、白是人们对具体事物的认识，应该将坚、白与具体事物相分，作为独立的存在。如以“坚白石”为例，常识认为白色的石头坚硬，但坚硬的石头可能是白色也可能不是白色；在这里坚和石是一体的，但坚白石则不一定是一体的。因而公孙龙认为坚自坚、白自白、石自石，坚、白所指内涵不一，不能混而为一，白是脱离石头的独立存在，进而得出坚白石不是“石”。公孙龙把具体之物和抽象之物相分，把二者的差别绝对化。　③假：借。譬：比喻。　④白马非马：公孙龙的另一个著名辩题，认为白是指颜色，马是指形体，形体和颜色不能等同，于是白马不是马，从而把具体和一般绝对分开。　⑤屈：说服。　⑥符传：古人出行的通行证。关吏：守关之吏，检查行人证件。不听：不准出关。

世俗咸曰：“汉文帝躬俭约，修道德，躬先天下，天下化之，故致充实殷富，泽加黎庶，谷至石数钱，上下饶羡。”汉宣以来，百姓赋钱一岁为四十余万万①，吏俸用其半，余二十万万藏于都内，为禁钱②。少府所领园地作务之八十三万万，以给宫室供养诸赏赐③。

[注释]①赋：收取，从百姓身上收取赋税。　②吏俸：官吏的俸禄。都内：中央官衙，这里指主管国家财政的大司农。禁钱：国家财政用钱。　③少府：主管皇室财政的机构。按汉代制度，山川林泽市肆的收入都归少府管理，是皇帝私产，供皇帝赏赐宗室大臣和皇室开支。

太史公造书①,书成,示东方朔②,朔为平定③,因署其下,“太史公”者,皆朔所加之者也④。

太史《三代世表》⑤,旁行邪上,并效《周谱》⑥。

[注释]①造书:指司马迁编撰《太史公书》即《史记》。　②东方朔:文学家,和司马迁同时,任郎官,以恃才傲物、狂放不羁、滑稽诙谐著称。　③平定:评述司马迁所写各卷内容。　④“太史公”者:指《史记》各篇末尾“太史公曰”。《史记》卷末有“太史公曰”,说明本卷内容编写缘起和对所记之人和事的看法。《史记》是司马迁遵照其父亲司马谈的遗愿编撰而成,另有褚少孙增补部分内容,东方朔并没有参与其事,桓谭谓“太史公曰”出自东方朔之手,是东方朔和其他人编造的故事。　⑤太史:太史公司马迁。《三代世表》:司马迁《太史公书》中的《三代世表》。　⑥旁行邪上:《三代世表》的书写方式,桓谭认为是效法《周谱》的写法。

刘歆致雨,具作土龙、吹律①,及诸方术,无不备设。谭问:“求雨所以为土龙何也?”曰:“龙见者,辄有风雨兴起,以迎送之②,故缘其象类而为之。”难以③:“顿牟磁石,不能真是,何能掇针取芥?”④子骏穷,无以应。

[注释]①土龙:泥塑的龙。律:定音乐声音高低的竹管,吹律泛指乐器。“土龙、吹律”都是古人求雨活动使用的东西。　②见:通现,出现的意思。刘歆的意思是说龙是主管降雨的,有龙就会有风雨。　③难以:即“以问难”的倒装,指以下辩难的理由。　④顿牟:玳瑁,打磨以后可以吸附草芥之类细小之物。这句意思是说:玳瑁和磁石之所以能吸附细小之物和铁屑,是因为它们具有这个功能,假的是不能吸附的。刘歆的土龙是假的,求雨自然无效。

道赋第十二

余少时学,好《离骚》①,博观他书,辄欲反学②。

扬子云工于赋③,王君大习兵器④,晓习万剑之名,凡器遥观而知,不需手持熟察。余欲从二子学⑤。子云曰:“能读千赋则善赋。”君大曰:“能观千剑则晓剑。”谚曰:“伏习象神⑥,巧者不过习者之门⑦。”

[**注释**]①好:喜好。《离骚》:战国时楚国诗人屈原所作的长篇叙事抒情诗。　②辄:总是。连上句是说:我博览了其他书籍后,总是想回过来再学习《离骚》。　③工:擅长。赋:一种散文和韵文相结合的文体。　④习:熟悉,娴熟。　⑤二子:扬雄和王君大。　⑥伏:埋头。伏习:专心致志地练习。象:似,通。象神:达到神一样的高超,熟能生巧的意思。　⑦巧:技巧高超。过:超越。这句意思是说:技巧再高超的人也不能越过练习这条途径。

余少时见扬子云丽文高论,不自量年少新进,而猥欲逮及①。尝激一事而作小赋②,用精思太剧,而立感动致疾病。子云亦言:“成帝时,赵昭仪方大幸③,每上甘泉,诏使作赋,为之卒暴④,思精苦,始成,遂困倦小卧,梦其五藏出在地,以手收而内之。及觉,病喘悸,大少气,病一岁。由此言之,尽思虑,伤精神也。”

[**注释**]①猥:自谦之词,苟且的意思,意思是说自己不明就里,不自量力,自以为可以达到扬子云文章的水平。　②激:触动。这句意思是:从某件事物中获得灵感。　③昭仪:皇帝嫔妃名称,地位仅次于皇后。赵昭仪:即赵飞燕。　④卒暴:仓促。连上句意思是说:诏令下的突然,必须在很短时间内完成。

余少时为奉车郎①,孝成帝出祠甘泉河东郡②,见部先置华阴集灵宫③,武帝所造,门曰望仙,殿曰存仙,欲书壁为之赋,以颂美二仙之行④。余户此焉⑤,窃有乐高妙之志⑥，即书壁为小赋。谚曰："侏儒见一节⑦，而长短可知⑧。"孔子言："举一隅足以三隅反。"⑨观吾小时二赋，亦足以揆其能否⑩。

[**注释**]①奉车郎：郎官的一种，负责皇帝出行及宫中仪仗车马。 ②孝成帝：名骜，元帝之子，公元前32—公元前7年在位。祠：祭祀。甘泉：宫殿名。河东郡：治所在今山西夏县西北。 ③华阴：地名。集灵宫：专门祭祀神仙的宫殿。 ④二仙：指上文望仙、存仙。 ⑤户：这里指望仙、存仙之门。⑥窃：内心、暗自。高妙之志：抒发向往神仙世界的美妙情怀。 ⑦一节：四肢的一部分。 ⑧长短：指身材高矮。 ⑨隅：墙体九十度直角，知道一个角就能知道其他三个角。语出《论语·述而》。孔子原话是"举一隅不以三隅反，则不复也"。孔子主张启发式教学，知道一个就可以推知其他，如果不能推知也不再重复，目的是启发学生独立思考。 ⑩小时二赋：上文提到的以存仙、望仙为题的两篇赋。揆：推测、判定。这句意思是：根据自己年轻时作赋的情况，可以推知自己没有作赋的专长。

文家各有其所慕，或好浮华，而不知实核①；或美众多，而不见要约②。予见新进丽文，美而无采，又见刘、扬言辞③，常辄有得。及相如之弔二世④，全为赋体。桓谭以为其言恻怆，读者叹息，及平章要切，断而能悲也。

[**注释**]①浮华：辞藻华丽。实核：核实内容。这句意思是说：有的人追求华丽的辞藻，不注意实际内容，流于空洞。 ②众多：指文章篇幅长、字数多。要约：简明扼要。这句意思是：有的人喜欢长篇大论而看不到简要的长处。 ③刘、扬：刘向、扬雄。 ④相如：司马相如。

辨惑第十三

天下神人五①：一曰神仙②，二曰隐沦③，三曰使鬼物[4]，四曰先知[5]，五曰铸凝[6]。

圣人何不学仙而令死邪？圣人皆形解仙去[7]，言死者，示民有终也[8]。

五福：寿、富、贵、安乐、子孙众多[9]。

[**注释**]①神人五：五类神仙。　②神仙：没有寿命限制曰神，有寿命限制曰仙。　③隐沦：隐身术，可以随时出现、随时隐身。　④使鬼物：驱使鬼、动物。　⑤先知：预先知道将要发生的事情。　⑥铸凝：驻颜术，使容颜不老。　⑦形解仙去：方士宣传的成仙方式，叫做尸解仙，即留下肉体，灵魂成仙。　⑧连上句意思是说：圣人虽然成仙但并不避讳生死，目的是告诉世人生命有终结，死是自然现象。桓谭反对神仙说，“圣人……示民有终”是桓谭引用神仙家的话，并非桓谭主张。　⑨五福：社会上普遍追求幸福的五项内容。

无仙道[1]，好奇者为之[2]。昔楚灵王骄逸轻下[3]，简贤务鬼[4]，信巫祝之道[5]，斋戒洁鲜[6]，以祀上帝，礼群神[7]，躬执羽绂，起舞坛前[8]。吴人来攻[9]，其国人告急，而灵王鼓舞自若[10]，顾应之曰[11]：“寡人方祭上帝[12]，乐明神[13]，当蒙福佑焉[14]。不敢赴救。”而吴兵遂至，俘获其太子及后姬以下。甚可伤！

[**注释**]①仙道：成仙的方法。　②好奇者：指喜欢求仙访道的方士。③骄逸：骄奢淫逸。轻下：贱视群臣、百姓。　④简：怠慢，轻视。务鬼：专门侍奉鬼神。　⑤巫祝：占卜祭祀的神职人员，告神求福的人。道：指巫祝祭祀祷告的巫术。　⑥斋戒：古代祭祀鬼神时，要沐浴更衣，不饮酒，不吃荤，住在清洁的房子里，不同外人打交道，表示虔诚。　⑦礼群神：恭恭敬敬地祈求各种神仙。礼：礼拜、礼敬。　⑧羽：古代祭祀时插在冠上的野鸡毛。绂(fú)：古代作祭服的蔽膝。意思是说：楚灵王头戴羽冠，身披祭服，在祭坛前翩翩起

舞，让神高兴。　⑨吴：吴国。　⑩自若：若无其事的样子。　⑪顾：回头。顾应之曰：转脸对报信的人说。　⑫寡人：古时帝王或国君自称。方：正在。⑬乐明神：使神明高兴。乐：取悦。　⑭当：必定。蒙福佑：受到神明的恩赐保佑。

武帝有所爱幸姬李夫人，窈窕好容，质性嬛佞①。夫人死，帝痛惜之。方士李少君言能致其神②，乃夜设烛张幄，置夫人神影③，令帝居他帐中，遥望见好女，似夫人之状，还帐坐。

卫后园有送葬时舆马十匹④，吏卒养视，善饮，不能乘，而马皆六十岁乃死。武帝出玺印石，财有朕兆，子侯则没印⑤，帝畏恶，故杀之。

[注释]①李夫人：汉武帝皇妃。嬛佞：善于媚上。原文为王夫人，根据《汉书・外戚传》，武帝曾为李夫人招魂，今据为改为李夫人。　②李少君：江湖术士，靠欺骗汉武帝受封五利将军，后被处死。致其神：招致李夫人灵魂。按《汉书・外戚传》，派人假扮皇妃欺骗汉武帝的是齐人少翁。　③张幄：设置帷帐。置：安排，派人扮演。　④卫后园：卫皇后陵园。　⑤武帝：汉武帝。子侯：人名，事迹不详。

元帝被病①，广求方士。汉中送道士王仲都者②，诏问："何所能为？"对曰："但能忍寒暑耳。"③乃以隆冬盛寒日④，令袒衣⑤，载以驷马⑥，于上林昆明池上环冰而驰⑦。御者厚衣狐裘⑧，甚寒战，而仲都独无变色，卧于池台上，嚜然自若⑨，此耐寒也，因为待诏⑩。至夏大暑日⑪，使曝坐⑫，又环以十炉火，不言热而身不汗出。

[注释]①被病：生病。　②道士：有道术之士。王仲都：道士名。

③忍寒暑:耐寒冷和暑热。 ④盛寒:极冷的日子。 ⑤袒衣:裸露上身。古代上身为衣,下身为裳。 ⑥驷马:四匹马拉的车子,奔驰迅速。 ⑦上林:即上林苑,汉武帝修建的皇家禁苑,供皇帝游猎的地方。昆明池:人工湖湖名。 ⑧御者:驾车的人。 ⑨曛:日落的余光。曛然:夕光照晒下温暖的样子。 ⑩待诏:等待任命。凡以才艺应征到京师,没有具体职位,等候正式任命的人,称为待诏。 ⑪大暑日:最热的日子。 ⑫曝:在烈日下暴晒。

曲阳侯王根迎方士西门君惠①,从其学养生却老之术②。余见侯曰③:"圣人不学养性,凡人欲为之,欺罔甚矣。④"君惠曰:"夫龟称三千岁,鹤言千岁。以人之材,何乃不如虫鸟邪⑤?"余应曰:"谁当久与龟鹤同居,而知其年岁乎?⑥设令然,蝉、螵、渠略⑦,又可使延年如龟鹤耶?"

[**注释**]①王根:王莽的叔父,封曲阳侯,汉成帝时曾任大司马,掌握朝政。西门君惠:人名。 ②却:止。养生却老之术:长生不老的方法。③侯:曲阳侯王根的简称。 ④性:通生,指上文的养生却老之术。这句意思是说:圣人都不学养生却老之术,普通人却要学,显然是糊涂受骗了。⑤材:指人的资质。何:怎么、难道。 ⑥连上句是说:有谁长久地与龟、鹤在一起生活而知道他们的年岁呢? ⑦蝉:知了。螵:又名螵蛸,螳螂卵。渠略:蜉蝣别名。这三种昆虫的生命都很短暂。

近哀平间①,睢陵有董仲君,好方道②,尝犯事③,坐重罪,系狱,佯病死。数日,目陷虫出④,吏捐弃之⑤,既而复活。故知幻术靡所不有⑥。又能鼻吹口歌,吐舌齰,耸眉动目⑦。荆州有鼻饮之蛮⑧,南城有头飞之夷,非为幻也⑨。

[**注释**]①哀平:汉哀帝和汉平帝。 ②方道:奇异方术。 ③犯事:因

事犯法。　④目陷虫出：眼球凹陷，有虫自眼眶中爬出，造成死亡的样子。　⑤捐弃：抛弃，这里指抛尸野外。　⑥靡所不有：无所不有。　⑦鼻吹：用鼻子吹奏。　⑧荆州：汉代十三州之一，今湖北、湖南等地。鼻饮：通过鼻孔饮水。蛮：南方少数民族泛称。　⑨南城：地名。头飞：甩头飞发。夷：这里指西南少数民族泛称。

哀帝时，有老人范兰，言年三百岁，初与人相见，则喜而相应和；再三，则骂而逐人。

余尝与郎冷喜出①，见一老翁，粪上拾食，头面垢丑②，不可忍视。喜曰："安知此非神仙？"余曰："道必形体如此，无以道焉。"③

[注释]①尝：曾经。　②垢丑：肮脏丑陋。　③道：仙道。必：一定。这句是说：求得仙道一定要使人的形体像这样肮脏丑陋，就没有什么值得称道的了。

刘子骏信方士虚言，为神仙可学。尝问言："人诚能抑嗜欲，阖耳目，可不衰竭乎？"①余见其庭下有大榆树②，久老剥折③，指谓曰："彼树无情欲可忍④，无耳目可阖，然犹枯槁朽蠹⑤；人虽欲爱养，何能使之不衰？"⑥

[注释]①抑：克制。嗜欲：爱好、欲望。阖(hé)：闭。衰竭：衰亡，这里指老死。这句意思是说：人克制自己的欲望，闭上眼睛，塞上耳朵，不思不想，对世事不闻不问，就能长生不死吗？　②庭下：房前。　③剥折：指树皮剥落，树枝折断。　④可忍：需要抑制。　⑤然：但。犹：还。枯槁：干枯。蠹：树木被虫蛀空。朽蠹：即腐朽虫蛀。　⑥爱养：爱护、保养。衰：衰亡。连上句的意思是说：抑制情欲是长生不老的前提，但门前榆树没有情欲也会老朽，而人是有情欲的，即使想方设法地抑制情欲，即使像树木那样无情无欲，也一样会衰老。目的是说明长生不老不可信。

淮南王之子娉迎道人①,作为金银。又云:鈆字“金”与“公”,鈆则金之公,而银者金之昆弟也。史子心见署为丞相史②,官架屋③,发吏卒及官奴婢以给之,作金④,不成。丞相自以力不足,又白傅太后⑤。太后不复利于金也⑥,闻金成可以作延年药,又甘心焉⑦。乃除之为郎,舍之北宫,中使者待遇⑧。

[注释]①娉:通聘。道人:有道术的人。　②史子心:方士名。见署:被任命。丞相史:丞相属官。　③官架屋:指官府专门为史子心盖的房屋。④给之:供史子心调遣使用。作金:指用铅等金属炼制黄金。　⑤傅太后:汉哀帝祖母。　⑥复:再。不复利于金:不再赐给炼金之物。　⑦延年药:延年益寿的丹药。连上句意思是说:史子心炼金失败,耗费巨大,傅太后不愿再赐给炼金之物,后来听说炼金成功可以用来制作延年益寿的丹药,又心甘情愿地继续支持炼金。　⑧中:禁中,皇宫禁地,不经允许,一般大臣不得出入。元帝时,因皇后王政君父亲名王禁,为避讳,改称省中。中使者:可以自由进出皇宫的使者。

黄门郎程伟①,好黄白术②,娶妻得知方家女③。伟常从驾出④,而无时衣⑤,甚忧。妻曰:“请致两端缣。”⑥缣即无故而至前⑦。伟按《枕中鸿宝》作金⑧,不成,妻乃往视伟。伟方扇炭烧筩,筩中有水银。妻曰:“吾欲试相视一事。”乃出其囊中药,少少投之,食顷发之⑨,已成银。伟大惊,曰:“道近在汝处⑩,而不早告我,何也?”妻曰:“得之须有命者。”⑪于是伟日夜说诱之,卖田宅以供美食衣服,犹不肯告伟。伟乃与伴谋挝笞伏之⑫。妻辄知之⑬,告伟言:“道必当传其人。得其人,道路相遇,辄教之;如非其人,口是而心非者,虽寸断支解⑭,而道犹不出也。”伟逼之不止，妻乃发狂，裸而走，以泥自涂，遂卒。

［**注释**］①黄门郎：郎官的一种，守卫宫殿门。 ②黄白术：炼制黄金白银的法术。 ③方家：会法术秘方的人。 ④驾：皇帝车驾。 ⑤时衣：应时的衣服，指符合随侍皇帝出行要求的服饰。 ⑥致：来，取。端：匹。缣：丝织品的一种。请致两端缣：请允许给你取两匹缣来。 ⑦无故：没有征兆、依据。⑧《枕中鸿宝》：书名，淮南王刘安招士人所著书，已失传。 ⑨食顷：吃饭的功夫，比喻时间短。 ⑩道：指炼制金银的法术。 ⑪命：天命。 ⑫谋：暗中计划。挝（zhuā）：敲击。笞：鞭打。伏之：让妻子归伏，说出炼金银的方法。⑬辄：就，已经。意思是：程伟刚和人密谋逼迫其妻子说出法术，还没实施就被妻子知道了。 ⑭寸断支解：把肢体分解成碎片，比喻严刑加害。

吕仲子婢死，有女儿年四岁，葬后数来抚循之①，亦能为儿沐头浣濯②，甚令人恶之③。以告方士，云其家青狗为之④，杀之则止，婢遂不复来。杨仲文亦言：所知家妪死，已敛未葬，忽起饮食，后醉而坐棺前祭床上⑤。如是三四，家益厌苦⑥。其后醉，形坏，但得老狗，便打杀之。推问，乃里头沽家狗⑦。

［**注释**］①婢：女奴隶。抚循：抚摸。 ②沐头浣濯：洗头、洗澡、洗衣服。③恶：厌恶、恐惧。 ④青狗：青狗变成的妖。 ⑤妪：老年妇女。敛：盛殓，装入棺材。祭床：摆放祭品的几案。 ⑥三四：三四次，指反复多次。厌苦：厌恶、痛苦。 ⑦推问：追究。里：基层居民区。里头沽家：同里卖酒人家。按当时迷信流行，民间流传动物成精作怪、作祟活人的各种传说，这是其中的一类。

扶风漆县之邠亭部，言本太王所处①，其民有会日，以相与夜市，如不为期，则有重灾咎②。太原郡民，以隆冬不火食五日③，虽有疾病缓急，犹不敢触犯，为介子推故也④。天下有鹳鸟⑤，郡国皆食之⑥，而三辅不敢取之⑦，取或雷霹雳起⑧。原夫天不独左彼而右此⑨，其杀取时适与雷遇耳⑩。

[**注释**]①亭：与乡平级的治安管理机构。亭部：亭的简称。太王：即周文王祖父古公亶父，曾迁周族于岐山脚下，建城筑邑、发展生产，奠定周人强大的基础。　②会日：约定聚会日子。为期：遵守日期。灾咎：受到灾害的惩罚。这句意思是：民众有约定的聚会日期，不按照约定，就要受到惩罚，发生祸害。　③不火食：不生火做饭，只吃冷食。　④触：一作犯，均通。介子推：一作介之推、介子绥，春秋时期晋国人，曾陪同晋文公重耳流亡多年，辅佐重耳登上君位。晋文公第一次赏赐功臣时没有他的名字，介子推以为文公忘记旧臣而隐居深山。晋文公曾放火烧山，试图逼迫他出山，介子推抱树亡于火海。为了纪念他，晋文公禁止在介子推死亡的日子生火做饭，演变为后来的寒食节。　⑤鹳（guàn）鸟：水鸟名。　⑥国：诸侯王的封国。“郡国”泛指地方郡县。　⑦三辅：即京兆尹、左冯翊（yì）、右扶风三个相当于郡的行政区，分管京师地区，故称“三辅”。　⑧或：或许、可能，意思是杀鹳鸟可能引起雷劈。　⑨原：料想。左彼而右此：古时以右为上，以左为下，这里的左右是偏袒的意思。这句是说：推想那个老天不会独独地偏袒其他地方而唯独禁止三辅。　⑩适：碰巧。

洛阳季幼宾有小玉检①，卫谒者史子伯素好玉器，见而奇之，使余报以三万钱，请买焉。幼宾曰：“我与好事长者传之②，已雇十万，非三万钱主也。”余惊骇云：“我若于路见此，千钱亦不市也③。”故知之与不知，相去甚远。

昔二人评玉，一人曰好，一人曰丑，久不能辨。客曰：“尔朱入吾目中，则好丑分矣”。夫玉有定形，而察之者不同，非好相反，瞳睛殊也④。

声氏之牛夜亡而遇夔⑤，止而问焉："我有四足，动而不善；子一足而超踊⑥，何以然？"夔曰："以吾一足，王于子矣⑦。"

[注释]①玉检：玉制函盖。　②好事长者：对玉器有研究的人。③市：买。　④瞳眼：眼光。　⑤夔：神话中的兽名，形状像牛，一只脚，善于奔跑。　⑥踊：跳跃。超踊：跳跃速度超过奔跑速度。　⑦王：用作动词。王于子：做子之王，意思是我虽然一只足但远远超过你的四只足。

述策第十四

世有围棋之戏，或言是兵法之类也。①及为之，上者远棋疏张，置以会围，因而伐之，成多得道之胜。②中者则务相绝遮，要以争便求利，故胜负狐疑，须计数而定。③下者则守边隅，趋作罫目，以自生于小地，然亦必不如。④

[注释]①类：性质、原理。这句意思是：围棋虽然是游戏，但下围棋的道理和用兵一样。是：指示代词，指下围棋的道理。　②这几句大意是：上等棋手着眼大局，看上去棋子分散，实际上是为了占据大空间、大地盘。　③中者：中等棋手，指中等棋手在关键点上布子，便于争夺地盘，无法从大盘上判定输赢，要计算目数定胜负。　④下者：下等棋手。边隅：棋盘边角。罫：棋盘上的小方格。自生：孤立地活下去。小地：指棋盘上狭小的空间。这句话的意思是说：下等棋手眼光狭小，只想着在边边角角狭小的空间里做活几个目数，没有全盘观念，结果自然是难如所愿。

察薛公之言黥布反也①，上计云取吴、楚，并齐、鲁，及燕、赵者，此广地道之谓也②；中计云取吴、楚，并韩、魏，塞成皋，据敖仓，此趋遮要争利者也③；下计云取吴、下蔡，据长沙，以临越，此守边隅、趋作罫目者也④。更始帝将相不能防卫，而令罫中死棋皆生也⑤。

[**注释**]①薛公：人名，战国末年曾任楚国令尹，秦朝统一，隐居民间。秦朝灭亡，为汝阴侯滕公谋士，后归黥布。汉高祖十一年(前196年)，淮南王黥布反叛，薛公分析黥布有上中下三个用兵方略，黥布政治眼光有限，选择了下策。事见《史记·黥布列传》。　②上计：上策。吴：指吴王刘濞，封地以苏州、湖州为中心，这里指长江下游地区。楚：指楚王刘交封地，现在徐州地区。齐、鲁，泛指现在山东地区。燕、赵，泛指现在河北和山西北部地区。这句意思是：上策是以吴楚为后方，占领函谷关以东土地和朝廷对抗，是围棋高手的"成多得道之胜"，集中力量占领地盘。　③中计：中策，以吴、楚为后方，占领韩、魏故地即现在河南中部地区，凭借成皋要塞，依据敖仓的粮食储备，和汉军对抗，相当于围棋中等棋手占据关键位置争取胜利。　④下计：下策，从淮南出发向西占下蔡即现在河南南部和长沙，用兵方便，但是没有战略眼光，相当于下等棋手局限于一目一子的得失。　⑤更始：更始帝刘玄。这句话意思是说：更始帝的将相们才能低下，身陷重围而希望活命，就像低能的棋手下棋那样，败局是注定的。

或云："陈平为高帝解平城之围①，则言：'其事秘，世莫得而闻也。'此以工妙踔善，故藏隐不传焉②。子能权知斯事否③？"吾应之曰："此策乃反薄陋拙恶④，故隐而不泄。高帝见围七日⑤，而陈平往说阏氏⑥，阏氏言于单于而出之⑦，以是知其所用说之事矣。彼陈平必言：汉有好丽美女⑧，为道其容貌天下无有，今困急，已驰使归迎取⑨，欲进与单于⑩。单于见此人，必大好爱之；爱之，则阏氏日以远疏，不如及其未到，令汉得脱去，去亦不持女来矣。阏氏妇女，有妒媢之性，必憎恶而事去之⑪。此说简而要，及得其用，则欲使神怪，故隐匿不泄也。"刘子骏闻吾言，乃立称善焉。

[**注释**]①平成之围：高帝七年（前 200 年）冬汉匈之战。刘邦率领军队北击匈奴，因不了解匈奴虚实，中匈奴诱敌深入之计，被围困平城（今山西大同东北）白登山七天之久，传说用陈平计谋脱围。　②其事秘：指陈平计谋。以：因为。工妙踔善：周全完美、出类拔萃。这句意思是：因为陈平的计谋太过隐蔽，非一般人所能想象，所以隐秘不传。　③权：姑且。斯事：这件事。④反薄陋拙恶：不合伦常、浅薄鄙俗，指陈平计谋不登大雅之堂，不便公开。⑤见：被。见围：被包围。　⑥阏氏（yān zhī）：匈奴首领单于正妻，相当于汉朝的皇后。　⑦出之：使之出，指单于主动解围放出刘邦。　⑧彼：陈平。必言：一定说，以下是桓谭的推断之词。　⑨驰使归迎取：派使者以最快的速度回去迎接美女。　⑩进与单于：进献给单于。　⑪去：离开。不持女来：不再接美女来匈奴。妒媚：嫉妒。憎恶而事去之：憎恶汉女的到来而设法阻止事件的发生。注者按：陈平游说阏氏劝说冒顿撤兵的故事，后世一直流传，实际上这是桓谭的推测之词。《汉书·匈奴传》载刘邦脱困，一是兵力对比发生变化，汉家援军陆续抵达，冒顿约定已经投降匈奴的王黄、赵利两支军队没有按照约定参战，冒顿处于腹背受敌状态。二是匈奴骑兵利于突击速战、不利攻坚。虽然包围汉军，但隆冬季节，32 万骑兵聚集白登山下，马匹饲料难以持久，故而难以形成有效战斗力，胜算不大。三是刘邦"重贿"单于阏氏，让阏氏劝说单于"两主不相困。今得汉地，单于终非能居之。且汉主有神，单于察之"。这个"重贿"只能是指财物而不可能是什么陈平提出的美人计。因为在当时的条件下，刘邦深陷重围，根本来不及实施什么美人计；即使实施美人计，按照匈奴风俗，也不一定导致阏氏易人，仅此怕难以说动阏氏。所谓美人计、匈奴阏氏本性嫉妒云云，应是根据汉匈和亲经历杜撰出来的故事，不能作为历史依据。

贾人多通侈靡之物①，罗纨绮绣、杂綵玩好以淫人耳目②，而竭尽其财，是为下树奢媟而置贫本也③。求人之俭约富足，何可得乎？夫俗难虽卒变而人不可暴化④，宜抑其路，使之稍自衰焉。

[注释]①贾(gǔ)人：商人，这里泛指从事手工业和经商的人。 ②淫：迷惑、扰乱。 ③树：设置、树立。禖：求子之神。贫本：勤俭为本分。这句意思是：把求子之神变为祈求奢侈之神，为平民树立追求享乐的榜样，而把勤俭这个根本置于不顾。 ④卒：仓猝。暴：迅速。卒变、暴化都是指短时间内迅速改变。这句意思是：勤俭节约、勤劳致富的风俗向追求享乐的奢靡之风转变可以在很短的时间内完成，但是，奢靡之风一旦形成，再转向勤俭致富可不是短时间就能实现的。

闵友第十五

谚曰："有白头如新，倾盖如故。"① 言内有以相知与否，不在新故也。

夫以人言善我，亦必以人言恶我②。王翁使都尉孟孙往泰山告祠③，道过徐州，徐州牧宋仲翁道余才智④，陈平、留侯之比也。孟孙还，喜谓余曰："仲翁盛称子德⑤，子乃此邪！"余应曰："与仆游四五岁⑥，不吾见称⑦；今闻仲翁一言而奇怪之⑧。若有人毁余⑨，子亦信之。吾畏子也⑩。"

[注释]①倾盖：行人偶遇相互打招呼时车子伞盖因停车急促而倾斜，这里指接触短暂。连上句意思是说：相识时间虽然长但了解很少，偶然一遇却倾心相交。 ②以：因。善：赞美，称赞。恶：憎恶，这里有中伤的意思。这句话意思是：根据别人的话称赞我，必然根据别人的话讨厌我。 ③都尉：指郡尉，郡守副手，负责全郡军事活动。告祠：祷告、祭祀。 ④牧：官名，一州的军政长官。汉武帝设十三州为监察区，州设刺史，监察地方长吏违法行为。王莽时，改州为政区，刺史更名州牧，东汉初恢复刺史制度。道：前一"道"字

是取道、路过，后一“道”字是称道、谈论。　⑤盛称：极力称赞。子德：您的德性才能。　⑥仆：自己的谦称。游：交游，相处。　⑦不吾见称：即“不见称吾”。　⑧奇怪：动词，表示奇特，惊异。之：代词，指宋仲翁称赞桓谭这件事。⑨毁：通诽，说别人的坏话。　⑩这句是说：我害怕您这样没主见的人啊。

高君孟颇知律令，尝自伏写书①，著作署郎哀其老②，欲代之，不肯，云：“我躬自写，乃当十遍读。”

余同时佐郎官有梁子初、杨子林③，好学，所写万卷，至于白首，尝有所不晓百许寄余，余观其事，皆略可见。

茂陵周智孙曰：“胡不为赋讼？”余应之曰：“久为大司空掾④，见使兼领众事，典定大义，汲汲不暇，以夜继昼，安能复作赋颂酬应之文耶？”

［**注释**］①写书：书写，抄写法律文书。　②著作署郎：负责书写、整理、保管文书的郎官。　③佐：辅助，这里是共同的意思，表示任郎官时相互帮助。　④大司空：一作大司徒，以大司空是，官名，成帝绥和元年（前8年）更名大司空，哀帝建平二年（前5年）复为御史大夫，元寿二年（前1年）复为大司空，东汉仍之。大司空掾：大司空属官。

琴道第十六

琴，神农造也。昔神农氏继宓羲而王天下①，上观法于天，下取法于地②，近取诸身，远取诸物③，于是始削桐为琴④，绳丝为弦⑤，以通神明之德，合天地之和焉⑥。梧桐做琴，琴长三尺六寸有六分，象期之数⑦。厚寸有八，象三六数。广六寸，象六律⑧。上圆而敛，法天。下方而平，法地⑨。上广下狭，法尊卑之礼⑩。琴隐长四十五分，隐以前长八分。五弦：第一弦为宫，其次商、角、徵、羽⑪。文王、武王各加一弦⑫，以为少宫、少商，说者不同。下徵七弦，总会枢极。足以通万物而考治乱也⑬。

[注释]①神农：传说中的古代帝王，发明耒、耜等农具，教民农耕；又尝百草，为民治病。宓羲：即伏羲，传说他不仅创八卦，还教百姓渔猎、畜牧，加工食物，又称为庖牺氏。　②观法于天，取法于地：观察日月星辰运转、四时变化、大地万物生长的规律，以为法则。　③近取诸身：总结自身生活感受。远取诸物：总结那些无法亲身感受但是能够观察到的事物。　④桐：桐木，古人用来制琴，又作琴的代称。　⑤绳丝：一作练丝，均通，捻丝为琴弦。⑥这两句的意思是：用琴沟通神明意志、表达人对神意的理解，实现天地万物人事的融通。古人认为天地万物体现了神明意志，圣明君主就是通过观察天地万物领会神意治理天下，神农氏发明琴的目的就是为了表达对天地神意的理解。　⑦期：一年。《尚书·尧典》："期，三百有六旬有六日，以闰月定四时成岁。"琴长定为三尺六寸有六分，就是符合"三百有六旬有六日"的数字。⑧律：定音高低的竹管，由十二根组成，阴阳各六，阳称律，阴称吕，合称律吕，各有名称。六律是黄钟、太簇、姑洗、蕤宾、夷则、无射；六吕是大吕、夹钟、仲吕、林钟、南吕、应钟。六律：代指乐律。　⑨上圆而敛：琴的上端做成圆形，中间逐步加厚。法天：按照天的形状。下方而平：下端做成平整方形的样子。法地：按照地的形状。古人认为天圆地方，琴是通天彻地之物，所以形状要仿照天地。　⑩连上句意思是：天尊地卑，不可改变，所以琴的上端宽、下端窄，表示天尊地卑，象征人间纲常伦理、尊卑秩序不可变动。　⑪宫、商、角、徵、羽：古代音乐的五个音阶名称，称为五声或五音。　⑫文王、武王：周文王、周武王。　⑬枢极：枢要、核心。七弦代表宫、商、角、徵、羽、少宫、少商七音，七音是用来表达治乱兴衰这一根本目的，可以通过琴音体现对上天意志、万物生长的理解以及对人事治乱的思考。

八音之中①，惟丝最密，而琴为之首②。琴之言禁也，君子守以自禁也③。大声不震哗而流漫④，细声不湮灭而不闻[5]。八音广博，琴德最优。古者圣贤，玩琴以养心[6]。夫遭遇异时[7]，穷则独善其身[8]，而不失其操[9]，故谓之"操"，操似鸿雁之音[10]。达则兼善天下[11]，无不通畅，故谓之"畅"[12]。《尧畅》经逸不存[13]。《舜操》者[14]，昔虞舜圣德玄远，遂升天子，喟然念亲，巍巍上帝之位不足保，援琴作"操"，其声清以微[15]。《禹操》者，昔夏之时，洪水襄陵沈山，禹乃援琴作"操"[16]，其声清以溢，潺潺，志在深河[17]。《微子操》，微子伤殷之将亡，终不可奈何，见鸿鹄高飞，援琴作"操"，其声清以淳[18]。《文王操》者[19]，文王之时，纣无道，烂金为格[20]，溢酒为池[21]，宫中相残，骨肉成泥[22]，璇室瑶台[23]，蔼云翳风[24]，钟声雷起，疾动天地[25]。文王躬被法度[26]，阴行仁义[27]，援琴作"操"，故其声纷以扰，骇角震商。《箕子操》其声淳以激[28]。《伯夷操》[29]。

［**注释**］①八音：八种材料制作的乐器，指金、石、丝、竹、匏、土、木、革。金质的钟、镈，石质的磬，丝质的琴、瑟，竹质的箫、管，匏质的笙、竽，土质的埙，革质的鼓，木质的柷敔。　②丝：指拨弦类乐器，以丝为弦，故以丝称之。在丝弦类乐器中，只有琴所表达的内容最为丰富缜密。　③禁：禁止。这句意思是说：琴之所以称之为琴是因为琴是禁的意思，告诉君子哪些能做、哪些不能做。　④大声：震撼激越之声。流漫：声音随琴弦溢出，穿透浸润人心的状态。　⑤细声：琴的余音不断，不能耳闻，可以意会。　⑥养心：通过抚琴修心养性，实现内心的平和。　⑦异时：意外的命运，指逆境。　⑧穷：窘迫、困难、无计可施。　⑨操：操守，做人的原则。　⑩操：指抚琴。鸿雁：指《诗经·小雅·鸿雁》之篇。《鸿雁》是赞美周宣王德政之诗，《诗序》说"美宣王也。万民离散，不安其居，而能劳来还定安集之，至于矜寡，无不得其所焉"。连上句的意思是说：奏琴的目的是修心养性，当人身处逆境，难以实现自己理想时，就保持自己人格操守的完美，通过抚琴表达自己的心声，所以把抚琴叫

做“操”。这个时候的琴声，表达的是对天下安定、苍生疾苦的思考，而不是个人得失。　⑪达：顺利、实现。这句意思是说：身处顺境，理想成真，既要自己行善，也要使天下人向善。　⑫畅：通畅。这句意思是说：在达则兼善天下的时候，事事通达，无不畅通，琴声充满着欢乐和舒畅，称之为“畅”。　⑬《尧畅》：传说中尧创作和演奏的曲名。传说尧统治天下时，政清人和，内心充满着畅达欢悦之情，作的曲子称之为《畅》。经：尧对自己所作《畅》的主旨的解释。按西周时代，不同的乐有不同的经，统称乐经，是儒家六经之一，后失传。⑭《舜操》：传说舜创作和演奏的乐曲。　⑮虞舜：舜的别称。据说其母早亡，其父亲瞽叟续娶之后生有一子，名字叫象。其父亲在其继母和弟弟的挑拨之下，几次三番地想把舜置于死地，舜都侥幸逃脱，但对后母仍然孝敬有加，因而以孝闻名天下，得到尧的赏识和万民拥戴，被尧选为接班人。舜接替尧为天子以后，在父亲面前恭敬如初，怕自己的德行不配帝王的位子，内心充满着不安，其琴声清幽细密，表达出纯净心灵和对父母细致入微的孝敬。　⑯禹：夏朝的开国之君，鲧之子。《禹操》：大禹创作和演奏的乐曲。襄陵沈山：大水淹没丘陵和山峰的样子。传说尧在位时，洪水滔滔，曾任用鲧治水，鲧采用堵的方式，屡试屡败，九年无功。舜继位之后，将鲧处死，命禹继续治水。禹全身心投入到治水之中，三过家门而不入，采用“导”即开河疏导的方法，终于取得成功，被舜选为接班人，成为夏朝的开创者，也是古代治水第一人。　⑰清以溢：清澈漫流。潺潺：流水声。连上句的意思是说：大禹面对滔滔洪水，内心充满着紧迫和忧戚，琴声表达的除了治水之思之外，没有任何杂念。⑱《微子操》：微子创作和演奏的琴曲。微子，名启，商纣王庶兄，以贤良著称，商纣王无道，微子多次上谏无果，逃离商王以避祸，后归周。周灭商之后，曾命商纣王之子武庚继续统领商朝遗民，命管叔、蔡叔帮助监督武庚。周武王逝世，成王幼年继位，周公旦辅政，武庚、管叔、蔡叔发动叛乱。周公平定叛乱，杀掉武庚，命微子统领商朝遗民，封于宋(今河南商丘)，成为宋国始祖。鸿鹄：鸿指大雁，鹄指天鹅，鸿鹄用作高贵贞洁、志向远大的象征，表示不屈节降志、和小人同流合污。清以淳：琴声清幽纯净，表示微子内心纯净无私。⑲《文王操》：周文王创作和演奏的琴曲名。周文王在位五十年，招来贤才，以德治国，使周人迅速壮大，成为西部各国领袖，称为西伯，引起商纣王怀疑，被囚禁在羑里(今河南汤阴东北),据说文王在被囚禁期间将八卦演为六十四卦,其子姬发即周武王继位之后,被谥为文王。　⑳烂金为格:铸铜为炮格之刑。烂:冶铸。金:铜。商纣王才智过人,恣意纵情,残暴荒淫,引起群臣和有识之士不满,纣王命人将铜做成网格状,放在火上,将有罪的人赤脚置于烧红的铜格之上,看着他们惨痛哀嚎的样子取乐。　㉑溢酒为池:把酒倒在池子里。纣王沉湎酒色,宠爱妲己,为博得妲己的欢笑,凿大池装酒,可以供三千人同时饮用。又悬肉为林,让男女裸奔其中。"酒池肉林"成为后世帝王荒淫无道的比喻。　㉒骨肉成泥:指纣王残杀忠臣、兄弟、亲戚。　㉓璇室:美玉装饰的宫室。瑶台:美玉砌成的台榭。这里泛指纣王宫室的奢华。　㉔蔼云,吉祥的云彩;翳风,香风。蔼云翳风:形容宫殿内各种奇珍异宝闪闪发光,有如天空中的五彩祥云,空气中弥漫着奇异的香气。　㉕钟:乐器名,泛指乐器。钟声雷起,疾动天地:形容宫中歌乐之声惊天动地。　㉖躬被法度:以身作则,按照法度行事。　㉗阴行仁义:悄悄地按照仁义之道治国。　㉘《箕子操》:箕子创作和演奏的琴曲。箕子见纣王奢靡无道,屡次上谏无果,又不愿把纣王的恶行公布于天下,遂假装疯癫,和奴隶为伍,被纣王囚禁,只能以琴声表达内心的忧伤,琴声纯净激越,流露箕子一片忠心和愤懑之情。　㉙《伯夷操》:伯夷创作和演奏的乐曲。伯夷:商朝封君孤竹君长子,听说孤竹君想把君位传给幼子叔齐,主动隐居山林以示谦让,叔齐也逃离国都以示不恋权位,孤竹君只好传位给其他兄弟。后来听说周文王尊老,兄弟二人携手归周。文王死后,周武王伐纣,兄弟二人曾叩马劝谏。商灭亡以后,二人以商朝遗民自居,隐居山林,不食周粟,靠采薇为生,最后饿死首阳山,被后世作为隐居守义的代表。《伯夷操》下有缺文。

晋师旷善知音①。卫灵公将之晋②,宿于濮水之上③,夜闻新声④,召师涓告之⑤,曰:"为我听写之。"曰:"臣得之矣。"遂之晋。晋平公飨之⑥。酒酣,灵公曰:"有新声,愿奏之。"乃令师涓鼓琴。未终,师旷止之,曰:"此亡国之声也。"

[注释]①师旷：春秋时期晋国乐师，先天目盲，善辨别音律，通过音律辨别人君喜好，判断政治兴衰。　②卫灵公：春秋时卫国国君，公元前534—公元前493年在位。　③濮水：河流名，在今河南境内。　④新声：新的乐曲。　⑤师涓：卫国乐师。　⑥飨：宴饮，这里指设宴款待。

雍门周以琴见孟尝君①。孟尝君曰："先生鼓琴，亦能令文悲乎？"②对曰："臣之所能令悲者：先贵而后贱，昔富而今贫，摈压穷巷③，不交四邻，不若身材高妙④，怀质抱真，逢谗罹谤，怨结而不得信⑤；不若交欢而结爱，无怨而生离，远赴绝国⑥，无相见期；不若幼无父母，壮无妻儿，出以野泽为邻，入用堀穴为家⑦，困于朝夕⑧，无所假贷。若此人者，但闻飞鸟之号⑨，秋风鸣条⑩，则伤心矣。臣一为之援琴而太息，未有不凄恻而涕泣者也。今若足下，居则广厦高堂，连闼洞房⑪，下罗帷，来清风，倡优在前，谄谀侍侧⑫，扬《激楚》⑬，舞郑妾⑭，流声以娱耳⑮，练色以淫目⑯。水戏则舫龙舟⑰，建羽旗，鼓吹乎不测之渊⑱。野游则登平原，驰广囿⑲，强弩下高鸟，勇士格猛兽，置酒娱乐，沈醉忘归⑳。方此之时，视天地曾不若一指，虽有善鼓琴，未能动足下也。"孟尝君曰："固然。"雍门周曰："然臣窃为足下有所常悲㉑。夫角帝而困秦者，君也㉒；连五国而伐楚者㉓，又君也。天下未尝无事，不从即衡㉔。从成则楚王㉕，衡成则秦帝㉖。夫以秦、楚之强而报弱薛，譬犹磨萧斧而伐朝菌也㉗。有识之士，莫不为足下寒心酸鼻。天道不常盛，寒暑更进退，千秋万岁之后，宗庙必不血食㉘。高台既以倾，曲池又已平㉙，坟墓生荆棘，狐兔穴其中，游儿牧竖[30]，踯躅其足而歌其上[31]，行人见之凄怆[32]，曰：'孟尝君之尊贵，亦犹若是乎！'"于是，孟尝君喟然太息，涕泪承睫而未下[33]。雍门周引琴而鼓之，徐动宫徵[34]，叩角羽[35]，初终，而成曲。孟尝君遂歔欷而就之，曰："先生鼓琴，令文立若亡国之人也。"

[注释]①雍门周：战国齐人，善于鼓琴，孟尝君门客。孟尝君：姓田名文，齐威王少子，曾经三任齐相，和楚国春申君、赵国平原君、魏国信陵君并称战国四公子，以纳贤养士著称。《史记》有传。 ②文：田文，孟尝君自称。悲：悲戚。孟尝君以反诘的方式考验雍门周鼓琴水平，带有不信任的成分在内。 ③摈：抛弃，这里指居住，居住在简陋的巷子里，指地位卑贱。 ④材：通才。身材高妙：指才华出众，智慧超群。 ⑤质：质朴。真：诚实。谗：谗言。罹：遭遇。谤：诽谤。怨结：被别人结怨，怨亦通郁，郁结即郁闷愤懑。信：信任，亦可解为伸，意为伸张，伸展自己的抱负。 ⑥绝国：距离遥远、地荒人稀、交通困难之域。国的本字作或，后作域，国、或、域义通。 ⑦堀穴：堀同窟，洞穴。 ⑧朝夕：朝不保夕。 ⑨乌：乌鸦，乌鸦的鸣叫被看作是不祥的声音。 ⑩鸣条：风吹树木枝条发出的声音。 ⑪闼：宫中小门。洞房：深邃的内室。连闼洞房：形容规模宏大、装饰豪华的宫殿。 ⑫谄谀侍侧：谄媚阿谀之徒侍候左右，终日处于赞颂声的包围之中。 ⑬《激楚》：楚地乐曲，旋律昂扬奔放。 ⑭郑妾：来自郑国的美女。春秋战国时期，郑国（都城在今河南新郑）以盛产美女著称，这里泛指美女。 ⑮流声：民间流行音乐，和儒家主张的雅乐相对。 ⑯练色：用煮的方式把生丝变白，这里指缤纷的色彩。 ⑰舫：装饰华丽的游船。 ⑱鼓吹：击鼓与吹奏，泛指歌舞。 ⑲囿：王室贵族狩猎游玩的专用禁地。 ⑳沈醉：沉醉。沈：沉的假借。 ㉑常悲：无法改变的悲哀。 ㉒角帝：为帝号而角力争斗。困秦：使秦受困。商鞅变法以后，秦国崛起，齐国是东方传统大国，形成齐、秦东西对峙之势，为了显示自己国势强盛，秦昭王和齐湣王曾经相约称帝，秦昭王称西帝，齐湣王称东帝，不久恢复称王。同时称帝，显示了两国争雄的矛盾，都是因为孟尝君的作用。 ㉓连五国而伐楚：孟尝君曾经联合韩魏等国进攻楚国，逼迫楚怀王议和，和楚

结怨。　㉔从:通纵。衡:通横。南北曰纵,东西曰横。商鞅变法以后,东向兼并,成为东方韩、赵、魏、燕、齐、楚等国的最大威胁,于是六国联合起来讨伐秦国,称之为合纵。秦国采取远交近攻的方针,利用六国之间的矛盾,瓦解六国联盟,与东方一国或若干国联合进攻其他国家,称之为连横。连上句意思是说:战争连绵,不是六国联合进攻秦国,就是秦国联合某一国进攻其他国家。　㉕王:王业,指增强楚国国力。这句意思是:合纵成功,楚国国力会进一步强大,就会成为齐国的威胁。　㉖帝:帝业,指秦国国力进一步增强。这一句意思是说:如果连横成功,秦国国力则会更加强大。　㉗薛:地名,今山东薛城附近,孟尝君封邑。这句意思是指孟尝君任齐相期间,分别曾和秦、楚开战。秦、楚是大国,孟尝君的封邑和秦、楚相比微不足道,秦、楚任何一国要进攻薛地、报复孟尝君,就像用磨得锋利的斧头砍削刚刚长出来的鲜蘑菇那样轻松。　㉘宗庙:祭祀列祖列宗亡灵的建筑。血食:本意指祭祀时鬼神享用的祭品,这里指祭祀。　㉙高台:指人工制造的亭台楼阁。曲池:人工湖泊。这里泛指贵族享用的亭台园林美景。　㉚游儿:游玩的少年。牧竖:放牧的童子。　㉛踯躅:停留、驻足不前,指随意停留。　㉜凄怆:凄凉而悲怆。“高台……凄怆”的意思是说:孟尝君百年之后,家族失去往日的权势,楼台亭榭成废墟,湖泊园囿变牧场,坟墓变荒地,到处是狐狸野兔的洞穴,成为游人嬉戏、牧童放歌的乐园,昔日的高贵显赫荡然无存。　㉝承睫而未下:睫毛承载着眼泪而未流下来。睫:眼睫毛。　㉞徐:缓慢拨动琴弦的样子。徐动宫徵:缓缓地拨动宫、徵二声,旋律凄婉悲催。　㉟叩角羽:用力拨动角、羽二声,声音低沉有力。叩:缓慢而用力拨动琴弦的样子。

宣帝元康、神爵之间①,丞相奏能鼓雅琴者渤海赵定、梁国龙德,召见温室,拜为侍郎②。黄门工鼓琴者③,有任真卿、虞长倩,能传其度数,妙曲遗声。成少伯工吹竽,见安昌侯张子夏鼓瑟,谓曰:“音不通千曲以上,不足以为知音。”

[注释]①宣帝:汉宣帝刘询,公元前73—公元前49年在位。元康、神

爵：汉宣帝在位时的两个年号。　②温室：殿名。西汉长乐宫、未央宫各有温室殿。侍郎：郎官一种，可以应召随侍皇帝左右，出入禁中。　③黄门：官名。工：善于。

扬子云大才而不晓音，余颇离雅操而更为新弄①。子云曰："事浅易喜，深者难识②。卿不好《雅》《颂》而悦郑声③，宜也"。余兄弟颇好音，尝至洛，听音终日而心足。由是察之，夫深其旨则欲罢不能，不入其意故过已。

昔余在孝成帝时为乐府令④，凡所典领倡优伎乐，盖有千人之多也。

[注释]①颇：偏。颇离：即偏离、撇开的意思。雅操：泛指儒家正乐。更为：改作。弄：乐曲的一种。新弄：即新的乐曲。　②连上句是说：浅显的事情容易使人爱好，深奥的东西就难被认识了。　③卿：古时对人的爱称。《雅》《颂》：贵族使用的庙堂音乐。郑声：春秋时郑国的民间乐曲，被贵族斥为"淫声"。　④乐府：主管皇家音乐的官署，隶属少府。乐府令：乐府长官。

附　　录

一　《新论》遗文

宋康王为无头之冠，以示勇。

邯郸立王，是抱空质也。

齐宣王行金刀之法。

《周易》曰："肥遁，无不利。"

庄尤，字伯石。

潇湘之乐，方磬为□。

道路皆蒿草，寥廓狼藉。

画水镂冰，与时消释。

呈衣冠于裸川。

五藏。

言太山之上有刻石，凡千八百余处，而可识知者七十有二。

汉之三王，内置黄门工倡。

魏王为青沼。

时农。

二　《后汉书·桓谭传》

桓谭字君山，沛国相人也。父成帝时为太乐令。谭以父任为郎，因好音律，善鼓琴。博学多通，遍习《五经》，皆诂训大义，不为章句。能文章，尤好古学，数从刘歆、扬雄辩析疑异。性嗜倡乐，简易不修威仪，而憙非毁俗儒，由是多见排抵。

哀平间，位不过郎。傅皇后父孔乡侯晏深善于谭。是时高安侯董贤宠幸，女弟为昭仪，皇后日已疏，晏嘿嘿不得意。谭进说曰："昔武帝欲立卫子夫，阴求陈皇后之过，而陈后终废，子夫竟立。今董贤至爱而女弟尤幸，殆将有子夫之变，可不忧哉。"晏惊动，曰："然，为之奈何？"谭曰："刑罚不能加无罪，邪枉不能胜正人。夫士以才智要君，女以媚道求主。皇后年少，希更艰难，或驱使医巫，外求方技，此不可不备。又君侯以后父尊重而多通宾客，必借以重埶，贻致讥议。不如谢遣门徒，务执谦悫，此修己正家避祸之道也。"晏曰"善"。遂罢遣常客，入白皇后，如谭所戒。后贤果风太医令真钦，使求傅氏罪过，遂逮后弟侍中喜，诏狱无所得，乃解，故傅氏终全于哀帝之时。及董贤为大司马，闻谭名，欲与之交。谭先奏书于贤，说以辅国保身之术，贤不能用，遂不与通。当王莽居摄篡弑之际，天下之士，莫不竞褒称德美，作符命以求容媚，谭独自守，默然无言。莽时为掌乐大夫，更始立，召拜太中大夫。

世祖即位，征待诏，上书言事失旨，不用。后大司空宋弘荐谭，拜议郎给事中，因上疏陈时政所宜，曰：

臣闻国之废兴，在于政事；政事得失，由乎辅佐。辅佐贤明，则俊士充朝，而理合世务；辅佐不明，则论失时宜，而举多过事。夫有国之君，俱欲兴化建善，然而政道未理者，其所谓贤者异也。昔楚庄王问孙叔敖曰："寡人未得所以为国是也。"叔敖曰："国之有是，众所恶也，恐王不能定也。”王曰：“不定独在君，亦在臣乎？”对曰：“君骄士，曰士非我无从富贵；士骄君，曰君非士无从安存。人君或至失国而不悟，士或至饥寒而不进。君臣不合，则国是无从定矣。”庄王曰：“善。愿相国与诸大夫共定国是也。”盖善政者，视俗而施教，察失而立防，威德更兴，文武迭用，然后政调于时，而躁人可定。昔董仲舒言“理国譬若琴瑟，其不调者则解而更张”。夫更张难行，而拂众者亡，是故贾谊以才逐，而晁错以智死。世虽有殊能而终莫敢谈者，惧于前事也。

且设法禁者，非能尽塞天下之奸，皆合众人之所欲也，大抵取便国利事多者，则可矣。夫张官置吏，以理万人，县赏设罚，以别善恶，恶人诛伤，则善人蒙福矣。今人相杀伤，虽已伏法，而私结怨雠，子孙相报，后忿深前，至于灭户殄业，而俗称豪健，故虽有怯弱，犹勉而行之，此为听人自理而无复法禁者也。今宜申明旧令，若已伏官诛而私相伤杀者，虽一身逃亡，皆徙家属于边，其相伤者，加常二等，不得雇山赎罪。如此，则仇怨自解，盗贼息矣。

夫理国之道，举本业而抑末利，是以先帝禁人二业，锢商贾不得宦为吏，此所以抑并兼长廉耻也。今富商大贾，多放钱货，中家子弟，为之保役，趋走与臣仆等勤，收税与封君比入，是以众人慕效，不耕而食，至乃多通侈靡，以淫耳目。今可令诸商贾自相纠告，若非身力所得，皆以臧畀告者。如此，则专役一己，不敢以货与人，事寡力弱，必归功田亩。田亩修，则谷入多而地力尽矣。

又见法令决事，轻重不齐，或一事殊法，同罪异论，奸吏得因缘为市，所欲活则出生议，所欲陷则与死比，是为刑开二门也。今可令通义理明习法律者，校定科比，一其法度，班下郡国，蠲除故条。如此，天下知方，而狱无怨滥矣。

书奏，不省。

是时帝方信谶，多以决定嫌疑。又酬赏少薄，天下不时安定。

谭复上疏曰：

臣前献瞽言，未蒙诏报，不胜愤懑，冒死复陈。愚夫策谋，有益于政道者，以合人心而得事理也。凡人情忽于见事而贵于异闻，观先王之所记述，咸以仁义正道为本，非有奇怪虚诞之事。盖天道性命，圣人所难言也。自子贡以下，不得而闻，况后世浅儒，能通之乎！今诸巧慧小才伎数之人，增益图书，矫称谶记，以欺惑贪邪，诖误人主，焉可不抑远之哉！臣谭伏闻陛下穷折方士黄白之术，甚为明矣；而乃欲听纳谶记，又何误也！其事虽有时合，譬犹卜数只偶之类。陛下宜垂明听，发圣意，屏群小之曲说，述《五经》之正义，略雷同之俗语，详通人之雅谋。

又臣闻安平则尊道术之士，有难则贵介胄之臣。今圣朝兴复祖统，为人臣主，而四方盗贼未尽归伏者，此权谋未得也。臣谭伏观陛下用兵，诸所降下，既无重赏以相恩诱，或至虏掠夺其财物，是以兵长渠率，各生狐疑，党辈连结，岁月不解。古人有言曰："天下皆知取之为取，而莫知与之为取。"陛下诚能轻爵重赏，与士共之，则何招而不至，何说而不释，何向而不开，何征而不克！如此，则能以狭为广，以迟为速，亡者复存，失者复得矣。

帝省奏，愈不悦。

其后有诏会议灵台所处，帝谓谭曰："吾欲以谶决之，何如？"谭默然良久，曰："臣不读谶。"帝问其故，谭复极言谶之非经。帝大怒曰："桓谭非圣无法，将下斩之。"谭叩头流血，良久乃得解。出为六安郡丞，意忽忽不乐，道病卒，时年七十余。

初，谭著书言当世行事二十九篇，号曰《新论》，上书献之，世祖善焉。《琴道》一篇未成，肃宗使班固续成之。所著赋、诔、书、奏，凡二十六篇。

元和中，肃宗行东巡狩，至沛，使使者祠谭冢，乡里以为荣。

参考书目

桓谭著,严可均辑:《新论》,《全上古三代秦汉三国六朝文·全后汉文》,中华书局,1958年影印本。

桓谭著,严可均辑:《新论》,上海人民出版社,1977年。

桓谭著,严可均辑:《新论》,《全后汉文》,商务印书馆,1999年。

桓谭著,朱谦之辑:《新辑本桓谭新论》,中华书局,2009年。

司马迁:《史记》,中华书局,1959年。

班固:《汉书》,中华书局,1962年。

范晔:《后汉书》,中华书局,1965年。

阮元校刻:《十三经注疏》,中华书局,1980年影印本。

荀子著,王先谦集解:《荀子集解》,中华书局,新编诸子集成,1988年。

吕不韦等著,陈奇猷校释:《吕氏春秋校释》,学林出版社,1984年。

陆贾著,王利器校注:《新语校注》,中华书局,新编诸子集成,1986年。

贾谊著,王洲明、徐超校注:《贾谊集》,人民文学出版社,1996年。

董仲舒著,苏舆义证:《春秋繁露义证》,中华书局,1992年。

桓宽著,马非百注:《盐铁论简注》,中华书局,1984年。

刘安等著,高诱注:《淮南子》,世界书局诸子集成本,中华书局,1980年影印本。

周天游:《八家后汉书辑注》,上海古籍出版社,1986年。

北京大学历史系《论衡》注释小组:《论衡注释》,中华书局,1977年。

侯外庐等:《中国思想通史》,第二卷,人民出版社,1957年。

任继愈:《中国哲学史》第二卷,人民出版社,1963年。

安徽大学桓谭《新论》校释小组:《桓谭及其新论》,安徽大学学报增刊,1977年。

孙叔平:《中国哲学史稿》上,中华书局,1980年。

王友三等:《中国无神论史纲》,上海人民出版社,1982年。

苏诚鉴:《桓谭》,黄山书社,1986年。

董俊彦:《桓谭研究》,(台北)文史哲出版社,1986年。

祝瑞开:《两汉思想史》,上海古籍出版社,1989年。

钟肇鹏、周桂钿:《桓谭王充评传》,南京大学出版社,1993年。

朱谦之:《中国哲学史史料学》,中华书局,2012年。

孙少华:《桓谭年谱》,社会科学文献出版社,2012年。

吴则虞:《桓谭新论》,社会科学文献出版社,2014年。

近期国学读物要目

国学新读本

诗经　梁锡锋　注说
论语　臧知非　注说
尚书　姜建设　注说
国语　曹建国　张玖青　注说
孔子家语　杨朝明　注说
山海经　郑慧生　注说
墨子　苏凤捷　程梅花　注说
孟子　何晓明　周春健　注说
庄子　曹础基　注说
荀子　杨朝明　注说
韩非子　赵　沛　注说
孙子兵法　赵国华　注说
楚辞　李中华　邹福清　注说
潜夫论　王　健　注说
文心雕龙　戚良德　注说

礼记　杨天宇　注说
老子　曹　峰　注说
吕氏春秋　张富祥　注说
商君书　徐　莹　注说
战国策　张彦修　注说
淮南子　杨有礼　注说
春秋繁露　曾振宇　注说
世说新语　赵成林　注说
史通　李振宏　注说

周易　龚留柱　注说
新语　李振宏　注说
新书　徐　莹　注说
新论　臧知非　注说
说苑　赵国华　范正娥　注说
搜神记　王利锁　注说
颜氏家训　郭宝军　注说

文中子　王路曼　池　桢　注说
潜书　池　桢　王路曼　注说
六祖坛经　姚彬彬　注说
韩愈集　刘真伦　注说
柳宗元集　岳　珍　注说
贞观政要　苏士梅　注说
通书　张文瀚　注说
正蒙　李　峰　注说
王弼集　党圣元　注说
欧阳修集　杨　亮　注说
王安石集　张富祥　李玉诚　注说
容斋随笔　张富祥　注说
论语集注　梁振杰　注说
大学中庸集注　梁振杰　注说
孟子集注　赵庆伟　注说
近思录　路新生　注说
传习录　岳淑珍　注说
焚书　李竞艳　注说
明夷待访录　赵轶峰　注说
闲情偶寄　惠　萍　注说
龚自珍集　曹志敏　注说
校邠庐抗议　刘克辉　戴宁淑　注说
劝学篇　马小泉　注说

百年河大国学旧著新刊

河洛方言诠诂　王广庆　著
三统历表　邵瑞彭　著
中国戏剧概论　卢　前　著
晚明思想史散论　嵇文甫　著
论语新探　赵纪彬　著
天问研究　孙作云　著
汉魏六朝文学史　李嘉言　著
金艺文志　金登科记考　万　曼　著
唐集叙录　万　曼　著
中国文学史新编　张长弓　著
汉碑集释　高　文　著
袁中郎研究　任访秋　著
东夷杂考　李白凤　著
宋会要辑稿考校　王云海　著
长江集新校　李嘉言　著

高适岑参选集　高　文　王刘纯　选著
花间集注　华锺彦　著
庆湖遗老诗集校注　王梦隐　著
曾瑞散曲集校注　李春祥　著
辛弃疾选集　佟培基　选著
汉魏六朝韵谱　于安澜　著
毡推闲话　武慕姚　著
中国救荒史　邓云特　著
红学二百年　李春祥　著
文心雕龙选讲　温绎之　著

于安澜书画学四种

画论丛刊
画史丛书
画品丛书
书学名著选

元典文化丛书

中华第一经——《周易》与中国文化　宋会群　苗雪兰　著
教化百科——《诗经》与中国文化　孙克强　张小平　著
经国治民之典——《周礼》与中国文化　郝铁川　著
哲人的智慧——《老子》与中国文化　高秀昌　龚　力　著
圣人箴言录——《论语》与中国文化　李振宏　著
武学圣典——《孙子兵法》与中国文化　龚留柱　著
亚圣思辨录——《孟子》与中国文化　何晓明　著
逍遥之祖——《庄子》与中国文化　白本松　王利锁　著
外王之学——《荀子》与中国文化　张曙光　著
中国帝王术——《韩非子》与中国文化　王宏斌　著
史家绝唱——《史记》与中国文化　邓鸿光　著
诸经总龟——《春秋》与中国文化　涂文学　周德钧　著
管理宝典——《管子》与中国文化　袁　闯　著
纵横家书——《战国策》与中国文化　张彦修　著
人仙之间——《抱朴子》与中国文化　徐仪明　冷天吉　著
医学圣典——《黄帝内经》与中国文化　王庆宪　梁晓珍　著
礼乐渊薮——《礼记》与中国文化　黄宛峰　著
词章之祖——《楚辞》与中国文化　李中华　著
星学宝典——《历书天官书》与中国文化　郑慧生　著
天人衡中——《春秋繁露》与中国文化　曾振宇　范学辉　著
王政全书——《吕氏春秋》与中国文化　张富祥　著
神话之源——《山海经》与中国文化　高有鹏　孟　芳　著

新道鸿烈——《淮南子》与中国文化 杨有礼 著
史家龟鉴——《史通》与中国文化 曾凡英 著
政事纲纪——《尚书》与中国文化 姜建设 著
春秋弦歌——《左传》与中国文化 龚留柱 著
平民理想——《墨子》与中国文化 苏凤捷 程梅花 著
人伦本原——《孝经》与中国文化 臧知非 著
法典之王——《唐律疏议》与中国文化 徐永康 吉霁光 郑 取 著
文论巨典——《文心雕龙》与中国文化 戚良德 著

宋代研究丛书

北宋诗学 张海鸥 著
宋代东京研究 周宝珠 著
宋代地域经济 程民生 著
宋代监察制度 贾玉英 著
宋代官员选任和管理制度 苗书梅 著
宋代地域文化 程民生 著
宋代文学通论 王水照 主编
宋代司法制度 王云海 主编
宋代教育 苗春德 主编
清明上河图与清明上河学 周宝珠 著
宋代文化史 姚瀛艇 主编
黄庭坚与宋代文化 杨庆存 著
宋代交通管理制度研究 曹家齐 著
岳飞和南宋前期政治与军事研究 王曾瑜 著
成圣之道——北宋二程修养工夫论之研究 温伟耀 著
宋代绘画研究 邓乔彬 著

汉语史专书语法研究丛书

《三朝北盟会编》语法研究 刁晏斌 著
《荀子》虚词研究 黄 珊 著
《晏子春秋》词类研究 姚振武 著
《聊斋俚曲》语法研究 冯春田 著
《孟子》词类研究 崔立斌 著
《朱子语类辑略》语法研究 吴福祥 著
敦煌变文 12 种语法研究 吴福祥 著
《吕氏春秋》句法研究 殷国光 著
《尚书》语法论稿 钱宗武 著
《左传》语法研究 何乐士 著
《元典章·刑部》语法研究 李崇兴 祖生利 著
汉语语法史断代专书比较研究 何乐士 著

图书在版编目(CIP)数据

新论/臧知非注说. —郑州:河南大学出版社,2018. 11
(国学新读本)
ISBN 978-7-5649-3557-3

Ⅰ. ①新… Ⅱ. ①臧… Ⅲ. ①政论—中国—东汉时代 ②《政论》—注释 Ⅳ. ①D691 ②B234. 71

中国版本图书馆 CIP 数据核字(2018)第 260403 号

责任编辑 何 新 解远文
责任校对 胡玲霞
封面设计 马 龙

出版发行 河南大学出版社
地址:郑州市郑东新区商务外环中华大厦 2401 号 邮编:450046
电话:0371-86059701(营销部) 网址:www. hupress. com

排 版 郑州市今日文教印制有限公司
印 刷 郑州市毛庄印刷厂
版 次 2018 年 12 月第 1 版 **印 次** 2018 年 12 月第 1 次印刷
开 本 650mm×960mm 1/16 **印 张** 16. 25
字 数 197 千字 **定 价** 40. 00 元
